DAS
WACHSTUM DES KINDES

VON

PROF. DR. EUGEN SCHLESINGER
STÄDTISCHER FÜRSORGEARZT IN FRANKFURT A. M.

MIT 8 TEXTABBILDUNGEN
UND 25 TABELLEN

SPRINGER-VERLAG BERLIN HEIDELBERG GMBH
1926

SONDERABDRUCK AUS
ERGEBNISSE DER INNEREN MEDIZIN
28. BAND.

ISBN 978-3-642-90355-7   ISBN 978-3-642-92212-1 (eBook)
DOI 10.1007/978-3-642-92212-1

Vorwort.

Noch immer hat das Problem des Wachstums, seine morphologische wie die chemisch-biologische Seite, lebhafte Anregung zu Untersuchungen gegeben. Als objektiver exakter Maßstab der Entwicklung wurde das Wachstum des Kindes für den praktischen Arzt ebenso wichtig und anziehend wir für die wissenschaftliche Forschung. Die Lehre von der inneren Sekretion, von den Vitaminen, Fragen des Stoffwechsels und der Ernährung, vor allem aber auch die bedeutende Ausdehnung der Kinderfürsorge haben im letzten Jahrzehnt eine besonders reiche Literatur über diesen Gegenstand hervorgebracht. Hierüber zusammenfassend und kritisch zu berichten, wenigstens über die morphologische Seite des Wachstums, ist die eine Absicht bei der vorliegenden Arbeit. Ebenso lag mir an einer zusammenfassenden Darstellung der Ergebnisse eigener Untersuchungen, die ich während $1^1/_2$ Jahrzehnte an einem schließlich in einem großen Stadtbezirk lückenlos die gesamte Kindheit und Jugend umfassenden Beobachtungsmaterial anstellen konnte. — Bei der Auswahl der Tabellen, Kurven und Abbildungen wurden vor allem die Bedürfnisse der Praxis berücksichtigt.

Frankfurt a. M., im Oktober 1925.

Eugen Schlesinger.

Inhaltsverzeichnis.

I. Überblick.

Schon den in der bildenden Kunst hochstehenden alten Ägyptern und Griechen waren gewisse Gesetzmäßigkeiten im Wachstum des Kindes wohl bekannt, die sie in einer den Kanons unserer heutigen Künstler ähnlichen Weise zum Ausdruck brachten. Aristoteles war die Verschiebung der Proportionen zwischen Ober- und Unterkörper im Laufe des Wachstums nicht entgangen (Gundobin).

Systematische Messungen und Wägungen von Kindern zum Studium des menschlichen Wachstums setzen aber erst verhältnismäßig spät ein; sie gehen auf den belgischen Physiker Quételet (Brüssel 1835) zurück, auf dessen Tabellen, und zwar nur auf dessen Zahlenangaben selbst heute noch in populären Schriften zurückgegriffen und hingewiesen wird; das mutet um so befremdlicher an, als Quételet bei der Kleinheit seines Untersuchungsmaterials — er beschränkte sich in jeder Altersklasse auf je 10 Knaben und Mädchen — manche bedeutsame, elementare Tatsache entgangen ist, z. B. die frühzeitigere Steigerung der Wachstumsenergie bei den Mädchen in der Periode der Geschlechtsreife. Übrigens war Quételet bei seinen Untersuchungen wohl vor allem von dem Bestreben geleitet, für die Wachstumsnorm eine mathematische Formel zu finden. Diese von ihm aufgestellte Formel (angeführt u. a. von E. von Lange) entspricht einer Gleichung 3. Grades; sie wie auch seine Tabellen, zitiert von Vierordt, von Czerny und Keller und a. a. O., haben heute nur mehr historischen Wert. Dasselbe gilt von der von Liharzik (Wien 1858 und 1862) aufgestellten Formel; in ihr ist die Wachstumsdauer in 3 Epochen von zusammen 24 Zeitperioden zerlegt, wobei die der gleichen Epoche zugehörigen Zeitperioden je ein gleiches Maß der Längenzunahme aufweisen.

In den 80er und 90er Jahren des vergangenen Jahrhunderts wurde, meist unter dem Einfluß der sich entwickelnden Schulhygiene, als Grundlage für weitere Untersuchungen, in zahlreichen Kulturstaaten ein umfangreiches Material über das Wachstum des Kindes, meist gegründet auf Massenbeobachtungen von vielen Tausenden von Kindern, zusammengetragen, so von Bowditsch (1877 Boston, Handwerker- und besser situierte Kinder), Roberts (1878 London), Pagliani (1877 Turin, Wohlhabende und arme Kinder), Hertel (1888 Dänemark, Kinder aus allen Schulgattungen), Key (1889 Schweden, ebenso), Erismann (1889 Zentralrußland, Arbeiterkinder), Kosmowski (1895 Warschau, Ferienkolonisten), West (1893 Worcester), Gilbert (1894 New Haven, Conn.), Combe (1896), Mac Donald (1899 Washington), Bondyreff (1902 St. Petersburg), Stepanoff (1903 Lausanne), Tuxford und

Glegg (1911 England). Von deutschen Autoren seien angeführt Kotelmann (1878 Hamburg, Gymnasiasten), Carstädt (1888 Breslau, Höhere Schulen), Thoma (1882 Heidelberg), Geißler und Uhlitzsch (1888 Freiberg), Landsberger (1888 Posen, Volksschule), Hasse (1891 Leipzig-Gohlis, Volks- und Bürgerschulen), E. Schmidt (1892 Saalfeld, Volksschulen), Daffner (1902 Leipzig), Zenetti (1903 München, Kadetten), Rietz (1903 Berlin, Volks- und höhere Schulen), Oebbecke (1907 Breslau).

Die wichtigsten dieser Arbeiten und ihre zahlenmäßigen Ergebnisse sind in übersichtlicher, tabellarischer Weise von Lucy Hoesch-Ernst (Leipzig 1906) zusammengestellt worden; die Tabelle ist in Czerny-Kellers Handbuch wiedergegeben. Manche der Statistiken beziehen sich auf ein außerordentlich großes Material, so die von Hertel auf 28 Tausend Kinder, von Bowditch auf 25, Key auf 18, Roberts auf 12, Schmidt auf 9 Tausend Kinder. In fast allen Arbeiten sind bereits, in der Erkenntnis der beträchtlichen Verschiedenheiten in der Wachstumsgeschwindigkeit zwischen den Kindern aus bemittelten Kreisen und jenen aus dem Arbeiterstande, die Kinder aus den Volksschulen und jene aus den höheren Schulen getrennt behandelt.

Wenn man aber nun glaubt, dieses aus so vielen Ländern und Landstrichen stammende Beobachtungsmaterial etwa zu Studien der Rasseneigentümlichkeiten oder zu anderen anthropologischen Zwecken miteinander vergleichen zu können, so irrt man; denn die Ausführung der Messungen und Wägungen wurde so verschieden gehandhabt in bezug auf den Grad der Entkleidung, und noch verschiedenartiger ist die Altersberechnung, bald nach vollendeten Jahren, unter Vernachlässigung der übrigen Monate, bald nach Halbjahrseinteilung oder unter Bezugnahme auf den nächstgelegenen Geburtstag ($\pm$ 6 Monate $=$ 0), so daß die aus solchen Äußerlichkeiten sich ergebenden Verschiedenheiten unter Umständen größer sind als alle Stammeseigentümlichkeiten. Noch mehr muß davor gewarnt werden, aus den vorhandenen Tabellen Durchschnittswerte zu berechnen, wie dies schon geschehen ist, um die mittlere Norm der physiologischen Entwicklung zu finden; denn die charakteristischen Züge des Wachstums, wie sie an Kurven zu erkennen sind, denen ein ausgewähltes, gleichartiges Material zugrunde gelegt ist, gehen regelmäßig vollkommen verloren, wenn an einem großen Zahlenmaterial von verschiedenen Beobachtern aus verschiedenen Bevölkerungsschichten und gar noch aus verschiedenen Ländern Durchschnittswerte gezogen werden. Selbst die aus den einzelnen Statistiken zu errechnenden Jahreszuwachse lassen sich nicht zu einem Vergleich gegenüberstellen.

Einen wesentlichen Fortschritt in der Untersuchungsmethode bedeuten die Studien Camerers sen. (1893 und 1901); W. Camerer verließ die Massenstatistik, die generalisierende Sammelforschung der früheren Autoren und legte seinen Studien die Individualstatistik, die fortlaufende Messung und Wägung ein und derselben Individuen, zugrunde. Es leuchtet ohne weiteres ein, daß diese Methode in die Grundgesetze des normalen Wachstums, in die das Wachstum beherrschenden Grundlagen, gewissermaßen in die endogenen Faktoren der Entwicklung einen zuverlässigeren Einblick gibt als die Sammelforschung, welche sich andererseits mehr zum Studium der Umwelteinflüsse, der das Wachstum fördernden oder hemmenden exogenen, akzidentellen Faktoren eignet. Freilich eine auf die ganze Kindheit sich erstreckende Individualstatistik ist notgedrungen langwierig; für die Erforschung der Wachstumsnormen im Säuglingsalter wurde die Methode die ausschließliche, aber für die weitere Kindheit bis zur Reife und darüber hinaus finden sich in der Literatur nur wenige, rein individualstatistische Zusammenstellungen, von denen die von Guttmann (1916 und 1922) am bekanntesten geworden sind. Aber schon der oben angeführte Landsberger (1888) und von den neueren Forschern Baldwin (1921 Chicago, New York) legten ihrer generalisierenden Sammelforschung nur Beobachtungen von Kindern zugrunde, die sie während mehrerer Jahre, Baldwin mindestens während fünf Jahren messen und wiegen konnten. Ich habe mich diesem Vorgehen, das entschieden zu einer Vertiefung der schulärztlichen Statistik beiträgt, in meinen letzten Studien angeschlossen.

Noch bedeutsamer ist ein anderes Vorgehen, um die Ergebnisse der Methode der generalisierenden Sammelforschung denen der Individualstatistik gleichwertig zu gestalten, nämlich durch Zusammenstellung der Gruppen aus möglichst gleichartigen Individuen eine möglichst große Homogenität der einzelnen Gruppen zu erreichen. Während die oben angeführten Forscher alle Kinder einer Schule, einer Stadt, eines Landstriches zu den Untersuchungen heranzogen und verwerteten, — das gegebene, wenn man etwa die Wachstumseigentümlichkeiten verschiedener Bevölkerungsschichten oder den Einfluß akzidenteller Faktoren auf das Wachstum studieren will, — verwertete Stratz (1909) zu seiner eines künstlerischen Einschlages nicht entbehrenden Studie der Wachstumsgesetze nur große, ausgesucht schön gebaute, gesunde Kinder von großen, gesunden Eltern, wie sie eben nur eine strenge Individualauslese liefert. Einen ähnlichen, sortierenden Weg hatte schon früher Emil von Lange (1903) beschritten bei dem Entwurf eines graphischen Schemas für die Grundzüge des Längenwachstums, sowohl großer wie mittelgroßer als auch kleiner Menschen, indem er für die betreffenden Gruppen Hoch- bzw. Normal- und Tiefkurven konstruierte. Auch Baldwins (l. c.) Ergebnisse beziehen sich auf eine Auslese gesunder Kinder. Ich selbst (1917) gruppierte mein Beobachtungsmaterial zum Studium der Gewichtszunahme und des Längenwachstums auf Grund subjektiver und objektiver Kriterien des Entwicklungszustandes in gut, mittelmäßig und schwach entwickelte Knaben, um einen möglichst reinen Verlauf der Kurven dieser einzelnen Gruppen zu erhalten.

Aus dem vergangenen Jahrzehnt sind von bedeutsamen Arbeiten deutscher Forscher über die formale, morphologische Seite des kindlichen Wachstums — nur diese Richtung soll hier berücksichtigt werden, — anzuführen Weißenbergs anthropometrische, Friedenthals biologische Studie, vor allem aber Pfaundlers Körpermaßstudien an Kindern, die Arbeiten Pirquets und seiner Schüler über das Wachstum und Rößles Wachstum und Altern, die umfangreichste Arbeit auf dem Gebiet der Physiologie und Pathologie des Wachstums. Weißenbergs Buch (1911) ist besonders beachtenswert sowohl hinsichtlich der rassenkundlichen Forschung (an jüdischen Kindern in Odessa), wie auch bezüglich der Proportionslehre, der Änderung der Größenverhältnisse der einzelnen Teile des kindlichen Körpers zueinander im Laufe des Wachstums. Friedenthal (1912/13) bringt in seiner umfangreichen Studie eine Fülle neuer

Beobachtungen. Im Gegensatz zu der Mehrzahl der Forscher, wenn nicht zu allen, erblickt er in der Gewichtskurve des Menschen einen besseren Maßstab des Wachstums als in der Längenmessung, um so mehr, als sich die Höhe des Menschen, fälschlich die Körperlänge genannt, aus funktionell sehr verschiedenartigen Größen zusammensetzt und so für vergleichende Messungen alle Nachteile eines Summenmaßes hat. Als vergleichendes Längenmaß empfiehlt er die vordere Rumpflänge, von der Incisura sterni bis zur Symphyse. Er betont die Bedeutung der prozentualen Zuwachswerte vor den absoluten Werten der Messungen und Wägungen. Die Zuwachskurve des Menschen, unter besonderer Mitberücksichtigung des intrauterinen Wachstums, faßt er als eine Parabel auf. Die Sonderstellung der menschlichen Gewichtskurve gegenüber der aller anderer Säugetiere beruht vor allem in der Länge des Pubertätsanstiegs, der besonders deutlich im ,,Kulturtypus'', weniger im ,,Naturtypus'' des menschlichen Wachstums zum Ausdruck kommt.

Pirquet kam zunächst (1913) mit seiner Tafel zur Bestimmung von Wachstum und Ernährungszustand bei Kindern, die 1923 eine verbesserte Neuauflage erfahren hat (Tabelle 2 S. 25/26), sehr den Bedürfnissen der Praxis entgegen; an der Hand der Camererschen Zahlen, die nicht als Durchschnittswerte, sondern als wünschenswerte Sollwerte aufgefaßt werden, kann auf dieser Tafel ohne weiteres die für ein bestimmtes Alter gehörige Länge und das dieser Länge adäquate Sollgewicht, an Stelle des dem Alter entsprechenden Sollgewichts, abgelesen werden. Pirquet betont, daß sich namentlich in der späteren Kindheit die Proportionen mehr nach der absoluten Länge als nach dem Lebensalter richten; das Verhältnis der Länge zum Gewicht ändert sich im Laufe des Kindesalters bedeutend, besonders dadurch, daß die Länge der wenig voluminösen Extremitäten viel stärker zunimmt als die des voluminösen Stammes und Kopfes. Weiterhin hat sich Pirquet gelegentlich der Ausarbeitung seines Systems der Ernährung lebhaft der Frage der Körperfüllenindices zugewandt; die zahlenmäßige Beurteilung des Ernährungszustandes durch seinen Index Gelidusi bzw. Pelidisi wird unten (S. 32) ausführlich erörtert werden.

Besonders wertvoll und bedeutsam für die wissenschaftliche Forschung wie für die praktische Arbeit sind Pfaundlers Körpermaßstudien (1916), eine Analyse des Wachstums auf mathematischer Grundlage, die sowohl in der Art der Durchdringung des Gegenstandes wie auch hinsichtlich der Ergebnisse zu den fundamentalen und klassischen Arbeiten auf diesem Gebiete zu rechnen ist. Auf die von Pfaundler betonte Berücksichtigung der Variationen, der Varianten der Körperlänge und des Körpergewichts, bei der Verarbeitung des Materials, auf die Ergebnisse seiner Analyse der Wachstumskurve, — Pfaundler lehnt die Parabel ab; bei gleichbleibender Statur und konstanter Körperdichte besteht Proportionalität zwischen Körpergewicht und Konzeptionsalter, — auf die neue und eigenartige Beurteilung der Wachstumsverschiedenheiten bei den Kindern aus verschiedenem sozialem Milieu, auf die Übermaßigkeit der Kinder der Reichen, den artgemäßen Wuchs der Kinder der Minderbemittelten wird unten vielfach zurückzukommen sein.

Der wichtigste Abschnitt der Pfaundlerschen Körpermaßstudien behandelt das energetische Oberflächengesetz, das in durchaus neuem Lichte erscheint, indem es von der Vorstellung dieser Fläche als der wirklichen Körperoberfläche abstrahiert und an ihre Stelle eine andere, rechnerisch aus dem Körpergewicht jederzeit reduzierbare ideelle Fläche setzt. Ein näheres Eingehen auf diesen Teil der Studie liegt indessen nicht im Rahmen dieser Arbeit.

In ebenso gründlicher Weise, wie hier die Morphologie des Wachstums behandelt wird, bearbeitet derselbe Verfasser die biologische Seite in dem Handbuch von Pfaundler und Schloßmann (3. Aufl., 1923). Des weiteren verdanken wir eine Reihe wichtiger Arbeiten Aron (1911—1923) sowohl über die Biochemie des Wachstums wie über besondere Wuchsformen und die experimentelle Beeinflussung des Wachstums, auf die an mehreren Stellen zurückzukommen sein wird. Die weitaus umfangreichste Arbeit über das Wachstum des Menschen lieferte aber Rößle mit seiner Monographie „Wachstum und Altern" (1917 und 1923). Mit einer außergewöhnlichen Gründlichkeit wird hier sowohl über die Physiologie des Wachstums berichtet, wie auch vor allem alles zusammengetragen, was im Laufe der Jahre an bedeutsamen Arbeiten über die krankhaften Störungen des Wachstums veröffentlicht wurde. Der Schwerpunkt des Werkes liegt in der Schilderung der mannigfachen Formen des Zwergwuchses (und Riesenwuchses) und in der Pathologie des Alterns. — Kaum minder gründlich wie die morphologische ist die chemische und biochemische Seite des Wachstums studiert worden, so z. B. von Freudenberg und vielen anderen; es soll aber diese Seite, wie gesagt, nur gelegentlich in den Kreis der Betrachtungen gezogen werden.

Neben den mehr oder weniger rein wissenschaftlich orientierten Wachstumsstudien läuft eine zweite, außerordentlich umfangreiche, wenn auch vielfach nicht besonders tief schürfende Richtung von Untersuchungen über das Wachstum der Kinder, die in der praktischen Tätigkeit der Fürsorgeärzte, insbesondere der Schulärzte wurzelt. Während und nach dem Weltkrieg und der Hungerblockade nahm das Messen und Wiegen in den Schulen und Fürsorgestellen noch zu, als es galt, den Umfang der durch die jahrelange Unterernährung der Kinder verursachten Wachstumshemmung festzustellen, und ihren Höhepunkt erreichte diese Bewegung, als 1920 bei der Einrichtung des amerikanisch-deutschen Kinderhilfswerkes der Quäkerspeisung die Teilnahme an letzterer abhängig gemacht wurde von durchgehenden Messungen und Wägungen sämtlicher Schulkinder der betreffenden Stadt. Es handelte sich einmal um die Gewinnung von objektiven, exakten, zahlenmäßigen Maßen zur Beurteilung des Ernährungszustandes der gespeisten Kinder, wie auch womöglich zur Beurteilung des Erfolgs der Zuspeisung, andererseits auch um die Gewinnung eines brauchbaren interurbanen Vergleichsmaterials als Grundlage für eine gerechte Verteilung der Nahrungsmittel an die einzelnen Landesteile und Städte. Wenn dabei auch das eine Zeit lang einheitlich durchgeführte Verfahren, die Zulassung zur Speisung in der Hauptsache von der Größe des Rohrerschen Index der Körperfülle bzw. — in Österreich — von dem Verhalten des Pelidisi abhängig zu machen, in Deutschland sich ganz, in Österreich sich teilweise als verfehlt erwies, so wurde doch damit ein erheblicher, bleibender Fortschritt gegenüber früher erzielt, nämlich hinsichtlich der Einheitlichkeit der Methodik der Schüleruntersuchungen seitens der Schulärzte nach genau ausgearbeiteten

Richtlinien, wie auch hinsichtlich der Einheitlichkeit und Vertiefung der statistischen Verarbeitung des gewonnenen Materials. Um die Ausarbeitung dieser Richtlinien hat sich Martin (1922) verdient gemacht. Eine längere Reihe solcher mustergültiger Untersuchungen und nach den Grundsätzen der Statistik verarbeiteter Ergebnisse ist (meist aus den Veröffentlichungen des Reichsgesundheitsamtes 1922—24) von Freudenberg zusammengestellt in dem Handbuch des Deutschen Zentralausschusses für die Auslandshilfe (1924) und wiedergegeben in dem Handbuch von Czerny-Keller (3. Aufl.), so die Ergebnisse aus Volksschulen von Ludwig (Leipzig 1921), Martin (München 1921), Gentzen (Königsberg 1922), Gerber (Freiburg i. B. 1922), Paul (Karlsruhe 1922), Bachauer (Augsburg 1922), Schwéers und Fränkel (Alt-Berlin 1923), ferner aus Volks- und höheren Schulen von Gastpar (Stuttgart 1913—1922), v. Vagedes (Spandau 1921), Schmidt (Bonn 1923), nur aus höheren Schulen von Öttinger (Charlottenburg 1920), schließlich von Stephani (Mannheim) aus der Vor-, Kriegs- und Nachkriegszeit. Endlich sei hier nochmals die bedeutsame, umfangreiche, statistische Arbeit von Baldwin über das Wachstum der Kinder (Chicago und New York 1924) und die von Schiötz (Christiana 1923), von Bardeen aus Nordamerika (1920), von Clark, Sydenstricker und Collins aus den südlichen Vereinigten Staaten (1922) erwähnt. Auf solches jedes Mal genau charakterisierte Material wird man sich bei dem Studium der Wachstumsnormen, bei dem Mangel eigener Untersuchungen, stützen können.

Literatur.

Nr. 58, 65, 82, 85, 101, 105, 123, 160, 181, 209, 211, 229, 252, 259, 287, 297.

Ältere Statistiken: Nr. 24, 38, 42, 45, 46, 49, 56, 59, 73, 94, 116, 121, 126, 144, 145, 152, 166, 191, 199, 230, 236, 237, 261, 278, 291, 294, 306.

Neuere Statistiken: Nr. 13, 18, 19, 21, 54, 65, 83, 91, 95, 96, 164, 170, 171, 194, 200, 234, 251, 263, 268, 279, 295.

II. Untersuchungsmethode. Fehlerquellen.

Es möchte leicht überflüssig erscheinen, über das Messen und Wägen viele Worte zu machen, wo es sich doch um elementare Dinge handelt; dem ist entgegen zu halten, daß manche mit großem Fleiß durchgeführte Arbeit rein infolge methodischer Mängel geradezu als unbrauchbar bezeichnet werden muß. Einleitend sei gleich hingewiesen auf Rudolf Martins „Richtlinien für Körpermessungen und deren statistische Verarbeitung, mit besonderer Berücksichtigung von Schülermessungen" (1924), wohl der besten Darstellung der Untersuchungsmethode, deren Befolgung bis in die Einzelheiten schon deshalb sehr wünschenswert ist, weil gerade durch die Einheitlichkeit der Untersuchungen deren Wert in bedeutendem Maße erhöht wird.

Von diesem Gesichtspunkte aus bedeutet es schon von vorneherein einen erheblichen Gewinn von Zuverlässigkeit, wenn die Erhebungen von dem Autor selbst vorgenommen werden, wie dies, einer Äußerung Gundobins nach zu schließen, früher und bis ins letzte Jahrzehnt hinein die Regel war. Wo dies unmöglich oder nicht angängig ist, dürfte es sich gleich bleiben, ob die Beobachter aus den Kreisen des Lehrpersonals oder der Fürsorgeschwestern und Schulpflegerinnen oder von Medizinalpraktikanten genommen werden. Voraussetzung bleibt aber, daß die Person oder die Personen Interesse, möglichst großes Interesse an den Untersuchungen haben. Und noch ein zweites: die Sicherheit der Ergebnisse nimmt ab mit der Zahl der Beobachter; erfahrungsgemäß ist es ganz unzweckmäßig, wegen der Ungleichmäßigkeit der Beobachtungen, wenn in einer Schule jede Klasse von ihrem Klassenlehrer gemessen und gewogen wird. Bei Reihenuntersuchungen erfordert die Längenmessung, weil dabei auf die Haltung des Kindes sehr geachtet werden muß, noch größere Aufmerksamkeit, Umsicht und Erfahrung als das Wiegen. Unerläßlich ist eine Schreibhilfe, als welche ich mir bei Schüleruntersuchungen am liebsten den Klassenlehrer nehme, der die Schüler kennt, in zweiter Reihe einen eifrigen intelligenten Schüler der oberen Klasse oder die Fürsorgerin, nicht irgend einen uninteressierten Erwachsenen.

Zur Bestimmung der Körperlänge bedient man sich — insbesondere bei Reihenuntersuchungen — bald einer mit einem Fußbrett versehenen Meßlatte mit gut sitzendem, nicht gelockertem Winkelhaken, oder noch zuverlässiger, da jene Meßlatten oft genug im Gebrauch Not gelitten haben, eines an der Wand befestigten, hölzernen Meterstabs, an dem entlang man seitlich einen genau gearbeiteten dicken, breiten Holzwinkel herabführt. Bei Einzeluntersuchungen in der Sprech- oder Beratungsstunde und überhaupt bei jüngeren Kleinkindern ist handlicher und vorteilhafter ein Anthropometer aus Holz oder, nach Angabe Martins aus Messing, ein runder, an einer Seite etwas abgeflachter, 2 Meter langer Hohlstab, zum Transport in 4 Teile zerlegbar, mit doppelter Millimeterskala, eine oben, die andere unten beginnend, mit einer bzw. zwei gefensterten Schiebehülsen, in die ein gleichfalls mit Millimetereinteilung versehenes, an einem Ende spitz auslaufendes Stahllineal gesteckt wird. So ist mit Martins Anthropometer ein Stangen- oder Schiebezirkel kombiniert, zur Feststellung der Körperbreite in den verschiedenen Höhen und zu anderen Maßen, die bei ausführlicheren, anthropometrischen Untersuchungen unentbehrlich sind.

Zur Messung der Körperlänge wird das Kind in natürlich gestreckter, nicht überstreckter Haltung so an die Meßlatte oder an die Wand gestellt, daß es diese mit den Fersen, dem Gesäß und auch dem Hinterkopf berührt, die Kniee durchgedrückt, das Rückgrat bequem gestreckt, die Arme seitlich herabhängend, das Kinn etwas an den Hals angezogen, den Kopf in horizontaler Ohr-Augenebene eingestellt, derart, daß der knöcherne Infraorbitalrand und die Oberränder der beiden Tragi in einer Horizontalen liegen. Wenn Martin angibt, daß nur bei dolichozephalen Individuen oder bei Mädchen mit starkem Haarknoten im Nacken der Hinterkopf mit der vertikalen Wand in Berührung kommt, nicht aber bei kurzköpfigen, so kann ich dem bzgl. der Kinder nicht beipflichten; vielmehr lege ich, ganz besonders bei Kleinkindern, Wert darauf, daß der Hinterkopf stets an die Meßlatte oder den Anthropometer angelegt wird. Der Winkel darf nur lose auf den Kopf gedrückt werden, da sonst das Kind nachgibt und in sich zusammensinkt; bei den älteren Mädchen darf man nicht versäumen, die Zöpfe, Kämme oder Schleifen zur Seite zu schieben. Die Fersen sind zu schließen, die Füße leicht nach auswärts zu richten. Nach Martin wird das Anthropometer von vorn an das Kind angesetzt, indem sich der Beobachter an die Seite des Kindes stellt.

Mit genau ausgearbeiteten Meßapparaten kann die Körpergröße leicht auf Millimeter genau abgelesen werden; zum mindesten sollte sie auf halbe Zentimeter genau bestimmt werden, wobei man auf den nächst gelegenen halben Zentimeter Bezug nimmt.

Im allgemeinen wird die Standhöhe gemessen, der Abstand zwischen der Scheitelhöhe und der Standfläche, die Größe, die für den Allgemeineindruck eines Individuums, sei es ein Erwachsener oder ein Kind, mehr als irgend eine andere Größe den Ausschlag gibt. Von Pirquet gibt aber der Stammlänge oder Sitzhöhe den Vorzug, das ist der Abstand zwischen Scheitelhöhe und Sitzfläche, die Länge des sitzenden Rumpfes + Kopfes, die er in einem besonders engen und vor allem besonders konstanten Verhältnis zum Körpergewicht gefunden hat, worauf unten (S. 32) noch zurückzukommen sein wird. Von Pirquet bezeichnet die Sitzhöhe als das wichtigste Grundmaß des menschlichen Körpers. Die Kinder sitzen auf einer Bank; auch hier ist auf aufrechte, einigermaßen stramme Haltung des an die Meßlatte oder an die Wand angelegten Rückens, bei geschlossenen, rechtwinklig gebeugten Beinen, und auf eine horizontale Einstellung des Kopfes wohl zu achten. Gray läßt die Kinder statt auf eine Bank oder einen Stuhl auf den Fußboden sitzen, „damit das Kind auch wirklich auf die Tubera ischiadica zu sitzen kommt".

Friedenthal empfiehlt als vergleichendes Maß besonders die vordere Stammlänge, von der Incisura sterni bis zum Schambein; aber für Reihenuntersuchungen in der Schule kann dieses Maß schon aus äußeren Gründen nicht in Betracht kommen.

Die Längenmessung der Säuglinge wird am besten auf einem Meßbrett vorgenommen, derart, daß die Fußsohlen mit der feststehenden Fußplatte in Berührung sind, während die verstellbare Kopfplatte an den Kopf des Kindes angeschoben wird; an der Kopfplatte befindet sich ein Zeiger, der an der seitlich angebrachten Skala das Maß ablesen läßt.

Aus der Differenz zwischen Körpergröße, d. h. Standhöhe und Sitzhöhe ergibt sich die Beinlänge. Ob man noch andere anthropometrische Maße aufnimmt, hängt natürlich von der Absicht des Untersuchers und dem Zweck der Untersuchungen ab; Martin wie Baldwin verlangen bereits für die Reihenuntersuchungen in der Schule die Bestimmung der Schulterbreite, der Breite zwischen den Akromien, als wertvolle Ergänzung und zur Charakterisierung der Breitenentwicklung. Vielfach wurde der Brustumfang gemessen, bei älteren Kindern bei Ein- und Ausatmung, bei Kleinkindern und jüngeren Schulkindern bei ruhiger Atmung, in Mittelstellung. (Ich konnte dabei einige nicht uninteressante Feststellungen machen, so ein nur loses Verhältnis zwischen der Zunahme des Brustumfanges und dem Längenwachstum, engere Beziehungen zwischen ersterem und der Gewichtszunahme.)

Zum **Wiegen** läßt sich bei den Reihenuntersuchungen in der Schule eigentlich nur eine Personenwage mit Laufgewichtsanordnung verwenden; Dezimalwagen beanspruchen durch das beständige Auswechseln der Gewichte zuviel Zeit; Federwagen sind infolge des Nachlassens der Elastizität der Feder zu unsicher. Für Schulen verdient den Vorzug das Modell von Garvens in Wülfel, und zwar die Wage mit einer Tragfähigkeit von 75 kg, selbst wenn mit dieser kleinen Wage der eine oder andere Jugendliche nicht mehr gewogen werden kann. Dafür ist diese Wage transportabel, was freilich nach Möglichkeit vermieden werden sollte, da es die Zuverlässigkeit und Haltbarkeit des Instruments beeinträchtigt, während die Wagen mit großer Tragfähigkeit kaum mehr vom Platze zu rücken sind. Allzu leicht gebaute Wagen, wie sie gewöhnlich in der Familie im Gebrauch sind, eignen sich selbst bei pfleglicher Behandlung nicht für die Schule oder öffentliche Beratungsstunde.

Vor dem Wägen ist den Kindern Gelegenheit zu geben, Blase und Darm zu entleeren. — Bei der Wage fängt die Tücke des Objekts an; man kann gar nicht oft genug prüfen, ob die Wage noch richtig eingestellt ist, ob unbelastet der Hebelzeiger und der feste Zeiger in gleicher Höhe stehen, ob die Wage bei einer Mehrbelastung von 100 g noch ausschlägt, und man muß besonders genau prüfen nach jeder Ortsveränderung der Wage und grundsätzlich auch vor jeder Reihenuntersuchung, ja, angesichts der Ungeschicklichkeit mancher Kinder beim Auf- und Absteigen auf bzw. von der Wage, selbst während der Reihenuntersuchungen. Bachauer hat sich mit diesen Nachprüfungen der Wage eingehend beschäftigt; er läßt die Laufgewichtswagen mittels in den einzelnen Schulen bereit stehender 20 kg Gewichte ständig kontrollieren. Laufwagen mit arretierbarer Brücke, bei denen die Arretierung erst im Augenblick der Wägung gelöst wird, sollen besonders haltbar und für Massenuntersuchungen besonders geeignet sein. — Die Wägungen sollen mit einer Genauigkeit von 100 g ausgeführt werden.

Zur Vermeidung von Fehlern müssen, namentlich bei fortlaufenden, wiederholten Untersuchungen ein und derselben Kinder, die regelmäßigen Schwankungen von Länge und Gewicht im Verlauf der 24 Tagesstunden berücksichtigt werden. Wie beim Erwachsenen, so nimmt auch im Kindesalter die Länge im Laufe des Tages ab, das Gewicht zu. Letzteres ist bedingt durch das Überwiegen der Nahrungszufuhr über die Ausscheidungen während des Tages, indes die Wasserabgabe durch die Nieren, Haut und Lunge während der Nacht wieder den Gewichtsabfall vom Abend zum Morgen hervorbringt. Putzig und Vollmer haben die Verhältnisse an Säuglingen jenseits des ersten Trimenon eingehend studiert. Der Nachmittags-Anstieg erreicht bei diesen seinen Gipfel erst um Mitternacht; am frühen Morgen erfolgt ein steiler Abfall; der Anstieg erfolgt nicht gleichmäßig, sondern entsprechend dem Wechsel der äußeren Verhältnisse unter starken Schwankungen. Anstieg und Abfall sind bei den Säuglingen nicht gebunden an den Wechsel zwischen Tag und Nacht, sondern an den Wechsel zwischen Schlaf- und Wachzustand. Es handelt sich nicht um eine Schlafacidose, sondern maßgebend ist vor allem die Sekretion der Drüsen.

Sind die Schwankungen naturgemäß auch nicht so groß wie beim Erwachsenen, so sind sie doch im Verhältnis zum wirklichen Wachstum beträchtlich. Putzig und Vollmer geben für Säuglinge 150—500 g an, Camerer jun. ermittelte bei einem viermonatlichen Säugling einen Unterschied von 200 g, bei einem 10jährigen Kind einen solchen von 700 g, beim Erwachsenen Differenzen von 1000 g. Schmid-Monnard fand bei 4jährigen Kindern durchschnittlich

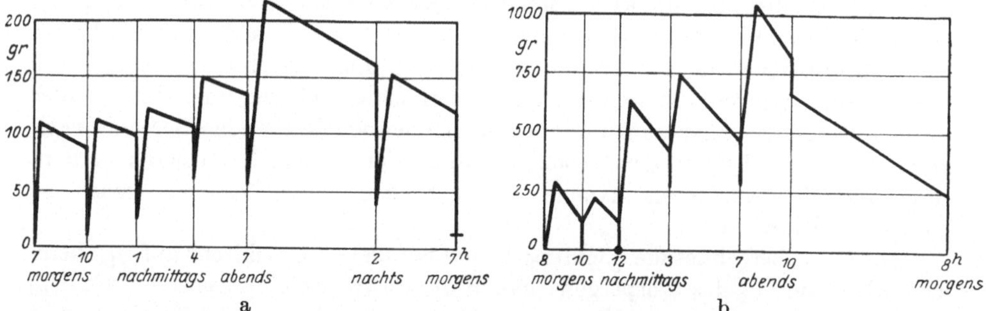

Abb. 1. **Gewichtsschwankungen innerhalb 24 Stunden.** a 16 Wochen alter Säugling. b 17jähriger Jüngling. (Nach W. Camerer jun.)

Schwankungen von 250—300 g, ausnahmsweise aber von 500—700 g. Sack ermittelte bei 30 Kindern höheren Alters durchschnittlich eine Schwankung von 620 g, also annähernd soviel wie die Wachstumszunahme im Laufe eines Vierteljahres! Camerer hat den Verlauf der Tagesschwankungen des Gewichts in zwei anschaulichen Zeichnungen zur Darstellung gebracht (Abb. 1).

Die Abnahme der Körperlänge im Laufe des Tages wird verursacht durch die mehr oder weniger dauernde aufrechte Stellung; 3 oder 4 Faktoren sind hieran beteiligt: die Kompression der Zwischenwirbelscheiben und der Knorpelüberzüge der Gelenke, die Zunahme der Krümmung der Wirbelsäule, die Abflachung des Fußgewölbes, ein tieferes Eintreten der Gelenkköpfe in die Hüftpfanne. Die Abnahme beginnt unmittelbar nach dem Aufstehen, erreicht nach etwa 4—5 Stunden ihren Höhepunkt, um nach einiger Zeit horizontalen Liegens, etwa mittags, wieder zu verschwinden; sie beträgt nach Camerer bei Kindern und Erwachsenen 1—3 cm, nach Sack bei älteren Kindern 1 cm, nach v. Lange bei Erwachsenen nach starken Anstrengungen und starker Ermüdung 3—5 cm. Es muß also, wenn die Messungen und Wägungen am Nachmittag vorgenommen werden, dies besonders vermerkt und allenfalls verrechnet werden.

Eine weitere Fehlerquelle beim Messen und Wiegen der Kinder liegt in der ungenügenden Entkleidung. Die älteren Autoren, so Quételet, Bowditsch, Pagliani, Key und Hertel, auch noch Rietz und West, maßen und wogen in voller Bekleidung; bei anderen Autoren fehlt hierüber jede Angabe, was noch mißlicher ist. Die heutigen Anthropologen verlangen vollkommene Entkleidung der Kinder und lehnen anders gewonnene Werte als für die wissenschaftliche Verarbeitung unbrauchbar und wertlos ab. Bezüglich der Längenmessung kann man dem beipflichten; schwankt doch die Höhe der Fußbekleidung bei Kindern zwischen 0 (bei barfuß gehenden) und 3 cm. Das Ausziehen der Stiefel dürfte kaum einmal einem Widerstand begegnen. Anders die völlige Entkleidung. Bei Kleinkindern und den jüngsten Schulkindern macht auch dies keine Schwierigkeit, vorausgesetzt daß die Mütter oder Helferinnen, ältere Schülerinnen, anwesend und beim Aus- und Ankleiden der Kleinen behilflich sind. Anders bei den älteren Schülerinnen der Volksschulen und noch mehr der höheren Schulen; hier wird unter Umständen durch das Verlangen einer weitgehenden Entkleidung die ganze Untersuchung in Frage gestellt, und unter solchen Umständen wird man lieber Konzessionen machen als auf die Beobachtung verzichten. Ich lasse die Kinder zum Wiegen die Schuhe und Oberkleider ablegen, die Unterkleider — ohne Korsett — aber tragen und mache bei den vergleichenden Berechnungen keine Abzüge. Aber auf den Tabellen muß dies ausdrücklich vermerkt werden. Augenscheinlich verfahren manche oder gar viele neuere Forscher ebenso, so Pirquet, Stephani.

Quételet berechnet die Kleidung beim männlichen Geschlecht auf $1/_{18}$, beim weiblichen auf $1/_{24}$ des Körpergewichts, Kotelman bei Gymnasiasten auf $1/_{20}$, Roberts auf $7\,^0/_0$, West bei Knaben auf $5\,^0/_0$, bei Mädchen auf $4,17\,^0/_0$, Baldwin außer Jacke und Stiefel auf $2-4\,^0/_0$. Ich ermittelte aus mehreren Hundert Wägungen im Frühjahr in Volksschulen folgendes Durchschnittsgewicht.

Tabelle 1. Durchschnittsgewicht der Knabenkleidung.

Alter	7	8	9	10	11	12	13	14
Rock	200	200	250	300	400	500	600	600 g
Hose	250	250	300	350	400	400	500	600 g
Unterkleider . . .	250	250	300	300	300	300	300	300 g
Stiefel	500	600	700	700	800	800	900	900 g

Baldwin ermittelte das Gewicht der Kleidung außer Schuhe, Jacke und Sweater bei Knaben mit einem Nettogewicht von 17—29 kg $= 3,5\,^0/_0$,

„ „ „ „ „ „ 30 und mehr = 4 „
„ Mädchen „ „ „ „ 16—29 kg = 3 „
„ „ „ „ „ „ 30—37 „ = 2,5 „
„ „ „ „ „ „ 38 und mehr = 2 „

Außerordentlich störend, geradezu verwirrend wirkt die Verschiedenheit, in der die einzelnen Autoren das Alter der untersuchten Kinder in Rechnung stellen und die Altersklassen bilden und benennen. Es finden sich in der schulärztlichen Literatur zahlreiche ernste Arbeiten über das Wachstum, in denen die einzelnen Schulklassen den Altersklassen gleichgestellt werden; die Verfasser übersehen vollkommen die jedem Schulkind annähernd bekannte Tatsache, daß schon in dem ersten Schuljahr die Altersschwankungen 18 Monate, in dem letzten Schuljahr aber volle 36 Monate betragen.

Die statistische Wissenschaft und auch die Medizinalstatistik rechnet allgemein nach Altersjahren und versteht darunter die Zahl der vollendeten Jahre, unter Vernachlässigung der Monate des angefangenen Lebensjahres. Der Fehler kann dabei fast 12 Monate betragen, bei einer Gruppierung nach Halbjahren fast 6 Monate; die Methode erfaßt aber einen bestimmten Geburtsjahrgang, was gerade medizinalstatistisch von Bedeutung und Vorteil sein kann. Die anthropologische Wissenschaft rechnet mit Lebensjahren und versteht darunter das Jahr, in welchem ein Individuum in einem bestimmten Zeitpunkt steht. Nach dem Vorgehen der Mathematiker werden bei der Bildung von Halbjahresklassen $\left(n - \dfrac{3}{6}\right)$ bis $\left(n + \dfrac{3}{6}\right)$ als n-jährig gesetzt, also 6 Jahre 10 Monate bis 7 Jahre 3 Monate = 7 jährig. Der Fehler ist nur halb so groß als bei der Altersberechnung nach Altersjahren. Die Gruppierung nach Lebensjahren ergibt naturgemäß höhere Werte als die nach Altersjahren, und zwar bei Halbjahresgruppierungen um den Zuwachs eines Vierteljahres. Für unsere Zwecke, wo die individuelle Entwicklung eines Kindes mit dem Durchschnitt verglichen werden soll, müssen sich die Durchnittswerte mit den Lebensjahren decken.

Eine drittte und vierte Methode ist die der Altersreduktion nach Pfaundler, wobei der Durchschnittszuwachs der zu vernachlässigenden Monate abgerechnet wird, oder die Altersinterpolation, wobei man graphisch vorgehen kann oder rechnerisch, ausgehend von dem Pfaundlerschen Wachstumsgesetz: Länge proportional der Kubikwurzel aus dem Konzeptionsalter. Lampart und Bachauer und Freudenberg haben in ihren Vorschlägen zur einheitlichen Organisation der Kinderwägungen und Messungen auf diese Methode Bezug genommen.

Eine fünfte Methode schließlich behebt alle diese Schwierigkeiten der Altersklassenbildung: durch Messung und Wägung der Kinder jeweils in ihrem Geburtsmonat, wie dies schon in Münchener und Augsburger Schulen und von Baldwin in den besten amerikanischen Schulen durchgeführt wurde. Dadurch werden die Altersklassen unmittelbar mit den Geburtsjahrgängen identifiziert. Jeweils zwischen dem 10. und 20. eines jeden Monats, oder noch genauer zwischen dem 14. und 16. werden die in diesem Monat geborenen Kinder gemessen und gewogen; der Unterricht soll dabei weniger gestört werden als durch regelmässige Messungen ganzer Klassen.

Bemerkt sei an dieser Stelle noch, daß für besondere wissenschaftliche Untersuchungen Friedenthal, Pfaundler u. a. anstatt vom Geburtstag des Individuums vom Konzeptionstag ausgegangen sind und statt des Lebensalters das Konzeptionsalter in Rechnung stellen; bei biologisch vergleichenden Studien ist dies unerläßlich.

Alter	Wachstum	cm	Körperfülle	kg	Gesundheits-Kl.
		169		65,0	
18		168		63,0	
		167		61,5	
		166		60,0	
17		165		58,5	
		164		57,0	
		163		55,5	
16		162		54,0	
		161		53,0	
		160		51,5	
		159		50,0	
15		158		49,0	
		157		48,0	
		156		47,0	
		155		46,0	
		154		45,0	
14		153		44,0	
		152		43,0	
		151		42,0	
		150		41,0	
		149		40,0	
13		148		39,0	
		147		38,0	
		146		37,5	
		145		36,5	
		144		36,0	
12		143		35,0	
		142		34,0	
		141		33,5	
		140		33,0	
		139		32,0	
11		138		31,5	
		137		31,0	
		136		30,5	
		135		30,0	
		134		29,5	
10		133		29,0	
		132		28,5	
		131		28,0	
		130		27,5	
		129		27,0	
9		128		26,5	
		127		26,0	
		126		25,7	
		125		25,3	
		124		25,0	
		123		24,7	
8		122		24,3	
		121		24,0	
		120		23,7	
		119		23,3	
		118		23,0	
7		117		22,7	
		116		22,3	
		115		22,0	
		114		21,7	
		113		21,3	
		112		21,0	
		111		20,7	
6		110		20,3	
		109		20,0	
		108		19,5	
		107		19,0	
		106		18,7	
		105		18,3	
5		104		18,0	
		103		17,7	
		102		17,3	
		101		17,0	
		100		16,7	
4		99		16,3	
		98		16,0	
		97		15,7	
		96		15,3	
	(Brustumfang)	95	(Fettpolster)	15,0	
		94		14,7	
3		93		14,3	

Abb. 2. Nomographisches Verfahren zur Eintragung und Auswertung der Messungs- und Wägungsergebnisse. (Teil des Schulgesundheitsbogens nach A. Drescher [Verlag Voß, Leipzig].)

Für die Praxis ergeben sich folgende Richtlinien:

1. Gleichzeitig mit jeder Messung und Wägung ist das Alter des Kindes nach Jahren und Monaten festzustellen und einzutragen, wobei die Monate als Dezimale geschrieben werden. Bei Reihenuntersuchungen kann man sich vorher eine kleine Altersberechnungstabelle für die in Betracht kommenden Lebensjahre und Monate anlegen, an deren Hand leicht aus dem Geburtstag das Alter in Jahren und Monaten ersehen werden kann.

2. Die Begrenzung der Altersklassen ist halbjährlich zu wählen. Die anthropologisch übliche Gruppierung, die Orientierung nach dem nächstgelegenen Geburtstag bzw. Halbjahresgeburtstag (n $\pm$ 3 Monate = n; n $<$ 3 Monate = n $+$ $^1/_2$) verdient für die vorliegenden Zwecke den Vorzug vor der statistischen Berechnung (n $+$ x Monate = n).

3. Bei jeder statistischen Aufstellung muß deutlich die Art der Altersberechnung angegeben sein.

Zur Eintragung der Befunde verdient eine Individualkarte unbedingt den Vorzug vor der Listenführung, es sei denn, daß sicher nur eine einmalige Untersuchung der betreffenden Kinder beabsichtigt ist, was wir aber auch bei der Sammelforschung und gerade auch bei dieser für unzureichend halten. Für die Individualbogen und Individualkarten gibt es in den Gesundheitsscheinen der Schulen zahlreiche Vorbilder. Die Eintragung von Alter, Länge und Gewicht und weiterer Maße in den aufeinander folgenden Jahren in tabellarischer Form, womöglich gar noch nebeneinander anstatt untereinander, ist äußerst unübersichtlich. Diese

Darstellung wird auch nur wenig dadurch verbessert, daß die „Normalwerte" für das betreffende Alter daneben vorgedruckt werden. Viel übersichtlicher und anschaulicher ist die graphische Darstellung in Kurvenform, wie sie in der Säuglingspflege gang und gäbe ist, das Alter auf der Abszisse, die Maße auf der Ordinatenlinie eingetragen. Um Irrtümer bei der Eintragung zu vermeiden, bedarf es für die Maße und Kurven von Länge und Gewicht getrennter Felder, unter- oder nebeneinander. Bei halbjährlichen Eintragungen vom Säuglings- bis zum Jünglingsalter ist hierzu die Fläche eines Kanzleibogens groß genug. Man kann eine „Normalkurve" vordrucken, vielleicht noch besser, um der Schwankungsbreite, den Varianten Rechnung zu tragen, eine Doppelkurve, vielleicht in einer Breite von $10^0/_0$ des normalen Durchschnitts (Ascher) oder von $10^0/_0$ für die 6—10jährigen, von $12^0/_0$ für die 11—16jährigen (Emerson) oder steigend von $6—9^0/_0$ vom 7.—15. Jahr (Baldwin). Die neuzeitliche Statistik bedient sich zur Gruppen-Zonenbildung der „mittleren Abweichung" $= \sigma$, wovon S. 21 zu sprechen sein wird.

Es sei noch die übersichtliche Eintragungsmethode nach Drescher angeführt: in 3 vertikalen Reihen, in Abständen von etwa 2 cm, sind in entsprechenden Zwischenräumen das Alter in Jahren, die Länge in cm, und das der Länge entsprechende Gewicht vorgedruckt. Bei der Untersuchung des Kindes werden die entsprechende Alterszahl, wobei auch Vierteljahre unterschieden werden können, und die zutreffenden Zahlen für Größe und Gewicht unterstrichen und durch quere Linien miteinander verbunden. Aus dem horizontalen bzw. geneigten Verlauf dieser Verbindungslinien und in den aufeinanderfolgenden Jahren aus ihrem Parallelismus bzw. ihrer Geneigtheit zueinander läßt sich der normale oder abwegige Fortschritt des Wachstums leicht ersehen.

Literatur.

Nr. 8, 12, 17, 19, 40, 45, 46, 47, 55, 67, 71, 102, 105, 106.
Altersberechnung: 16, 83, 85, 155, 172, 209, 215, 225, 252.
Tagesschwankung: 47, 228, 242, 205.

III. Berechnung der Untersuchungsergebnisse.

Während sich die große Mehrzahl der Autoren, von den früheren Forschern fast alle, bei dem Studium der Gesetze des menschlichen Wachstums mit einer gewissermaßen elementaren Verarbeitung ihrer Beobachtungsergebnisse begnügten, nämlich mit der Errechnung des Durchschnitts, des arithmetischen Mittels, allenfalls noch mit der Notierung der Minimal- und Maximalwerte (Seggel, Weißenberg, Makower) von Länge und Gewicht in den einzelnen Altersklassen bei den beiden Geschlechtern, ist es das Verdienst Pfaundlers, auf die Unzulänglichkeit eines solchen Vorgehens und einer solchen Beschränkung hingewiesen und durch Berücksichtigung der Varianten, der Variation der Körpermaße das Studium des Problems wesentlich gefördert und vertieft zu haben. Es handelt sich nicht nur um die Variationsbreite, die durch die kleinsten und größten Werte gekennzeichnet wird, die vielfach pathologische, bestenfalls einzelstehende Ausnahmefälle und Zufälligkeiten darstellen, sondern um die Berücksichtigung der zahlreichen, durchaus in der physiologischen Breite beiderseits des Mittelwertes liegenden Über- und Unterwerte, der sog. Plus- und Minusvarianten, um die Art der Streuung, um die Struktur, den inneren Aufbau der Zahlenwerte.

All dies wird erfaßt durch die Regeln der Kollektivmaßlehre, wird einwandfrei und erschöpfend dargestellt durch Aufstellung der Häufigkeitsreihen. Martin gibt von dem Verfahren eine anschauliche Darstellung.

I	II	III	IV	V	VI	VII
Maß	Häufigkeit		$I \times III$	Abweichung von M	V^2	$VI \times III$
cm						
108	III	3	324	10,6	112,36	337,08
109	III	3	327	9,6	92,16	276,48
110	II	2	220	8,6	73,96	147,92
111	IIIII I	6	666	7,6	57,76	346,56
112	I	1	112	6,6	43,56	43,56
113	IIIII I	6	678	5,6	31,36	188,16
114	IIIII IIII	9	1026	4,6	21,16	190,44
115	IIIII III	8	920	3,6	12,96	103,68
116	IIIII IIIII III	13	1508	2,6	6,76	87,88
117	IIIII IIIII IIII	14	1638	1,6	2,56	35,84
118	IIIII IIIII IIIII	15	1770	0,6	0,36	5,40
119	IIIII IIIII I	11	1309	0,4	0,16	1,76
120	IIIII III	8	960	1,4	1,96	15,68
121	IIIII IIIII	10	1210	2,4	5,76	57,60
122	IIIII IIIII II	12	1464	3,4	11,56	138,72
123	III	3	369	4,4	19,36	58,08
124	IIIII II	7	868	5,4	29,16	204,12
125	III	3	375	6,4	40,96	122,88
126	II	2	252	7,4	54,76	109,52
127	IIII	4	508	8,4	70,56	282,24
128	III	3	384	9,4	88,36	265,08
129	II	2	258	10,4	108,16	216,32
130	III	3	390	11,4	129,96	389,88
131	I	1	131	12,4	153,76	153,76
Summe		149	17667			3778,64

$$\text{Arithmetisches Mittel } M = \frac{17667}{149} = 118,6 \text{ cm}$$

$$\sigma = \sqrt{\frac{3778,64}{149}} = \sqrt{25,36} = 5,04$$

$$m = \frac{\sigma}{\sqrt{n}} = \frac{5,04}{\sqrt{149}} = 0,412$$

$$v = \frac{100 \cdot \sigma}{M} = \frac{100 \cdot 5,04}{118,6} = 4,25$$

Abb. 3. **Berechnung des arithmetischen Mittels (M) und der mittleren Abweichung (σ) aus der Körpergrößenreihe $7^1/_2$jähriger Knaben.** (Aus: R. Martin, Richtlinien 1924.)

In für Knaben und Mädchen getrennten Tabellen, auf deren Querseite die Altersklassen, auf deren Längsseite die Länge in Zentimeter-Abständen, das Gewicht in $^1/_2$-kg-Stufen eingetragen sind, wird markiert, wie oft der betreffende Längen- oder Gewichtswert festgestellt wurde. Um diese — absoluten — Häufigkeitsreihen miteinander vergleichen zu können, etwa zum Studium der Verschiebung der Größe der Variationen in den verschiedenen Altersklassen, müssen dann allerdings noch die relativen Häufigkeitsreihen berechnet werden, in denen die auf jede Maßeinheit fallende Zahl der Kinder in Prozenten der ganzen Reihe ausgedrückt ist. In einer solchen Häufigkeitsreihe ist alles gegeben, was über das gesuchte Merkmal überhaupt ausgesagt werden kann; vieles davon läßt sich mit einem Blick übersehen, insbesondere die Streuung der einzelnen Werte über die ganze Variationsbreite und deren Abweichungen vom Mittel und anderes mehr. Zum Abdruck sind aber diese Reihen ungeeignet, weil sie übermäßig viel Raum beanspruchen. Man muß deshalb schon aus diesem Grunde eine Reihe von Auswertungsoperationen vornehmen, eine mehr oder minder große Anzahl von Werten errechnen, die unter dem Begriff der statistischen Mittelwerte zusammengefaßt werden.

Der wichtigste Wert ist auch hier das arithmetische Mittel, allgemein der Durchschnitt genannt, als eine Funktion aller Einzelwerte, eine Zusammenfassung des gesammten Materials einer Beobachtungsreihe in einer einzigen Zahl. Die Errechnung des Durchschnittes bedarf keiner Erläuterung. Minder wichtig, weil — namentlich in kleineren Reihen — sehr von Zufälligkeiten anhängig, ist der häufigste Wert, der unter den beobachteten Einzelwerten am häufigsten vorkommende Wert, und der Medianwert, der genau in der Mitte der ganzen, nach der Größe geordneten Reihe gelegen ist. Die (oberen und unteren) Quartile sind die Mediane der beiden durch den Hauptmedian gebildeten Reihenhälften. All diese Werte wie auch die Variationsbreite sind ohne weiteres aus der Häufigkeitsreihe zu ersehen. Von größerem Belang sind die anderen Hilfswerte oder Parameter, für deren Errechnung gleichfalls Martin eine übersichtliche Zusammenstellung gegeben hat.

Von besonderer Bedeutung ist die mittlere oder stetige Abweichung = σ (ständige Variabilität, mittlere quadratische Abweichung, Standardabweichung, Standarddeviation) als Maß der Variabilität, bei welcher alle, auch die extremsten Varianten einen Einfluß ausüben. Aus ihrer Zahl wird ersichtlich, ob die Einzelwerte dicht gedrängt oder weit zerstreut um das arithmetische Mittel gelagert sind. Bei der Gruppenbildung in den einzelnen Altersklassen wird jetzt σ allgemein als Maß benutzt (s. Freudenbergs Tabellen S. 44, ebenso Lebzelter). Die mittlere Abweichung ist unabhängig von der Zahl der Beobachtungen; man erhält sie nach Errechnung der Abweichung sämtlicher Klassengrößen vom arithmetischen Mittel, durch Erhebung dieser Abweichungen ins Quadrat, Multiplikation dieser Quadrate mit den Häufigkeiten der jeder Klassengröße entsprechenden Anzahl von Varianten, dann durch Addition dieser Quadrate, weiter durch Division der Summe durch die Zahl der Beobachtungen und Ziehen der Quadratwurzel aus dem so erhaltenen Quotienten (Martin, siehe Abb. 3, S. 20).

Die Berechnung der mittleren Abweichung auf Grund einer Häufigkeitsreihe ist verhältnismäßig einfach; sie erfolgt nach der Formel

$$\sigma = \pm \sqrt{\frac{\Sigma\,\mathrm{pa}^2}{n}}$$

wobei Σ das Additionszeichen ist, p die Häufigkeit einer Klassengröße, a die Abweichung einer Klassengröße vom arithmetischen Mittel und n die Gesamtzahl der beobachteten Einzelfälle.

Die durchschnittliche Abweichung oder der Oszillationsexponent zeigt an, wie groß die durchschnittliche Abweichung der Einzelzahlen einer

Reihe vom Mittelwert ist. Sie wird berechnet, indem man die Abweichungen der verschiedenen Einzelwerte vom Mittelwert bildet, die Abweichungen addiert und die Summe durch die Zahl der Einzelwerte dividiert.

Die Frage, ob die Zahl der beobachteten Einzelfälle in der untersuchten Reihe groß genug ist, um ein wissenschaftlich zuverlässiges arithmetisches Mittel, d. h. den typischen Durchschnitt zu ergeben, wird durch die Berechnung des mittleren Fehlers des arithmetischen Mittels entschieden, nach der Formel $m = \pm \dfrac{\sigma}{\sqrt{n}}$, wobei σ wieder als Maß der Variabilität gewählt ist und n die Zahl der Einzelbeobachtungen bedeutet.

In manchen Fällen ist es nützlich, neben der mittleren Abweichung, die ja ein absolutes Variabilitätsmaß ist, das von der Größe und Art der Maßeinheit des untersuchten Merkmals abhängt, auch noch den Variationskoeffizienten anzugeben, der die mittlere Abweichung in Prozent des arithmetischen Mittels angibt. Er ist gleich dem 100fachen Verhältnis der mittleren Abweichung zum arithmetischen Mittelwert nach der Formel $v = \dfrac{100\,\sigma}{M}$. Unabhängig von der Größe der Maßeinheit des untersuchten Merkmals ist er das beste Kriterium der relativen Variabilität der einzelnen Merkmale.

Ohne den Wert und die Bedeutung der Parameter und der Berechnung der Variationen des Wachstums unterschätzen zu wollen, mag doch gegenüber allzu ausgedehnten Forderungen bezüglich der Bearbeitung des Beobachtungsmaterials betont werden, daß auch hinsichtlich der Streuung und der Variationen, sowohl ihrer Größe wie ihrer Häufigkeit, eine weitgehende Gesetzmäßigkeit und Regelmäßigkeit unverkennbar ist. Die Variationen des Wachstums folgen dem Gaußschen Zufallsgesetz, der Gaußschen Fehlerfunktion; es handelt sich um eine reguläre Zufallsvariation. Es finden sich — unter allen möglichen äußeren Umständen (eine fragliche Ausnahme siehe bei Stefko, S. 83) — ebenso viele Plus- wie Minusvarianten, ebenso viele vorangeeilte wie zurückgebliebene Kinder; die Streuung ist nach beiden Seiten gleichmäßig, symmetrisch. Immer drängt sich eine ganz große Zahl Varianten um den Mittelwert auf verhältnismäßig engem Raum zusammen; dann kommt ein ziemlich steiler, starker Abfall und erst am Fuß zieht sich der Kegel — diese Figur gibt die graphische Darstellung, — breit auseinander, und zwar in den einzelnen Altersklassen verschieden breit. Aber auch hierin herrscht Gesetzmäßigkeit; je älter die Kinder einer gewissen Altersstufe sind, — bis zu einem gewissen Zeitpunkt, — und je lebhafter in dieser Altersstufe das Wachstum vor sich geht, um so größer ist die Variationsbreite, wie auch die ganze Streuung. In sehr anschaulicher Weise ist dies von v. Pirquet in zwei Tafeln für das Längenwachstum der Knaben und Mädchen zur Darstellung gebracht worden (s. Abb. 4). Die Häufigkeitsreihen der Altersklassen 7—10 verlaufen außerordentlich ähnlich; nur der Kegel der 14jährigen ist — aus äußeren und inneren Gründen — ziemlich verschieden. Die größte Verschiedenheit besteht, wie gesagt, am Fuße der Kegel; man erkennt aber auch leicht die geringe Bedeutung der seltenen Extremen, der Minimal- und Maximalwerte für die Variation im ganzen. Nach Johannsen liegen mehr als $99^0/_0$ der Varianten in dem Spielraum $M + 3\,\sigma$.

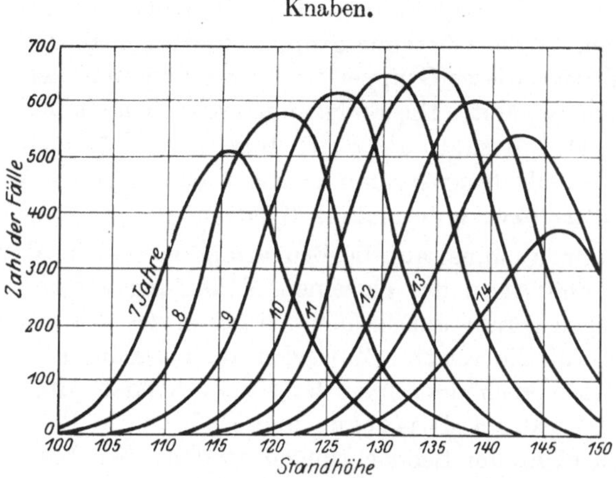

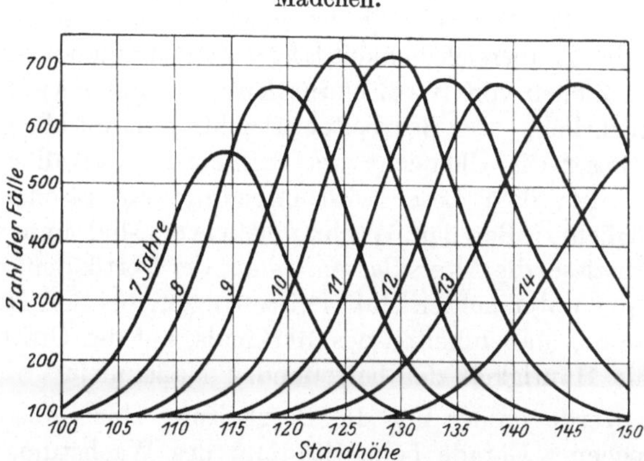

Abb. 4. Variation der Körpergröße. Aus: von Pirquet, Anthropometrische Untersuchungen. (In den stark verkleinerten Abbildungen sind die maßgebenden Häufigkeitspunkte der Originale weggelassen.)

Baltz hat diesen Verhältnissen bei den Neugeborenen eine besondere Studie gewidmet; er stellte bei ihnen das gleiche Verhalten der Varianten fest wie bei älteren Kindern.

Sind die oben angeführten Formeln und Berechnungen besonders für die wissenschaftliche Forschung von großer Bedeutung, so hat für die Praxis große Wichtigkeit eine Gruppeneinteilung etwa in normalmaßige, unter- und übermaßige Kinder. Man hat eine solche Gruppierung früher schematisch vorgenommen etwa in solche, die um 5, um 5—10 und um mehr als $10^0/_0$ nach unten bzw. oben vom Durchschnitt ihres Alters und Geschlechts abwichen (Ascher). Richtiger ist die oben erwähnte natürliche Gruppenbildung auf Grund der mittleren Abweichung σ, indem man Zonen von der Breite der halben mittleren Abweichung beiderseits des arithmetischen Mittels abträgt. Es werden am besten 5 Gruppen gebildet: Die erste, mittlere umfaßt alle Fälle, die zwischen M $+$ $^1/_2$ σ und M $-^1/_2$ σ liegen; die Kinder dieser Gruppe dürfen als typisch für die Population und für die Zeitperiode, der sie angehören, betrachtet werden. Zwei Übergangsgruppen umfassen die Fälle von $M \pm \frac{1}{2}\,\sigma$ bis $M \pm \sigma$; Angehörige dieser Gruppen besitzen schon eine nicht zu übersehende Über- bzw. Untermaßigkeit. Die Endgruppen schließen alle Fälle ein, die größer bzw. kleiner als $M + \sigma$ sind; die obere bzw. untere Grenze dieser Gruppen wird durch die jeweils festgestellten Maxima bzw. Minima gegeben; es sind ausgesprochen über- bzw. untermaßige Kinder.

Hier sei auch noch einmal auf die Bedeutung der — absoluten und relativen — Zuwachsraten der einzelnen Maße hingewiesen. Friedenthal, Schiötz u. a. legen gerade auf sie beim Studium des Wachstums den größten Wert, besonders auf die relative Zuwachsrate, ausgedrückt in Prozenten des Mittelwertes der entsprechenden bzw. der vorangehenden Altersklasse. Martin zieht hierfür den Ausdruck Differenz und Differenz in Prozent vor, namentlich wenn es sich nicht um Beobachtungen an denselben Kindern, sondern um Erhebungen nach der Kollektivmethode handelt.

Nicht genug kann die Bedeutung und Zweckmäßigkeit der graphischen Darstellung bei der Bearbeitung der gewonnenen Untersuchungsergebnisse betont werden; die Unübersichtlichkeit langer Zahlenreihen macht die graphische Darstellung, das Ziehen von Wachstumskurven und Häufigkeitskurven, geradezu unentbehrlich. Der Bearbeiter erleichtert damit ebensosehr sich selbst wie auch dem Leser die Übersicht, was namentlich bei allen möglichen Vergleichen wichtig ist; dem Leser wird unbedingt ein rascheres Erfassen der Resultate ermöglicht. Bei den Wachstumskurven sind immer auf der Horizontalen, der Abszisse, die Altersklassen, — auf der Vertikalen, der Ordinate, die Klassengrößen des untersuchten Maßes einzutragen; bei den Häufigkeitskurven auf der Abszisse die Maßeinheiten des Merkmals, auf der Ordinate die absolute oder prozentuale Häufigkeit der betreffenden Maßeinheit.

Bis hierher wurde immer nur die Bearbeitung einer einzelnen Maßeinheit für sich besprochen. Gerade beim Studium des Wachstums handelt es sich aber vielfach um das Verhältnis mehrerer Maße zueinander, so bei der Lehre von den Proportionen und besonders bezüglich des Verhältnisses der Körperlänge zu dem Körpergewicht. Will der Praktiker insbesondere bei Einzeluntersuchungen Länge und Gewicht miteinander in Beziehung bringen, so hält er sich am besten und einfachsten an eine Tafel wie die von v. Pirquet (s. Tabelle 2 S. 25/26), auf der in übersichtlicher Weise für Knaben und Mädchen getrennt, für jedes Alter nach Jahren und Monaten, die Solllänge und das der Länge entsprechende Sollgewicht zusammengestellt sind. Es wird also das Istgewicht nicht mit dem Durchschnittsgewicht des betreffenden Lebensalters verglichen, sondern mit dem Gewicht, das der tatsächlichen Länge entspricht. Am besten und gleichmäßigsten aber werden Länge und Gewicht miteinander in Beziehung gebracht durch eine Indexformel, von denen ihrer Bedeutung entsprechend in einem besonderen Kapitel die Rede sein soll.

Literatur.

Nr. 8, 9, 20, 83, 85, 130, 158, 169, 172, 209, 220, 221, 251, 270, 303.

Tabelle 2. Alter, Länge und Gewicht des Kindes.

Zusammengestellt von C. v. Pirquet[1]).

A. Nach den Durchschnittszahlen von Camerer (Süddeutschland).

Knaben		Länge	Mädchen		Knaben		Länge	Mädchen	
Ge-wicht	Alter		Alter	Ge-wicht	Ge-wicht	Alter		Alter	Ge-wicht
kg		cm		kg	kg		cm		kg
		49	Geburt	3,24		1 Jahr		1 Jahr	
3,48	Geburt	50	,,	3,50	11,95	8 Mon.	82	10 Mon.	11,70
3,70	,,	51	,,	3,70	12,20	10 Mon.	83	11 Mon.	11,95
3,90	,,	52	.,	3,90	12,45	11 Mon.	84	2 Jahre	12,20
4,10	,,	53	1 Mon.	4,10	12,70	2 Jahre	85	2 Mon.	12,45
4,40	1 Mon.	54	,,	4,30	12,95	2 Mon.	86	3 Mon.	12,70
4,70	,,	55	,,	4,50	13,20	3 Mon.	87	5 Mcn.	12,95
5,00	,,	56	2 Mon.	4,80	13,45	5 Mon.	88	6 Mon.	13,20
5,30	2 Mon.	57	,,	5,10	13,70	6 Mon.	89	8 Mon.	13,45
5,60	,,	58	,,	5,40	13,95	8 Mon.	90	9 Mon.	13,70
5,90	,,	59	3 Mon.	5,70	14,20	9 Mon.	91	11 Mon.	13,95
6,20	3 Mon.	60	,,	6,00	14,45	11 Mon.	92	3 Jahre	14,20
6,50	,,	61	4 Mon.	6,30	14,70	3 Jahre	93	2 Mon.	14,45
6,80	4 Mon.	62	,,	6,60	15,00	2 Mon.	94	4 Mon.	14,70
7,00	,,	63	5 Mon.	6,90	15,30	4 Mon.	95	6 Mon.	14,95
7,30	5 Mon.	64	,,	7,10	15,60	6 Mon.	96	8 Mon.	15,30
7,60	,,	65	6 Mon.	7,40	15,90	8 Mon.	97	10 Mon.	15,45
7,90	6 Mon.	66	,,	7,60	16,20	10 Mon.	98	4 Jahre	15,70
8,20	,,	67	7 Mon.	7,80	16,50	4 Jahre	99	2 Mon.	15,95
8,50	7 Mon.	68	,,	8,00	16,80	2 Mon.	100	5 Mon.	16,20
8,70	,,	69	8 Mon.	8,20	17,10	5 Mon.	101	7 Mon.	16,45
8,90	8 Mon.	70	9 Mon.	8,50	17,40	7 Mon.	102	10 Mon.	16,70
9,20	9 Mon.	71	10 Mon.	8,80	17,70	10 Mon.	103	5 Jahre	17,00
9,50	10 Mon.	72	,,	9,10	18,00	5 Jahre	104	3 Mon.	17,50
9,70	,,	73	11 Mon.	9,40	18,50	2 Mon.	105	6 Mon.	18,00
9,90	11 Mon.	74	1 Jahr	9,70	19,00	5 Mon.	106	9 Mon.	18,50
10,20	1 Jahr	75	1 Mon.	9,95	19,50	7 Mon.	107	6 Jahre	19,00
10,45	1 Mon.	76	2 Mon.	10,20	20,00	10 Mon.	108	2 Mon.	19,30
10,70	2 Mon.	77	4 Mon.	10,45	20,50	6 Jahre	109	4 Mon.	19,70
10,95	4 Mon.	78	5 Mon.	10,70	21,00	2 Mon.	110	6 Mon.	20,00
11,20	5 Mon.	79	6 Mcn.	10,95	21,40	4 Mon.	111	8 Mon.	20,30
11,45	6 Mon.	80	7 Mon.	11,20	21,80	6 Mon.	112	10 Mon.	20,70
11,70	7 Mon.	81	8 Mon.	11,45	22,20	8 Mcn.	113	7 Jahre	21,00

Fortsetzung S. 26.

Beispiel: Das $7^1/_2$ jährige Mädchen Anna hat eine Nettolänge von 119 cm (ohne Schuh-absätze!) und ein Nettogewicht (ohne Kleider!) von 21,3 kg. Zunächst die Länge: Ein Mädchen von $7^1/_2$ Jahren ist durchschnittlich 115 cm lang. Anna mit 119 cm ist um 4 cm voraus. Dann wird das Gewicht verglichen, und zwar nicht mit dem Durchschnittsgewicht des Lebensalters, sondern mit dem Gewicht, das der tatsächlichen Länge entspricht. Ein Mädchen von 119 cm Länge soll 23,4 kg wiegen. Anna wiegt nur 21,3 kg, ist also um 2,1 kg zu leicht.

Notiert wird: Anna $7^1/_2$ Jahre, 119 cm (+ 4 cm), 21,3 kg (− 2,1 kg).

---

[1]) Aus Zeitschr. f. Kinderheilk. Bd. 6, S. 253. 1913 und Bd. 36, S. 71. 1923. Sonderausgabe. Berlin: Julius Springer.

Tabelle 2 (Fortsetzung).

Knaben Gewicht kg	Knaben Alter	Länge cm	Mädchen Alter	Mädchen Gewicht kg	Knaben Gewicht kg	Knaben Alter	Standhöhe cm	Mädchen Alter	Mädchen Gewicht kg
22,60	10 Mon.	114	2 Mon.	21,40	B. Nach österreichischen Untersuchungen.				
23,00	7 Jahre	115	7 Jahre			6 Jahre		6 Jahre	
			5 Mon.	21,80	20,2	10 Mon.	114	11 Mon.	19,2
23,40	2 Mon.	116	7 Mon.	22,20	20,5	7 Jahre	115	7 Jahre	
23,80	5 Mon.	117	10 Mon.	22,60				1 Mon.	20,1
24,20	7 Mon.	118	8 Jahre	23,00	20,9	2 Mon.	116	4 Mon.	20,5
24,60	10 Mon.	119	2 Mon.	23,40	21,3	4 Mon.	117	6 Mon.	20,9
25,00	8 Jahre	120	5 Mon.	23,80	21,7	7 Mon.	118	9 Mon.	21,3
25,50	2 Mon.	121	7 Mon.	24,20	22,1	9 Mon.	119	8 Jahre	21,7
26,00	5 Mon.	122	10 Mon.	24,60	22,5	8 Jahre	120	2 Mon.	22,1
26,50	7 Mon.	123	9 Jahre	25,00	22,9	2 Mon.	121	5 Mon.	22,6
27,00	10 Mon.	124	2 Mon.	25,40	23,3	5 Mon.	122	7 Mon.	23,0
27,50	9 Jahre	125	5 Mon.	25,80	23,7	8 Mon.	123	9 Mon.	23,5
28,00	2 Mon.	126	7 Mon.	26,20	24,2	10 Mon.	124	11 Mon.	23,9
28,50	5 Mon.	127	10 Mon.	26,60		9 Jahre		9 Jahre	
29,00	7 Mon.	128	10 Jahre	27,00	24,7	1 Mon.	125	2 Mon.	24,4
29,50	10 Mon.	129	2 Mon.	27,40	25,2	3 Mon.	126	4 Mon.	24,8
30,00	10 Jahre	130	5 Mon.	27,80	25,7	6 Mon.	127	7 Mon.	25,3
30,50	2 Mon.	131	7 Mon.	28,20	26,2	8 Mon.	128	10 Mon.	25,8
31,00	5 Mon.	132	10 Mon.	28.60	26,7	10 Mon.	129	10 Jahre	26,3
31,50	7 Mon.	133	11 Jahre	29,00		10 Jahre			
32,00	10 Mon.	134	2 Mon.	29,50	27,2	1 Mon.	130	2 Mon.	26,8
32,50	11 Jahre	135	4 Mon.	30,00	27,7	4 Mon.	131	4 Mon.	27,3
33,00	2 Mon.	136	6 Mon.	30,50	28,2	7 Mon.	132	6 Mon.	27,9
33,50	5 Mon.	137	8 Mon.	31,00	28,7	10 Mon.	133	9 Mon.	28,5
	11 Jahre		11 Jahre			11 Jahre			
34,00	7 Mon.	138	10 Mon.	31,50	29,3	1 Mon.	134	11 Jahre	29,1
34,50	10 Mon.	139	12 Jahre	32,00	29,8	4 Mon.	135	2 Mon.	29,7
35,00	12 Jahre	140	2 Mon.	32,70	30,3	7 Mon.	136	4 Mon.	30,3
35,50	2 Mon.	141	3 Mon.	33,40	30,9	10 Mon.	137	6 Mon.	30,9
36,00	5 Mon.	142	5 Mon.	34,10		12 Jahre			
36,50	7 Mon.	143	7 Mon.	34,80					
37,00	10 Mon.	144	9 Mon.	35,50	31,5	1 Mon.	138	8 Mon.	31,5
37,50	13 Jahre	145	10 Mon.	36,20	32,0	4 Mon.	139	11 Mon.	32,1
38,00	2 Mon.	146	13 Jahre	37,00				12 Jahre	
38,60	4 Mon.	147	2 Mon.	37,80	32,6	6 Mon.	140	2 Mon.	32,7
39,20	6 Mon.	148	3 Mon.	38,60	33,1	9 Mon.	141	4 Mon.	33,4
39,80	8 Mon.	149	5 Mon.	39,40	33,7	13 Jahre	142	6 Mon.	34,1
40,40	10 Mon.	150	7 Mon.	40,30	34,3	2 Mon.	143	8 Mon.	34,8
41,00	14 Jahre	151	9 Mon.	41,20	34,9	5 Mon.	144	10 Mon.	35,5
41,60	2 Mon.	152	10 Mon.	42,10	35,5	8 Mon.	145	13 Jahre	36,3
42,30	4 Mon.	153	14 Jahre	43,00	36,1	11 Mon.	146	2 Mon.	37,2
43,00	6 Mon.	154	2 Mon.	44,00		14 Jahre			
43,60	8 Mon.	155	5 Mon.	45,00	36,8	2 Mon.	147	5 Mon.	38,1
44,30	10 Mon.	156	7 Mon.	46,00	37,5	5 Mon.	148	8 Mon.	39,0
45,00	15 Jahre	157	10 Mon.	47,00	38,2	8 Mon.	149	10 Mon.	39,8
45,70	2 Mon.	158	15 Jahre	48,00	39,9	11 Mon.	150	14 Jahre	40,7
46,40	3 Mon.	159	6 Mon.	50,00					
47,10	5 Mon.	160	16 Jahre	52,00					

IV. Die Körperindices.

Ganz allgemein liegt der Wert und die Bedeutung der Körperindices und der Proportionszahlen überhaupt darin, daß man von den absoluten Maßen loskommt, zu allgemeinen Beziehungen gelangt, allgemeine Relationsgesetze aufstellen kann. Der Index bringt, wie oben gesagt, Körperlänge und Körpergewicht nicht nur in ein enges, sondern auch in ein konstantes Verhältnis zueinander. Am wertvollsten ist die Methode bei fortlaufenden Bestimmungen bei ein und demselben Individuum und gerade bei den im Wachstum befindlichen Kindern: hier kommt ihre Überlegenheit über die einfachen Körpergewichtsbestimmungen besonders klar zum Ausdruck. Eine einfache Überlegung sagt, daß der Index trotz guter Gewichtszunahme stehen bleiben kann, nämlich wenn gleichzeitig eine Längenzunahme statthat. Es liegt dann keine Gewichtszunahme im vulgären Sinne, kein Fettansatz vor, sondern ein dem Längenwachstum entsprechendes Maßenwachstum, eine Maßenzunahme. Ändert sich dagegen der Index, so zeigt dies entweder eine Staturänderung an, eine einseitige Streckung oder Breitenentwicklung oder eine Änderung im Fettansatz, Fülle oder Abmagerung.

Nicht viel weniger bedeutsam ist die Indexmethode bei dem Vergleich ganzer Gruppen von Kindern gerade zu Wachstumsstudien. Die bemerkenswerten Ergebnisse der Studien Pfaundlers über die Verschiedenheiten des Wachstums und der Entwicklung bei Kindern aus verschiedenen Ständen, die Studien Arons über Wachstumsanomalien, Lubinskis über die Verschiedenheiten der Entwicklung bei Stadt- und Landkindern, Choses bei Rachitis und andere mehr beruhen zu einem guten Teil auf der Indexmethode. Schon etwas weniger gesichert erscheint die Anwendung der Methode bei fortlaufenden Untersuchungen ganzer Gruppen und Kategorien von Kindern in aufeinanderfolgenden Zeitabschnitten zur Beurteilung ihres Ernährungszustandes. Schließlich am schwächsten steht es mit der Anwendung und Bedeutung der Indexmethode bei einmaliger Beurteilung als objektiver Maßstab des Ernährungszustandes einzelner oder ganzer Gruppen von Kindern. Das aber war es gerade, was die Methode in den vergangenen 5 Jahren zu so großer Verbreitung hat gelangen lassen, was sie geradezu populär gemacht hat. Es erscheint hierüber eine ausführliche kritische Betrachtung angezeigt.

Wie die systematischen Messungen und Wägungen von Kindern, so geht auch die Indexmethode auf Quételet zurück; vielleicht war dem Physiker, dem Zeitgenossen eines Dalton, Gay-Lussac, Cuvier, ersteres zu einem guten Teil nur Mittel zu letzterem. Quételets Name ist mit dem Zentimetergewicht oder Streckengewicht aufs engste verknüpft: $q = \dfrac{p}{l}$ (p = Gewicht, l = Länge). Die Formel drückt (scheinbar!) auf das einfachste aus, wieviel Kilogramm Körpergewicht auf je einen Zentimeter Körperlänge entfallen, wieviel durchschnittlich eine 1 cm dicke Querschnittsscheibe des betreffenden Menschen wiegt. Indem die Werte ohne Unterbrechung von der Geburt, ja von der Befruchtung bis zur Erreichung des maximalen Körpergewichts etwa im 50. Jahre zunehmen, ja wie Gastpar gezeigt hat, sich gerade wieder um ein Neues vervielfachen, wenn eine neue Wachstumsperiode des Kindes beginnt, — das Zentimetergewicht verdoppelt sich, gegenüber dem Wert bei der Geburt, am Ende des Säuglingsalters, es verdreifacht sich beim Eintritt in das bisexuelle Alter, — so zeigt die Formel wohl von allen Wachstumsgrößen die größte Regelmäßigkeit. Bei dieser Anschaulichkeit des Streckengewichts kann es nicht wundernehmen, wenn die Formel in Studium und Praxis die größte Verbreitung gefunden hat und bis in die jüngste Zeit leidenschaftlich verfochten wird.

Von weit geringerer Bedeutung, vielfach nur mehr von historischem Interesse sind die zahlreichen Formeln, die in mehr oder weniger enger Anlehnung an Quételet von einer Reihe von Forschern empirisch gefunden und bald als Konstitutionsmaß, bald als Maß des Ernährungszustandes oder als Leistungsformel, als Militärtauglichkeitsformel gewertet wurden. Die älteste ist die von Broca (1860): Gewicht (kg) = Länge (cm) — 100. Die späteren Autoren haben namentlich den Brustumfang in ihren Konstitutionsindex mit hineingezogen, so Pignet in der Formel: H — (B + K) = x. H = Länge in cm, B = Brustumfang in Exspiration, K = Gewicht in kg, x = ein numerischer Index, der mit zunehmender Körpergröße in bestimmtem Verhältnis wächst. Bei 155—175 cm ist er = 21 und steigt dann mit je 5 cm um einen Grad. Je kleiner der Index, desto besser die Körperbeschaffenheit, z. B. 1—10 = sehr stark, 16—20 = gut, 31—35 = sehr schwach. Simon hat noch kurz vor dem Weltkrieg die Rekruten nach dieser Formel gemustert. Bei Kindern fand ich ihn durchaus unbrauchbar. — Etwas modifiziert ist Simons coéfficient de robusticité: $\text{Länge} - \left(\text{Gewicht} + \dfrac{\text{inspirat.} + \text{exspirat. Brustumfang}}{2}\right)$. Bornhardt stellte folgende Formel der Leistungsfähigkeit auf: $\text{Gewicht} - \dfrac{\text{Brustumfang} \cdot \text{Länge}}{240}$. Guttmann bezeichnet sie auf Grund sehr sorgfältiger, individueller, über Jahrzehnte fortgesetzter Bestimmungen als sehr zuverlässig und geeignet zur objektiven Beurteilung des Ernährungszustandes des Menschen; als normale Standardwerte gibt er u. a. an: — 5 in frühester Kindheit, 0 in der Pubertät, + 9 im späteren Alter.

Häberlin und Schwend haben 2 Formeln aufgestellt, die nicht nur den Habitus, sondern auch die Konstitution und Leistungsfähigkeit zu definieren erlauben sollen: $\text{Index respiratorius} = \dfrac{R \cdot 100}{pB}$, $pB = \dfrac{B \cdot 100}{L}$, also $\text{Index respiratorius} = \dfrac{R \cdot L}{B}$; $\text{Index muscularis} = \dfrac{100 \cdot Dy}{O}$. (B = mittlerer Brustumfang, pB = proportioneller Brustumfang, R = Respirationsbreite, Dy = Dynamometerwert (in kg), O = Oberarmumfang.)

Bei Untersuchungen über den Ernährungszustand von Schulkindern stellte Oppenheimer einen Ernährungsquotienten $\dfrac{100 \cdot \text{Oberarmumfang}}{\text{Brustumfang}}$ und ein Ernährungsmaß $= \dfrac{\text{Brustumfang} \cdot \text{Oberarmumfang}}{\text{Länge}}$ auf.

Pfaundler hat zuerst und dann immer wieder nachdrücklich auf das namentlich vom mathematischen Standpunkte aus gänzlich verfehlte Vorgehen bei all diesen Formeln, insbesondere aber auch bei dem Streckengewicht hingewiesen: „Wenn man zwei Größen miteinander in Vergleich setzen will, so müssen sie auf einem gemeinsamen, arithmetischen Niveau stehen oder erst auf ein solches gebracht werden. Körpergewicht, gemessen in Kilogramm, und Körperlänge, gemessen in Zentimeter, sind nicht direkt vergleichbar; letztere ist eine lineare Größe, ersteres eine Größe kubischer Ordnung, überdies keine rein dimensionale, indem sie auch noch den Faktor der Körperdichte enthält. Um das Körpergewicht, recte Körpervolumen mit der Körperlänge in Vergleich zu setzen, hat man es auf die erste Potenz zu reduzieren. Das lehrt ohne Überlegung schon der Instinkt eines mathematisch veranlagten Gemüts. Man muß also setzen $100 \times \dfrac{\sqrt[3]{P}}{L}$ und muß das Gewicht in Grammen ausdrücken, bzw. das Volumen in Kubikzentimetern, wenn man die Länge in Zentimetern ausdrückt". Quételet selbst war schon in dieser Richtung vorgegangen; bei der Suche nach einer, jeder Entwicklungsstufe annähernd entsprechenden also alterskonstanten Formel war er zu dem Index $\dfrac{P^2}{L^5}$ gekommen.

Pfaundler hat, von den eben angeführten Erwägungen ausgehend, den nach diesen Prinzipien aufgebauten Livischen Index ponderalis in die Forschung und in die Kinderheilkunde eingeführt $100 \cdot \dfrac{\sqrt[3]{P}}{L}$ und ist damit zu bemerkenswerten, unten noch zu besprechenden Resultaten gelangt. Livi brachte das Gewicht auf eine lineare Größe, um es mit der linearen Größe der Länge zu vergleichen. Ebensogut konnte die Länge in die dritte Potenz gehoben werden. Dies ist geschehen beim Rohrerschen Index der Körperfülle $100\,\dfrac{\text{Gewicht}}{\text{Länge}^3}$, der von dem ärztlichen Beirat des deutschen Zentralausschusses für die Auslandshilfe 1920 in die deutschen Schulen eingeführt wurde, als objektiver Maßstab für den Ernährungszustand und für die Zulassung zu der Quäkerspeisung. Daß bei dem Rohrerschen Index die Streuung, die Differenzen zwischen den einzelnen Werten größer werden, als beim Livischen Index, ist kein besonderer Gewinn; man muß eben nur beim Livi den kleineren Ausschlägen erhöhte Bedeutung beilegen. In beiden Formeln ist an Stelle der nur schwer zu messenden Volumina das Gewicht gesetzt, wobei man von der Voraussetzung ausgeht, daß das mittlere spezifische Gewicht der zu vergleichenden Körper identisch ist. Zur Vermeidung des für manche etwas umständlichen Arbeitens mit dem Rechenschieber sind für den Rohrerschen Index [wie auch für den unten zu besprechenden Pelidisi und die Kaupsche Formel] Tabellen veröffentlicht worden, aus denen in übersichtlicher Weise für jeden Zentimeter und jedes Kilogramm, bei dem Rohrerindex auch für die betreffende Altersklasse, die dazu gehörige Indexzahl abgelesen werden kann.

Beide Indices, der Rohrersche wie der Livische, beschreiben während der auf einander folgenden Altersstufen eine gesetzmäßige Kurve. Nach einem Ansteigen des Rohrerschen Index in der späteren Fötalperiode und auch noch im Säuglingsalter fallen die Werte im Kleinkindesalter steil, später nur mehr langsam ab bis zum 12. Jahr, entsprechend der physiologischen Streckung des Körpers, um von da ab während der folgenden Dezennien sich wieder langsam zu erheben (Pfaundler). Ebenso sinkt der Livische Index von etwa 30 bei der Geburt bis zum Alter von 8 Jahren auf 24 und hält sich dann unter

Schwankungen auf dem Niveau von 22 (Matusiewicz). Die Bedeutung und der Wert des Rohrerschen (bzw. Livischen) Index, einmal als Staturindex, zweitens als Maßstab des Ernährungszustandes, — beides ist scharf auseinander zu halten, — wird unten ausführlich erörtert werden.

Unabhängig hiervon, annähernd in derselben Zeit, in die Pfaundlers Wachstumsstudien fallen, ist von Pirquet über die Formel $\dfrac{L^3}{P}$ zu seinem Index Pelidisi — ursprünglich Gelidusi — gekommen $\dfrac{\sqrt[3]{10 \times \text{Gewicht}}}{\text{Sitzhöhe}}$. (P = Pondus, G = Gewicht, li = linear, di = dividiert durch, si = Sitzhöhe). v. Pirquet fand besonders die Sitzhöhe in enger, konstanter Beziehung zu dem Körpergewicht stehend. Rumpflänge und Beinlänge bergen in sich ihre eigenen Wachstumsgesetze; der Rumpf wächst ziemlich gleichmäßig, die Beine wachsen in der Jugend rascher, kommen aber auch um so früher zum Wachstumsstillstand. Es gilt, in erster Reihe die Rumpfhöhe zu erfassen, die Beinlänge aber als störenden Faktor auszuschalten. Diesem Verlangen wird die Sitzhöhe gerecht. — Das Gewicht kann in leichter Bekleidung bestimmt werden; es ist dafür gleichmäßig ein Grad Pelidisi, entsprechend 3 % des Bruttogewichts, in Abzug zu bringen.

Aus Pirquets Untersuchungen geht hervor, daß bei gleicher Entwicklung von Muskulatur und Fettpolster das Verhältnis zwischen dem Kubus der Sitzhöhe und dem Körpergewicht in allen Altersstufen annähernd gleich groß ist, daß Pelidisi also praktisch als nahezu alterskonstant aufgefaßt werden kann. Beim Säugling bewegt er sich zwischen 94,5 und 99,5; sehr dicke Säuglinge weisen die Zahlen 100—105 auf. Beim heranwachsenden Kind beträgt er etwa 94,5, die fetten erreichen die Zahl 100, die mageren bleiben unter 90. Bei den Erwachsenen bewirkt das Fettpolster und die stärkere Ausbildung der Muskulatur eine Erhöhung um etwa 5 Grad, derart, daß der Pelidisi der Fetten über 105, der Mageren unter 95 liegt.

Macht gerade die Altersinkonstanz, das Sinken und Ansteigen im Verlauf der verschiedenen Lebensperioden, den Rohrerschen Index wertvoll beim Studium des Wachstums, eben als Staturindex, so hat der Pirquetsche Index bei seiner gewissen Alterskonstanz und der Ausschaltung der Staturverschiebungen fraglose Vorteile vor ersterem bei der Verwendung zur objektiven Beurteilung des Ernährungszustandes. Nach dieser Richtung aber hat der Rohrersche Index vollkommen versagt; mit einer seltenen Einhelligkeit haben die Schulärzte diese Methode zu dem obengenannten Zwecke abgelehnt, als es galt, die Kinder zur Teilnahme an der Quäkerspeisung auf Grund ihres Rohrerschen Index auszuwählen; ich war wohl der erste von den Schulärzten; aber schon 1914 war auch Matusiewicz aus der Pfaundlerschen Schule zu dem gleichen Resultat bezüglich des Livischen Index gekommen. „Der Rohrersche oder Livische Index sind im Einzelfalle nicht imstande, brauchbare Anhaltspunkte für die Körperbeschaffenheit und insbesondere für den Ernährungszustand zu bieten und die subjektive Schätzung dieser Qualitäten irgendwie zu ersetzen. Nur bei normaler oder annähernd normaler Körperlänge kann dieser Index hinsichtlich der Beurteilung des Ernährungszustandes einigermaßen brauchbare Werte geben, indem er bei zunehmend schlechterer körperlicher Qualifikation innerhalb der betreffenden Altersstufe absinkt." (Matusiewicz.)

Ich sehe den Hauptgrund der bis zu 25% gehenden Unstimmigkeiten darin, daß bei dem Rohrerschen Index die Länge gegenüber dem Gewicht übermäßig zum Ausdruck kommt, trotz des mathematisch einwandfreien Aufbaues; die niederen Werte entsprechen nicht etwa den mageren, sondern den schlanken, langen Kindern, die niedersten den disproportional in die Höhe geschossenen. Die mangelhaft entwickelten, mageren, kleinen, blassen Kinder aber, die es vor allem gilt, für die Fürsorge herauszufinden, sind vielfach hinsichtlich ihres Indexwertes gar nicht ausgezeichnet, weil sich die Werte von Länge und Gewicht bei gleichsinniger Änderung nach der anormalen Seite, beim Index in entgegengesetzter Richtung bewegen, so daß sich hier das Abnorme wieder ausgleicht oder verwischt wird. Die kleinen, stark rachitischen Kinder haben nicht selten einen hohen Index durch die Derbheit ihrer Knochen.

In Übereinstimmung mit diesen Befunden finden wir bei den gut situierten Kindern ein Überwiegen der niederen Indexwerte, bei den Kindern der unbemittelten dagegen verhältnismäßig viel mehr höhere Werte, wie dies aus folgender Gegenüberstellung hervorgeht:

Tabelle 3. **Verhalten des Rohrerschen Index bei Mädchen aus den verschiedenen Bevölkerungsschichten.**

A = 2 höhere Töchterschulen, Lyzeen, vorwiegend mit Kindern aus gut und sehr gut situierten Familien,

B = 2 Volksschulen, die dem Durchschnitt entsprechen,

C = 1 Volksschule aus der Innenstadt, vorwiegend mit Mädchen aus armen und sehr armen Familien.

(Jede Vertikalreihe umfaßt 100 Schülerinnen. Alter = (infolge des Zusammenlegens von je 2 Halbjahren der ursprünglichen Anordnung) 7 Jahre = 6 Jahre 10 Monate bis 7 Jahre 9 Monate.)

Alter	7			8			9			10			11			12			13			14		
Index	A	B	C	A	B	C	A	B	C	A	B	C	A	B	C	A	B	C	A	B	C	A	B	C
0,900	—	—	—	1	—	—	—	—	—	—	1	—	1	—	—	1	—	—	—	—	—	—	—	—
0,950	—	—	—	—	—	—	—	—	—	4	2	1	2	—	—	4	—	2	4	—	2	1	3	6
1,000	1	—	—	2	1	—	4	4	3	2	4	1	7	6	—	6	5	2	11	1	5	6	3	1
1,050	3	1	—	4	4	1	9	3	1	11	5	6	10	6	5	12	10	7	8	12	10	11	12	6
1,100	8	2	—	13	10	4	19	7	9	16	14	9	9	17	16	17	13	14	16	15	16	17	15	9
1,150	8	8	2	13	13	10	17	18	4	22	14	13	24	20	20	19	17	25	20	19	16	13	21	21
1,200	20	11	13	20	17	16	21	20	29	16	11	15	19	17	20	12	21	19	14	15	14	12	12	20
1,250	16	19	13	21	19	14	16	17	13	8	23	12	9	11	11	5	18	9	8	20	18	13	24	13
1,300	12	18	4	8	13	17	5	9	17	10	11	17	5	12	9	2	13	7	6	12	6	6	3	7
1,350	8	18	17	13	13	8	3	12	7	7	7	15	8	5	12	2	3	9	4	3	5	8	3	5
1,400	16	9	8	3	4	7	3	6	3	3	5	3	4	4	3	1	—	1	6	1	5	6	2	7
1,450	4	6	8	2	5	8	1	2	7	1	2	3	2	2	—	—	—	2	2	1	2	4	—	5
1,500	2	1	6	—	—	7	—	—	3	—	—	1	—	—	2	—	—	2	—	—	—	3	1	—
1,550	2	6	14	—	—	9	—	1	—	—	1	1	—	—	1	—	—	—	1	—	—	—	1	—
1,600	—	1	6	—	—	1	—	—	—	—	—	2	—	—	—	—	—	—	—	—	—	—	—	—
1,650	—	—	1	—	—	—	—	1	3	—	—	—	—	—	—	—	—	1	—	1	3	—	—	—
1,700	—	—	1	—	—	—	—	—	—	—	—	1	—	—	—	—	—	—	—	—	—	—	—	—
1,750	—	—	2	—	—	—	—	—	1	—	—	—	—	—	—	—	—	—	—	—	—	—	—	—
1,800	—	—	5	—	1	—	—	—	—	—	—	—	—	—	1	—	—	—	—	—	—	—	—	—

Pfaundler hat die Unstimmigkeiten wohl am eingehendsten analysiert; er sieht den wesentlichsten Grund in den Längenvarianten, an denen vorwiegend die Beine beteiligt sind, die im mittleren Lebensalter von der Körperlänge nahezu die Hälfte, vom Gewicht aber nur etwa ein Drittel ausmachen, so daß eine die Beine betreffende Abweichung mehr am Längenwert als am Gewicht zum Ausdruck kommt. Hinzutritt die Differenz zwischen Volumen und Masse; das Auge beurteilt das Volumen, die Wage zeigt den Wert der Masse an. Bernhardt legt einen größeren Nachdruck auf die zeitlichen Entwicklungsvarianten.

Im Gegensatz zu der Ablehnung des Rohrerschen Index seitens der deutschen Schulärzte bei der Auswahl zur Quäkerspeisung wurde in Österreich der Pelidisi zur objektiven Beurteilung des Ernährungszustandes der Kinder und als Maßstab ihrer Ausspeisungsbedürftigkeit bis zum Abschluß der Hilfsaktion beibehalten, und er findet auch noch weiterhin in der Klinik Verwendung bei der Aufstellung des Status praesens, dank der weitgehenden Alterskonstanz und der beträchtlichen Einschränkung der Bedeutung der Formvarianten, der Proportionsabweichungen, durch Ausschaltung der hierfür meist verantwortlichen Beinlänge. Als Beweis für die Brauchbarkeit des Index zur Bestimmung des Ernährungszustandes führt Nobel an, daß bei einer 2. Untersuchung der Kinder in Wien und Niederösterreich, 6 Monate nach der 1. Untersuchung und nach der Beginn der Ausspeisung, der Pelidisi sich um 1 Grad, entsprechend $3^0/_0$ des Körpergewichts, erhöht hatte, während er sich dort, wo keine Speisung stattgefunden hatte, verringert hatte; die unterste Gruppe hatte an erstgenanntem Ort an Anzahl ab-, die oberste entsprechend zugenommen.

Es fehlt aber auch hier nicht an ablehnenden Stimmen (Hamburger und Jellenig, Bachauer). Schließlich haben Helmrich und Kassowitz genaue Angaben über den Grad der Übereinstimmung und der Zuverlässigkeit der Methode gemacht. Sie fanden bei einer genauen Analyse eine Unstimmigkeit in $27^0/_0$. Für die Erhöhung oder Erniedrigung der Indexzahl waren die verschiedensten Komponenten der Körperbeschaffenheit verantwortlich zu machen: Variationen in der Länge der Extremitäten, in dem Umfang des Stammes und damit Änderungen des Gewichts, oder die Massivität der Knochen und der Muskulatur. Die Errechnung von Partialindices klärte die Fälle auf. Die Verfasser kommen zu folgendem Schluß: Nur wenn sich der Körperbau des Einzelfalles in den verschiedensten Belangen nicht von dem konstitutionellen Durchschnittstypus unterscheidet, können positive oder negative Ausschläge des Index als Ausdruck des Ernährungszustandes angesehen werden. Neben der objektiven, zahlenmäßigen Festlegung des Ernährungszustandes ist eine subjektive Kontrolle durch Schätzung nicht zu entbehren. Von Pirquet nimmt diese vor in der Art einer Klassifikation der einzelnen Komponenten mittels seiner Sacratama-Methode, (s = sanguis, cr = crassetudo, t = turgor, m = musculus; die den Konsonanten beigefügten Vokale entsprechen in ihrer Tonhöhe dem Grade der Komponente: i, e, a, o, u. = 1., 2., 3., 4., 5. Grad).

Von den Forschern, die noch nach Pfaundler und Pirquet Indexformeln aufgestellt haben, ist Kaup anzuführen mit seinem Querschnitts-Längen-index $\dfrac{P}{L^2}$. Die Anlehnung an Quételet ist ohne weiteres ersichtlich; besonders zu bemerken ist aber auch, daß Kaup, der durch arithmetische Überlegung zu seiner Formel gelangt, der Forderung Pfaundlers nach „arithmetisch einwandfreiem Aufbau" nicht Folge leistet. Der Index ist altersinkonstant, wie der Livische und Rohrersche Index; nach dem ersten Jahr steigt er stark an bis zum 2. oder 3. Jahr, sinkt dann ab bis zum 6. oder 7. Jahr, steigt dann wieder an, und zwar zunächst mäßig bis zum 10. Jahr, dann steil über die Reifezeit bis zur späteren Konstante (F. A. Schmidt). Der Vorteil des Querschnittslängenindex liegt darin, daß er in den einzelnen Altersklassen für die verschiedenen Längenklassen von großer Konstanz ist, daß er also auch bei großer Längenstreuung nicht versagt. So fand Fürst bei Schulkindern eine wesentlich weitgehendere Übereinstimmung mit den tatsächlichen Verhältnissen als bei dem Rohrerindex.

Es ist zum Schluß noch eine ganz andere Art von „Körperindices" anzuführen, eine von ganz anderen Erwägungen ausgehende Form der Berechnung, die in mancher Hinsicht gerade für den Praktiker bei der Aufnahme des Status präsens noch wertvoller ist als der Rohrersche Index oder der Pelidisi. Den Ausgangspunkt dieser Formeln bildet etwa der Ödersche Index $= \dfrac{\text{Istgewicht}}{\text{Sollgewicht}}$.

Ascher geht aus von der Gleichung: Das zu erwartende Gewicht x verhält sich zum Durchschnittsgewicht des betreffenden Alters und Geschlechts P wie die Größe L_1 sich zur Durchschnittsgröße L verhält. Zweckentsprechender ist Huths Gewichtsquotient $= \dfrac{\text{Istgewicht}}{\text{das der Körperlänge entsprechende Normalgewicht}}$. Mit Hilfe der Pirquet-Camererschen Tabelle leistet diese Formel sehr gute Dienste. Ich habe von ihr in der Tabelle Seite 76 Gebrauch gemacht. Dem Gewichtsquotient von Huth entspricht Öttingers Relativindex.

Literatur.

Nr. 4, 16, 27, 39, 60, 90, 92. 106, 107, 111, 112, 127, 149, 161, 163, 175, 195, 208, 209, 210, 214, 229, 267, 273, 299.

Rohrersche Index: 14, 28, 41, 114, 119, 129, 146, 175, 192, 210, 231, 240, 255, 298.

Pirquetsche Index: 48, 102, 119, 186, 188, 215, 299.

Kaupsche Index: 87, 88. 135, 262.

V. Gesetzmäßigkeiten des Wachstums.

Das Wachstum wird von Schloß, Friedenthal u. a. definiert als die artspezifische, korrelative Vermehrung der Körpermasse in bestimmten Zeitabständen, als die in morphologischem und chemischem Sinne artgemäße Annäherung an die endgültige Körperform des in Betracht kommenden Organismus. Rößle definiert: Wachstum ist Zunahme durch Ansatz von strukturell und funktionell vollwertiger lebender Masse. Camerer sagt ausführlicher: Unter Wachstum im engeren Sinne verstehen wir diejenigen Vorgänge im gesunden, jugendlichen Körper, welche, den Gesetzen der Entwicklungsgeschichte folgend, zu einer Vermehrung von Größe, Gewicht und Masse des Körpers wie seiner einzelnen Teile führen. — Bald werden von den Forschern die formalen, morphologischen Seiten, bald die chemisch-biologischen Probleme oder die physikalisch-energetischen Grundlagen des Wachstums in den Vordergrund gestellt; bei den folgenden Ausführungen kann es sich nur um das erstere handeln.

Wie in der Konstitutionsforschung kann man auch im Wachstum einen Genotypus und einen Phänotypus unterscheiden; die idiotypischen Merkmale sind die in dem Erbgut, in der ererbten, angeborenen Wachstumstendenz begründeten Erscheinungen; die paratypischen Erscheinungen, der Phänotypus, entspricht den Varianten im Ablauf des Wachstums, die durch exogene, sekundäre Momente, durch akzidentelle Einflüsse zustande kommen. Für das Studium der idiotypischen Merkmale kommen vor allem in Betracht die Individualbeobachtungen, dann die bei ausgesuchten, gesunden, gut gewachsenen Kindern von gesunden Eltern ermittelten „Normalwerte", während die gewöhnlichen Durchschnittszahlen dem Phänotypus der gemischten Population gerecht werden und neben den endogenen die exogenen Wachstumseinflüsse erkennen lassen.

Die physiologische Wachstumskurve des Menschen, speziell die Längenkurve, wird vielfach mit einer Parabel verglichen; so hat von Lange, in Bestätigung der Angaben von Wiener, darauf hingewiesen, daß sämtliche von ihm konstruierten Kurven des Längenwachstums, sowohl die der Mittellage entsprechende Idealkurve oder Dominante, wie die Hoch- und Tiefkurven der Varianten, in allen Höhenlagen Parabeleigenschaften besitzen; er brachte diese Parabeln des Wachstums in Beziehung mit den Bewegungsgesetzen des Universums.

Pfaundler hat mit der seine Arbeiten auszeichnenden Gründlichkeit und Genauigkeit nachgewiesen, daß es keine geometrisch einwandfreie Parabel gibt, die einigermaßen befriedigend mit der tatsächlichen Wachstumskurve übereinstimmt. Auf Grund seiner systematischen, rechnerischen Analyse verwirft er die Annahme von dem parabolischen Verlauf der Kurve des Längenwachstums. „Vielmehr wird, so führt er weiter aus, das menschliche Wachstum, und zwar zunächst die Massenentfaltung beherrscht von der Regel der Konstanz des absoluten Zuwachses; die Verhältnisse des Längenwachstums sind davon in durchsichtiger Weise abhängig. In Perioden gleichbleibender Körperstatur tritt die Massengestaltung im Sinne des genannten Leitmotivs rein zutage; in anderen Perioden erleidet sie hiervon erhebliche Abweichungen durch Veränderung der Körperproportionen". Pfaundlers Wachstumsgesetz läßt sich etwa in folgendem zusammenfassen: Das Konzeptionsalter ist proportional der Körperlänge in dritter Potenz. Bezeichnet man mit x das Alter von der Konzeption ab (das bürgerliche Alter $+ 0{,}75$ Jahren), mit y die Körperlänge in Meter, mit n eine Konstante $= 4{,}75$, so ist die Kurve des Längenwachstums ausgedrückt in der Formel $x = ny^3$. Daraus leitet sich bei gleichbleibender Statur und konstanter Körperdichte Proportionalität zwischen dem Körpergewicht des Menschen in der Wachstumsperiode und seinem Konzeptionsalter ab. Es muß dann der Gewichtszuwachs in der Zeiteinheit konstant, die Gewichtskurve eine Gerade sein. Wenn die physiologische Körpergewichtskurve von der Geraden abweicht, sind Veränderungen der Körperdichte oder Veränderungen der Körperproportionen zu erwarten.

In der Tat verläuft die Gewichtskurve zahlreicher Säuglinge bei normaler Entwicklung monatelang in einer vollkommen geraden Linie, und in einer langen Periode der Kindheit, vom 5., ja schon vom 3. Jahre ab, bis zu der Präpubertät ist die jährliche Gewichtszunahme Jahr für Jahr ziemlich gleich groß.

Friedenthal bezeichnet als das wahre Maß der Wachstumsgeschwindigkeit, als das wesentliche und maßgebende, den prozentischen Jahreszuwachs; auch diese Wachstumskurve soll in hohem Maße parabolische Eigenschaften haben; er selber gibt aber an, daß der Jahreszuwachs über eine lange Zeitperiode, so vom 7. bis 16. Jahr, unverändert 3,7 % betrage.

Von dieser Geraden gibt es aber, wie schon angedeutet, sowohl an der Längen- wie an der Gewichtskurve, erhebliche physiologische Abweichungen. Das menschliche Wachstum wird charakterisiert durch ein zweimaliges, im Kurvenbild zu einer Doppelwelle führendes, impulsives Auftreten der Wachstumsenergie. Die erste Welle tritt im ersten Lebensjahr auf, in unmittelbarer Fortsetzung der im intrauterinen Leben am stärksten entwickelten Wachstumsenergie, wobei allerdings im ersten Lebensmonat zum mindesten die Maßenzunahme eine vorübergehende, durch die Umstellung und Einstellung auf das intrauterine Leben bedingte Verzögerung erfährt; die zweite Welle steht im engsten Zusammenhang mit der Pubertät. Nach diesem Abschnitt gehen die Linien in eine annähernd gerade Horizontale über.

Das weitaus lebhafteste Wachstum findet, wie eben gesagt, in der Fötalperiode statt; bis zum 4. Fötalmonat verdoppelt sich in jedem Monat die Länge, und noch länger, bis zum 7. Fötalmonat, hält die monatliche Verdoppelung des Gewichts an. Zu dem steilen Anstieg des Längenwachstums nach der Geburt ist zu bemerken, daß der Zuwachs im ersten Lebensmonat nach der Geburt genau so groß ist wie der im letzten Fötalmonat (Friedenthal): das Längenwachstum, wie übrigens auch andere Wachstumsfunktionen, erfahren also durch den Geburtsvorgang keine Änderung, nicht die im Leben so markante Zäsur, trotz dessen einschneidender Wirkung auf die Funktion der inneren Organe. Der lebhafte Anstieg des Längenwachstums hält etwa bei der knappen Hälfte der Kinder gleichmäßig über das ganze erste Lebensjahr an, ja bei nicht wenigen, vielleicht bei einem Viertel, setzt er sich auch noch ins 5. Lebensquartal fort; bei der Mehrzahl der Säuglinge fängt aber die Kurve des Längenwachstums im 3. Quartal an abzuflachen, bei manchen, etwa bei einem Fünftel, schon im 2. Quartal. In keiner Lebensperiode wird mehr eine Wachstumsintensität auch nur annähernd wieder erreicht, wie die des 1. Lebensjahres, noch weniger wie die des 1. Halbjahrs, der ersten Monate. Im 2. Lebensjahr fällt der prozentuale Jahreszuwachs steil ab.

Der durchschnittliche Längenzuwachs wird meist im 1. Vierteljahr mit 7—9, im 2. mit 6—8 cm ermittelt, im 3. und 4. Quartal sinkt er nicht selten schon auf 4, ja 3 cm herab.

Weitere Steigerungen des Längenwachstums, gegen Ende des 4. Jahres und am Ende des 6. Jahres, ermittelte Stratz bei hochgewachsenen Kindern und verwertete diesen Befund in seiner Aufstellung von Wachstums- und Staturperioden (S. 39). Eine Bestätigung dieses Befunds ist indes von keiner Seite erfolgt. Ich stellte bei meinem Material im 9. Jahr eine kurze, aber sehr ausgesprochene Periode verlangsamter Zunahme fest, auf die bei Besprechung des Einflusses des Schulbesuchs auf das Wachstum zurückzukommen sein wird.

In der vergleichenden Physiologie des Wachstums, wo die Gewichtsbestimmung eine größere Rolle spielt als die Längenmessung, ist von einiger Bedeutung die sogenannte „Verdoppelungszeit", die Zeit, welche ein Tier braucht, um sein Geburtsgewicht zu verdoppeln; im allgemeinen ist diese

Wachstumsleistung um so größer, je kleiner das Tier ist. Nach Rubner beträgt sie beim Kaninchen 6 Tage, bei Hund und Katze 9, beim Schwein 14, beim Rind 47, beim Pferd 60, beim Menschen 188 Tage. Camerer gibt für das Kind viel zutreffender 140 Tage an, Friedenthal, wohl allzu anspruchsvoll, 125 Tage. (Bunge hat bekanntlich die Verdoppelungszeit in Zusammenhang gebracht mit der Beschaffenheit der Muttermilch; je kürzer die Verdoppelungszeit, desto höher der Gehalt der Milch an Eiweiß und Salzen).

Die mit der Präpubertät und Pubertät einhergehende Wachstumssteigerung ist die wesentlichste Eigentümlichkeit des menschlichen Wachstums gegenüber dem aller Säugetierarten, einschließlich der anthropoiden Affen (Friedenthal). Namentlich an ihr, manchmal nur an ihr kommt der Einfluß exogener, akzidenteller Faktoren auf das Wachstum zum Ausdruck, so hinsichtlich der Zeit des Eintritts, der Dauer, des Abschlusses, der Intensität der Steigerung; besonders groß ist der Einfluß des Geschlechts, der Rasse, der allgemeinen konstitutionellen Entwicklung auf Beginn, Dauer und Intensität dieser Wachstumssteigerung. Besonders bemerkenswert ist auch die Änderung der Proportionen des menschlichen Körpers in dieser Wachstumsperiode. Weißenberg hat wohl am schärfsten die in gleicher Weise für Geschlecht, Rasse und Konstitution gültige Gesetzmäßigkeit formuliert, daß ein um so intensiveres, weil längeres Pubertätswachstum und eine um so größere Endhöhe erreicht wird, je später der Eintritt der geschlechtlichen Reife erfolgt, und daß umgekehrt ein desto früherer Wachstumsabschluß und eine entsprechend geringere Endhöhe erzielt wird, je früher die Reife eintritt.

Die Wachstumsgeschwindigkeit, am besten ersichtlich aus der relativen Zuwachskurve (Friedenthal), fällt nach raschem Steigen in der allerersten Zeit des Fötallebens durch das ganze Leben hindurch so gut wie ununterbrochen ab; zur Reifezeit ist die Geschwindigkeit der Abnahme für einige Jahre sehr erheblich gehemmt oder ganz aufgehoben. Streng genommen bewirkt also die Reifung der Sexualorgane gar nicht eine Beschleunigung des Längenwachstums, sie verhindert nur für einige Zeit das Absinken der Zuwachswerte. Nur bei rasch reifenden Individuen kommt es zu einer wahren Steigerung des Längenwachstums gegenüber dem 7. Lebensjahr. Niemals aber werden die hohen Zahlen der ersten Kinderjahre erreicht.

Im Gegensatz zu diesem Verhalten des prozentischen Jahreszuwachses der Körperlänge kommt es aber beim Gewicht nicht bloß zu einer Verzögerung des Absinkens der Geschwindigkeit, sondern die Geschwindigkeit der Massenzunahme zeigt zur Reifezeit eine wenn auch nicht allzu bedeutende Beschleunigung.

Mit dem Abschluß der Geschlechtsreife, die sich allerdings unter gewissen, unten zu besprechenden Umständen lange hinausziehen kann, ist auch im allgemeinen das Wachstum beendigt; die Wachstumskurve flacht sich zur Horizontalen ab. Mit der Vollendung der Geschlechtsreife, sei es bei früh- oder spätreifen, hört das Körperwachstum auf, wenn es auch noch hinter der mittleren Größe zurückbleibt. Dieser schon 1852 von Geoffroy St. Hilaire betonten, von Kußmaul bestätigten Gesetzmäßigkeit möchte ich aber hinzufügen, daß sie eigentlich nur für das Längenwachstum gilt; das Massenwachstum, schon von der Mitte der Pubertät ab intensiver als das Längenwachstum, hält geraume

Zeit länger an. (Genauere Angaben S. 51). Als Jahr des Wachstumsabschlusses rechnet Weißenberg das 23. für den Mann, das 18. für das Weib, Camerer aber bereits das 18. bzw. das 17. Jahr, indem er annimmt, daß das, was später noch hinzukommt, Nachholungen von früheren Wachstumsstörungen seien.

Ein Vergleich des Verhaltens des Längen- und Massenwachstums, der Längen- und Gewichtskurve miteinander läßt eine weitere Reihe allgemeiner Gesetzmäßigkeiten erkennen. Es ist fast selbstverständlich, daß die Körperlänge das bessere, zuverlässigere Maß zur Beurteilung des menschlichen Wachstums ist als die Gewichtszunahme, trotzdem die Körprelänge nicht einheitlich und unveränderlich zusammengesetzt ist, sondern aus verschiedenartigen Faktoren gebildet wird, aus Knochen, aus zusammendrückbarem Knorpel der Zwischenwirbelscheiben und Gelenke, wozu bei Neugeborenen auch noch die Gestaltsveränderungen des Schädels kommen. Aber in noch weit höherem Maße wird das Gewicht beeinflußt von Faktoren, die mit dem Wachstum ganz und gar nichts zu tun haben, durch Ansatz und Verlust von Fett und Wasser, Ansammlung von Kot u. a. derart, daß die Beurteilung des Massenwachstums nicht selten recht getrübt wird. Trotzdem zieht Friedenthal das Gewicht, insbesondere den prozentualen Gewichtszuwachs, als Maßstab des Wachstums vor. Freilich bei vergleichenden Messungen von Mensch und Tier ist dies das gegebene Verfahren, wenn man nicht etwa auf die vordere Rumpflänge zurückgreifen will. Im übrigen dürfte selbst beim Säugling, ja gerade bei ihm die Längenmessung die zuverlässigere, störungssicherere Methode sein, die allerdings in dieser Periode zeitraubender, umständlicher ist als jene, gar noch eine besondere Apparatur (Epstein) beansprucht.

Schon Key, dann Schmid-Monnard haben die Beobachtung einer gewissen Inkongruenz und Unabhängigkeit des Längen- und Massenwachstums voneinander gemacht; es wird geradezu ein Wechsel, ein alternatives Verhalten der beiden Faktoren betont. Vor allem aber setzen regelmäßig die Perioden rascheren Wachstums mit einer Steigerung des Längenwachstums ein, dem das vermehrte Massenwachstum erst nachfolgt, manchmal erst geraume Zeit nachfolgt. Das geht eindeutig aus allen Tabellen und Kurven dieser Arbeit hervor. Gar nicht selten, namentlich zu Zeiten des Pubertätsantriebs, ist eine starke Beschleunigung des Längenwachstums mit einer Gewichtsabnahme verbunden (Aron), ein Verhalten, das durch Steigen des Rohrerschen Index leicht auffällt. Freund betont das schubweise Verhalten der Zunahme nach beiden Richtungen, wovon unten bei der Schilderung der Periodizität des Wachstums im Verlaufe der Jahreszeiten noch die Rede sein wird. Wie eine Wachstumssteigerung fast regelmäßig mit einem vermehrten Längenwachstum einsetzt, so erreicht letzteres auch zuerst seinen Höhepunkt in der Pubertät ein Jahr vor dem gesteigerten Massenwachstum.

Bei einer großen Zahl von Kindern ziehen während einer langen Periode, bei den Knaben vom 6. bis 14. Jahr, bei den Mädchen während kürzerer Zeit, die Kurven des Längen- und Massenwachstums im großen ganzen so gut wie parallel nebeneinander her, aber bei vielen anderen, gleichfalls artgemäß sich entwickelnden Kindern bleibt die Gewichtskurve mit der Zeit hinter dem Kurvenzug des Längenwachstums zurück, die Breitendimension nimmt weniger rasch zu als die Höhendimension. Es kommt zu einer Körperstreckung, charakterisiert durch ein langsames Sinken des Rohrerschen Index. Nie aber kommt es im ersten Jahrzehnt, bei den Knaben nicht vor dem 14. Jahr, artgemäß zu dem umgekehrten Verhalten, zu einem stärkeren, das Längenwachstum hinter sich lassenden Massenwachstum. Eine solche Periode der Fülle nach Stratz ist unphysiologisch oder weist hin auf stärkeren Fettansatz. Vielmehr überwiegt von der Säuglingsperiode ab die Kindheit hindurch das Längenwachstum über das Massenwachstum. Erst vom 14. Jahr ab bei den Knaben, bei den Mädchen einige Jahre früher, nimmt das Gewicht immer stärker zu als die Länge, bis zum Abschluß des Wachstums, und zwar ist diese sich progressiv steigernde Gewichtszunahme innerhalb gleichgroßer Perioden des Längenwachstums außerordentlich gleichmäßig und regelmäßig (Verfasser).

Wie oben Seite 22 schon einmal bemerkt wurde, vergrößert sich mit zunehmendem Alter, mit zunehmender Länge und mit gesteigerter Wachstumsenergie die Schwankungsbreite, die Streuung, die absolute wie die relative Variationsbreite. In der Pubertätsperiode ist sie außerordentlich groß, fällt aber dann steil ab. Das beruht keineswegs auf der Wirkung äußerer Faktoren, sondern auf der Verschiedenheit des Entwicklungszustandes der verschiedenen Individuen von gleichem Lebensalter. Sobald alle Individuen, auch die spätreifen, in die Periode verlangsamten Wachstums eingetreten sind, kommt es artgemäß zu einer starken Verkleinerung der Streuung.

Das Woodsche Gesetz besagt, daß Kinder gleicher Körperlänge um so schwerer sind, je älter sie sind. Von Pirquet hat dies neuerdings an einem großen Material nachgeprüft. Ältere Kinder haben bei derselben Körperlänge ein größeres Gewicht als jüngere; ein im Längenwachstum zurückgebliebenes Kind braucht nicht auch im Massenwachstum, in der Breitenentwicklung zurückgeblieben sein; es ist dann untersetzt und wiegt mehr als das aufgeschossene, jüngere Kind von derselben Körperlänge.

. Im Laufe des Wachstums greifen eine Reihe bemerkenswerter Proportionsänderungen zwischen den verschiedenen Körperteilen Platz, indem letztere wohl alle sich am Gesamtwachstum beteiligen, aber in einem verschieden raschen Tempo. Nach Quételet haben wohl Weißenberg und Friedenthal diese Proportionsänderungen durch exakte Körperteilmessungen am eingehendsten studiert; Stratz hat sie am anschaulichsten zur Darstellung gebracht. In folgender gesetzmäßiger Reihenfolge sich steigernder Zunahme weisen Kopf, Rumpf, Arm, Bein im Laufe der Jahre ein energischeres Wachstum auf, so daß sich (nach Weißenberg) folgende Unterschiede in den Proportionen zwischen Neugeborenen und Erwachsenen, ja ein diametral entgegengesetztes Verhalten ergeben:

Beim Neugeborenen ist die	beim Erwachsenen ist sie
Klafterbreite kürzer als die Körperlänge	länger
Sitzhöhe länger als das Bein	kürzer
Rumpflänge länger als das Bein und als der Arm	kürzer
Arm länger als das Bein	kürzer
Kopfumfang größer als der Brustumfang	kleiner

Nach Langer hat sich gegen Ende der Wachstumsperiode die allgemeine Körperlänge um das 3,24fache vergrößert, die Wirbelsäule um das 3-, Oberschenkel 4,38-, Tibia 4,32-, Humerus 3,97-, Radius um das 3,83fache; die zentralen Segmente wachsen also stärker als die peripheren.

Nach Stratz beträgt die Gesamthöhe des Körpers beim Neugeborenen 4 Kopfhöhen, beim 2jährigen Kind 5, beim 6jährigen 6, beim 12jährigen 7, beim 15jährigen $7^1/_2$, beim Erwachsenen 8 Kopfhöhen. Der Nabel liegt beim Neugeborenen in der Körpermitte und steigt dann immer höher, während die Körpermitte bis zur Schamhöhe herunter geht durch stärkeres Längenwachstum der Glieder. Die Beinlänge macht beim Neugeborenen nur etwas mehr als ein Drittel der Gesamtlänge, beim Erwachsenen aber die Hälfte aus. Bis zur Pubertät wachsen die Beine stärker als der Rumpf, dann, noch während der Pubertät, greift eine Dissoziation zwischen Extremitäten- und Rumpfwachstum Platz; erstere kommen früher zum Wachstumsabschluß. So ist die Pubertät charakterisiert durch eine bedeutende Zunahme der Sitzhöhe, durch einen steileren Anstieg der Sitzhöhenkurve als der Standhöhenkurve, durch eine verhältnismäßig geringere Zunahme der Beinhöhe (Kistler).

Von den Verschiedenheiten der Proportionsänderungen bei beiden Geschlechtern und bei den verschiedenen Rassen wird an den diesbezüglichen Stellen (S. 48—50) die Rede sein.

Stratz ist geneigt, bei der Beurteilung des Wachstums den Proportionsänderungen einen größeren Wert beizumessen als der Änderung der Gesamtlänge des Körpers; dem ist aber entgegenzuhalten, daß die noch artgemäßen Schwankungen innerhalb der Proportionen sehr viel größer sind als die Variationen der Körperlänge.

Die verschiedene Geschwindigkeit in der Längen- und Massenzunahme, was sich deckt mit den Staturveränderungen, sind von verschiedenen Forschern (Key, Weißenberg, Stratz, Pfaundler, dem Verfasser) zum Ausgangspunkt genommen worden für die Aufstellung von Wachstumsperioden und für die Einteilung des Kindesalters in solche Abschnitte. Von ihnen hat die Einteilung nach Stratz infolge ihrer Anschaulichkeit besonders große Verbreitung in der Fachliteratur wie in populären Schriften gefunden. Er teilt das Kindesalter zwischen dem Säuglingsalter und der Reife in ein neutrales und ein bisexuelles Kindesalter ein und teilt beide Abschnitte wieder in je eine Periode der Fülle und der Streckung. Das ist in der Tat sehr anschaulich. Aber einer wissenschaftlichen Kritik hält diese Einteilung in keiner Weise stand; vielmehr wird sie von allen Forschern, die sich mit deren Studium abgegeben haben, abgelehnt als den tatsächlichen Verhältnissen widersprechend. Es wird noch unten davon die Rede sein, daß es kein neutrales Kindesalter gibt, daß vielmehr die geschlechtliche Differenzierung gerade auch hinsichtlich des Wachstums und der Entwicklung schon außerordentlich früh eintritt, und oben wurde dargetan, daß während der ganzen Kindheit bis gegen Mitte der Pubertät sich eine mehr oder weniger ausgesprochene Streckung des Körpers vollzieht, ein Überwiegen des Längenwachstums über das Massenwachstum. Erst nach der Pubertät und allenfalls vom 5. bis 7. Fötalmonat könnte von einer Fülle die Rede sein.

Ich möchte unter Vervollständigung einer früheren Aufstellung und in wesentlicher Ablehnung an eine Darstellung von Pfaundler folgende Einteilung geben:

Wachstumsperioden.

1. Im Säuglingsalter eine Periode latenter Streckung, bis $^3/_4$ Jahren (Pfaundler).

2. Im Spielalter eine Periode raschen Längenwachstums bei flachem Gewichtsanstieg.

3. Im Schulalter:

   a) eine Periode mittelstarken Anstiegs des Längenwachstums bei ebensolcher oder geringerer Gewichtszunahme,

   b) eine Periode sehr lebhafter Längen- und Gewichtszunahme.

4. Im Jünglingsalter Wachstumsabschluß mit sehr verlangsamtem Längenwachstum bei noch ziemlich lebhafter Gewichtszunahme.

Eine allzu große Bedeutung ist — hierin kann man Pfaundler nur beipflichten, — einer solchen Periodeneinteilung nicht beizulegen bei den fließenden Übergängen und ungenauen Begrenzungen, die sich zudem je nach der Herkunft des Beobachtungsmaterials und selbst schon bei den beiden Geschlechtern verschieben.

Literatur.

Nr. 5, 26, 76, 85, 92, 98, 101, 105, 139, 140, 141, 155, 185, 202, 208, 220, 226, 232, 239, 247, 248, 250, 252, 259, 265, 270, 287, 303, 308.

Als das

Ergebnis der Messungen und Wägungen der Schuljugend Deutschlands

sind auf Seite 41 bis 47 eine Reihe von Tabellen und eine Kurve wiedergegeben, die dem Handbuch des „Deutschen Zentralausschusses für die Auslandshilfe" entnommen sind, das Ergebnis von Untersuchungen und deren statistischen Verarbeitung von 23 deutschen Städten, das arithmetische Mittel für die einzelnen halbjährigen Altersstufen, in den einzelnen Landesteilen und in ihrer Gesamtheit, in den Volksschulen und höheren Schulen, dann der halbjährliche Zuwachs beim Gesamtdurchschnitt, die Zonen unternormalen, normalen und übernormalen Maßes beim Gesamtdurchschnitt, zur Ermöglichung der Eingruppierung des Einzelfalles, unter Benutzung der „mittleren Abweichung" für die Grenzen der einzelnen — 6 — Gruppen, immer Knaben und Mädchen für sich betrachtet. Aus der letzten Tabelle von Baldwin, die sich auf 130 000 ausgesuchte und mindestens 5 Jahre hintereinander beobachtete Kinder aus den Vereinigten Staaten von Nordamerika bezieht, sind die Beziehungen zwischen Größe und Gewicht in den einzelnen Altersklassen ersichtlich.

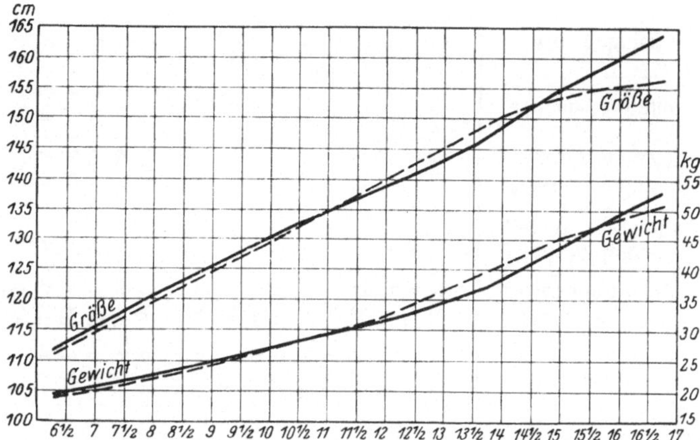

Abb. 5. **Das arithmetische Mittel von Größe und Gewicht** beim Gesamtdurchschnitt der verarbeiteten deutschen Städte. ———— Knaben. — — — Mädchen.

Tabelle 4. **Der halbjährliche Zuwachs an Größe und Gewicht** beim Gesamtdurchschnitt der verarbeiteten deutschen Städte.

Der halbjährliche Zuwachs beträgt:

im Alter[1])	absolut				relativ			
	Knaben		Mädchen		Knaben		Mädchen	
	Größe in cm	Gewicht in kg	Größe in cm	Gewicht in kg	Größe in %	Gewicht in %	Größe in %	Gewicht in %
6½	2,7	1,0	2,3	0,7	2,4	5,2	2,0	3,7
7	2,6	0,9	2,6	1,0	2,3	4,4	2,3	5,1
7½	2,5	1,0	2,5	0,9	2,1	4,7	2,2	4,4
8	2,5	1,1	2,5	1,1	2,1	5,0	2,1	5,1
8½	2,2	1,1	2,4	1,1	1,8	4,7	2,0	4,9
9	2,7	1,1	2,6	1,3	2,2	4,5	2,1	5,5
9½	2,3	1,1	2,2	1,0	1,8	4,3	1,7	4,0
10	2,3	1,2	2,8	1,5	1,8	4,5	2,2	5,8
10½	2,3	1,0	2,3	1,2	1,8	3,6	1,8	4,4
11	1,9	1,1	2,5	1,5	1,4	3,8	1,9	5,2
11½	2,1	1,1	2,4	1,4	1,5	3,7	1,8	4,6
12	2,2	1,5	3,0	1,9	1,6	4,8	2,2	6,0
12½	2,2	1,4	2,8	2,1	1,6	4,3	2,0	6,3
13	2,6	1,7	2,8	2,1	1,8	5,0	1,9	5,9
13½	2,3	1,8	2,6	2,1	1,6	5,1	1,8	5,6
14	3,3	2,6	2,3	2,3	2,2	6,9	1,5	5,8
14½	3,4	2,7	1,5	2,4	2,3	6,8	1,0	5,7
15	2,4	2,6	1,0	1,5	1,6	6,1	0,7	3,4
15½	2,4	2,4	0,9	1,6	1,5	5,3	0,6	3,5
16	3,0	2,9	0,8	1,5	1,9	6,1	0,5	3,2
16½	2,2	2,4	0,8	1,3	1,4	4,7	0,5	2,6

[1]) Das heißt zwischen dem Durchschnitt des vorhergehenden und des folgenden Halbjahres.

Tabelle 5. Ergebnisse aus Messungen und Wägungen der Schuljugend in Deutschland in 23 vom Deutschen Zentralausschuß für die Auslandshilfe bearbeiteten Städten (Karl Freudenberg).

Knaben.

Größe in cm

Alter	Volksschulen						Fortbildungs- und Mittelschulen	Niedere Schulen (Durchschnitt)	Höhere Schulen	Alle Schulen
	Groß-Berlin	Küstengebiet	Leipzig	Westdeutschl.	Bayern	Südwest-deutschland				
6 — 6½	—	112,0	110,8	112,7	111,8	113,9	—	111,6	—	**111,6**
6½ — 7	114,8	114,3	113,7	113,5	113,9	115,2	—	114,3	—	**114,3**
7 — 7½	117,3	116,4	116,7	115,9	116,4	117,9	—	116,9	—	**116,9**
7½ — 8	119,5	119,2	119,2	118,5	120,0	119,9	—	119,4	—	**119,4**
8 — 8½	123,0	121,4	121,8	120,6	121,8	122,3	—	121,9	—	**121,9**
8½ — 9	125,1	123,8	123,9	123,9	125,1	124,0	—	124,1	—	**124,1**
9 — 9½	127,3	126,3	126,5	125,9	126,8	126,7	—	126,6	130,6	**126,8**
9½ — 10	129,2	128,8	128,3	127,8	129,3	128,7	—	128,6	132,7	**129,1**
10 — 10½	131,4	130,6	130,0	129,9	130,0	130,6	—	130,4	134,6	**131,4**
10½ — 11	133,3	132,8	131,9	132,2	133,2	132,7	—	132,6	136,9	**133,7**
11 — 11½	135,2	134,7	134,1	133,6	136,3	134,6	—	134,6	138,5	**135,6**
11½ — 12	137,1	137,3	135,9	136,2	137,8	136,8	—	136,7	140,5	**137,7**
12 — 12½	138,9	139,7	138,3	137,8	140,4	138,6	—	138,8	143,2	**139,9**
12½ — 13	141,7	142,0	140,3	140,0	142,0	140,8	—	141,0	145,2	**142,1**
13 — 13½	144,0	144,3	142,9	142,6	144,0	143,5	—	143,5	148,3	**144,7**
13½ — 14	145,9	146,6	144,5	144,3	146,5	145,7	146,7	145,6	151,0	**147,0**
14 — 14½	—	148,5	—	—	—	147,5	150,0	148,8	154,8	**150,3**
14½ — 15	—	—	—	—	—	151,4	152,7	152,4	157,7	**153,7**
15 — 15½	—	—	—	—	—	—	154,3	154,3	161,6	**156,1**
15½ — 16	—	—	—	—	—	—	156,7	156,7	163,7	**158,5**
16 — 16½	—	—	—	—	—	—	160,1	160,1	165,6	**161,5**
16½ — 17	—	—	—	—	—	—	162,3	162,3	168,0	**163,7**

Gewicht in kg

Alter	Volksschulen						Fortbildungs- und Mittelschulen	Niedere Schulen (Durchschnitt)	Höhere Schulen	Alle Schulen
	Groß-Berlin	Küstengebiet	Leipzig	Westdeutschl.	Bayern	Südwest-deutschland				
6 — 6½	—	19,1	19,3	19,0	19,2	20,2	—	19,3	—	**19,3**
6½ — 7	20,2	20,0	20,1	20,6	20,0	20,7	—	20,3	—	**20,3**
7 — 7½	20,8	21,2	21,2	21,0	20,8	21,5	—	21,2	—	**21,2**
7½ — 8	21,8	22,1	22,2	22,0	22,3	22,5	—	22,2	—	**22,2**
8 — 8½	23,4	23,2	23,1	23,6	23,3	23,7	—	23,3	—	**23,3**
8½ — 9	24,4	24,1	24,1	24,2	24,4	24,9	—	24,4	—	**24,4**
9 — 9½	25,4	25,0	25,2	25,2	25,4	25,8	—	25,4	27,4	**25,5**
9½ — 10	26,4	26,1	26,2	26,6	26,2	26,4	—	26,3	28,5	**26,6**
10 — 10½	27,4	27,1	27,0	28,1	27,5	27,4	—	27,3	29,3	**27,8**
10½ — 11	28,4	28,2	28,1	28,5	28,6	28,5	—	28,3	30,3	**28,8**
11 — 11½	29,8	29,4	29,1	29,4	29,7	29,3	—	29,4	31,4	**29,9**
11½ — 12	30,5	30,5	30,2	30,7	31,6	30,5	—	30,5	32,7	**31,0**
12 — 12½	31,8	32,0	31,4	32,2	32,5	31,9	—	31,8	34,6	**32,5**
12½ — 13	33,6	33,3	32,8	33,9	33,8	33,3	—	33,3	35,8	**33,9**
13 — 13½	34,9	34,8	34,4	34,9	36,1	34,8	—	34,8	37,9	**35,6**
13½ — 14	36,6	36,4	35,4	36,3	37,1	36,9	38,4	36,4	40,3	**37,4**
14 — 14½	—	38,1	—	—	—	38,7	39,9	39,0	43,2	**40,0**
14½ — 15	—	—	—	—	—	40,9	42,1	41,8	45,4	**42,7**
15 — 15½	—	—	—	—	—	—	44,2	44,2	48,7	**45,3**
15½ — 16	—	—	—	—	—	—	46,6	46,6	50,8	**47,7**
16 — 16½	—	—	—	—	—	—	50,0	50,0	52,4	**50,6**
16½ — 17	—	—	—	—	—	—	51,9	51,9	56,3	**53,0**

Mädchen.

Größe in cm — (among the Volksschulen columns: Groß-Berlin, Küstengebiet, Leipzig, Westdeutschl., Bayern, Südwest-deutschland)

Alter	Groß-Berlin	Küstengebiet	Leipzig	Westdeutschl.	Bayern	Südwest-deutschland	Fortbildungs- und Mittelschulen	Niedere Schulen (Durchschnitt)	Höhere Schulen	Alle Schulen
6 — 6½	—	111,4	110,2	111,2	113,0	113,5	—	111,1	—	**111,1**
6½ — 7	114,4	113,3	112,9	112,8	113,8	114,0	—	113,4	—	**113,4**
7 — 7½	116,6	115,3	115,9	114,9	116,8	116,3	—	116,0	—	**116,0**
7½ — 8	118,9	117,9	118,2	117,3	119,0	119,5	—	118,5	—	**118,5**
8 — 8½	121,5	120,1	121,1	120,2	121,0	121,5	—	121,0	—	**121,0**
8½ — 9	123,7	123,0	123,0	122,2	123,4	124,5	—	123,4	—	**123,4**
9 — 9½	126,0	125,8	125,2	125,0	126,4	126,4	—	125,8	130,4	**126,0**
9½ — 10	127,3	128,0	127,4	127,3	128,6	127,8	—	127,7	132,6	**128,2**
10 — 10½	130,5	130,0	129,6	129,6	131,1	130,2	—	130,0	134,9	**131,0**
10½ — 11	132,7	132,3	132,1	132,1	132,8	132,4	—	132,3	137,3	**133,3**
11 — 11½	135,1	134,6	134,7	133,7	135,7	134,5	—	134,7	140,1	**135,8**
11½ — 12	137,1	137,6	136,9	136,9	138,9	137,0	—	137,2	142,2	**138,2**
12 — 12½	140,4	140,6	139,9	139,4	141,5	140,5	—	140,3	144,7	**141,2**
12½ — 13	142,9	143,5	142,6	141,9	144,3	143,5	—	143,1	147,7	**144,0**
13 — 13½	144,8	146,8	145,9	144,8	147,2	145,4	—	145,9	150,5	**146,8**
13½ — 14	147,9	149,1	148,0	149,0	149,5	148,7	150,2	148,6	152,8	**149,4**
14 — 14½	—	150,7	—	—	—	150,7	151,2	150,9	154,7	**151,7**
14½ — 15	—	—	—	—	—	152,7	152,3	152,4	156,2	**153,2**
15 — 15½	—	—	—	—	—	—	153,5	153,5	157,2	**154,2**
15½ — 16	—	—	—	—	—	—	154,3	154,3	158,3	**155,1**
16 — 16½	—	—	—	—	—	—	155,1	155,1	159,2	**155,9**
16½ — 17	—	—	—	—	—	—	155,8	155,8	160,3	**156,7**

Gewicht in kg — (among the Volksschulen columns: Groß-Berlin, Küstengebiet, Leipzig, Westdeutschl., Bayern, Südwest-deutschland)

Alter	Groß-Berlin	Küstengebiet	Leipzig	Westdeutschl.	Bayern	Südwest-deutschland	Fortbildungs- und Mittelschulen	Niedere Schulen (Durchschnitt)	Höhere Schulen	Alle Schulen
6 — 6½	—	18,6	18,8	19,2	19,0	19,9	—	18,9	—	**18,9**
6½ — 7	20,0	19,2	19,6	19,9	19,3	19,9	—	19,6	—	**19,6**
7 — 7½	20,4	20,3	20,6	20,8	20,4	20,7	—	20,6	—	**20,6**
7½ — 8	21,3	21,2	21,5	21,5	21,2	21,7	—	21,5	—	**21,5**
8 — 8½	22,3	22,3	22,6	22,7	22,7	23,0	—	22,6	—	**22,6**
8½ — 9	23,6	23,4	23,5	23,8	23,7	24,2	—	23,7	—	**23,7**
9 — 9½	24,9	24,8	24,6	24,9	25,0	25,2	—	24,9	27,2	**25,0**
9½ — 10	25,9	25,7	25,6	25,9	26,3	25,9	—	25,8	28,2	**26,0**
10 — 10½	26,9	26,6	26,8	26,8	27,7	27,3	—	27,0	29,3	**27,5**
10½ — 11	28,0	28,2	28,0	28,3	29,9	28,1	—	28,2	30,8	**28,7**
11 — 11½	29,6	29,7	29,5	29,7	30,4	29,3	—	29,6	32,6	**30,2**
11½ — 12	30,9	31,0	30,8	31,2	31,4	30,7	—	30,9	34,2	**31,6**
12 — 12½	32,4	32,9	32,6	32,5	33,8	32,8	—	32,8	36,3	**33,5**
12½ — 13	34,5	34,7	34,7	34,3	34,6	36,0	—	34,9	38,6	**35,6**
13 — 13½	36,6	37,0	37,0	36,7	37,0	37,1	—	37,0	40,6	**37,7**
13½ — 14	39,1	38,5	38,8	38,3	39,9	39,4	41,1	39,1	42,8	**39,8**
14 — 14½	—	40,7	—	—	—	40,6	42,2	41,3	45,3	**42,1**
14½ — 15	—	—	—	—	—	44,2	43,7	43,8	47,1	**44,5**
15 — 15½	—	—	—	—	—	—	45,4	45,4	48,6	**46,0**
15½ — 16	—	—	—	—	—	—	46,9	46,9	50,5	**47,6**
16 — 16½	—	—	—	—	—	—	48,3	48,3	52,5	**49,1**
16½ — 17	—	—	—	—	—	—	49,7	49,7	53,2	**50,4**

Tabelle 6. Die Zonen unternormalen, normalen und übernormalen Maßes[1]
beim Gesamtdurchschnitt der verarbeiteten deutschen Städte
zur Ermöglichung der Eingruppierung des Einzelfalles.
a) Größe.

Alter	Arithmetisches Mittel M	Mittlere Abweichung σ	„Klein" (kleiner als $M-\sigma$) $-B$	„Untermittelgroß" $(M-\sigma$ bis unter $M-{}^1/_2\,\sigma)$ $-A$	„Mittelgroß" (T) unterhalb des arithmet. Mittels $(M-{}^1/_2\,\sigma$ bis unter M) $-T$	„Mittelgroß" (T) oberhalb des arithmet. Mittels (M bis $M+{}^1/_2\,\sigma)$ $+T$	„Übermittelgroß" (über $M+{}^1/_2\,\sigma$ bis $M+\sigma$) $+A$	„Groß" (größer als $M+\sigma$) $+B$
					in cm			
				Knaben:				
6 — 6${}^1/_2$	111,6	5,3	106,2	106,3—108,9	109,0—111,5	111,6—114,2	114,3—116,9	117,0
6${}^1/_2$— 7	114,3	5,4	108,8	108,9—111,5	111,6—114,2	114,3—116,9	117,0—119,7	119,8
7 — 7${}^1/_2$	116,9	5,5	111,3	111,4—114,1	114,2—116,8	116,9—119,6	119,7—122,4	122,5
7${}^1/_2$— 8	119,4	5,7	113,6	113,7—116,5	116,6—119,3	119,4—122,2	122,3—125,1	125,2
8 — 8${}^1/_2$	121,9	5,8	116,0	116,1—118,9	119,0—121,8	121,9—124,7	124,8—127,7	127,8
8${}^1/_2$— 9	124,1	5,9	118,1	118,2—121,1	121,2—124,0	124,1—127,0	127,1—130,0	130,1
9 — 9${}^1/_2$	126,8	6,1	120,6	120,7—123,7	123,8—126,7	126,8—129,8	129,9—132,9	133,0
9${}^1/_2$—10	129,1	6,2	122,8	122,9—125,9	126,0—129,0	129,1—132,1	132,2—135,3	135,4
10 —10${}^1/_2$	131,4	6,4	124,9	125,0—128,1	128,2—131,3	131,4—134,5	134,6—137,8	137,9
10${}^1/_2$—11	133,7	6,5	127,1	127,2—130,4	130,5—133,6	133,7—136,9	137,0—140,2	140,3
11 —11${}^1/_2$	135,6	6,6	128,9	129,0—132,2	132,3—135,5	135,6—138,8	138,9—142,2	142,3
11${}^1/_2$—12	137,7	6,7	130,9	131,0—134,3	134,4—137,6	137,7—141,0	141,1—144,4	144,5
12 —12${}^1/_2$	139,9	7,0	132,8	132,9—136,3	136,4—139,8	139,9—143,3	143,4—146,9	147,0
12${}^1/_2$—13	142,1	7,2	134,8	134,9—138,4	138,5—142,0	142,1—145,6	145,7—149,3	149,4
13 —13${}^1/_2$	144,7	7,6	137,0	137,1—140,8	140,9—144,6	144,7—148,4	148,5—152,3	152,4
13${}^1/_2$—14	147,0	8,2	138,7	138,8—142,8	142,9—146,9	147,0—151,0	151,1—155,2	155,3
14 —14${}^1/_2$	150,3	9,0	141,2	141,3—145,7	145,8—150,2	150,3—154,7	154,8—159,3	159,4
14${}^1/_2$—15	153,7	9,7	143,9	144,0—148,8	148,9—153,6	153,7—158,5	158,6—163,4	163,5
15 —15${}^1/_2$	156,1	10,1	145,9	146,0—151,0	151,1—156,0	156,1—161,1	161,2—166,2	166,3
15${}^1/_2$—16	158,5	10,2	148,2	148,3—153,3	153,4—158,4	158,5—163,5	163,6—168,7	168,8
16 —16${}^1/_2$	161,5	10,0	151,4	151,5—156,4	156,5—161,4	161,5—166,4	166,5—171,5	171,6
16${}^1/_2$—17	163,7	9,9	153,7	153,8—158,7	158,8—163,6	163,7—168,6	168,7—173,6	173,7
				Mädchen:				
6 — 6${}^1/_2$	111,1	5,5	105,5	105,6—108,3	108,4—111,0	111,1—113,8	113,9—116,6	116,7
6${}^1/_2$— 7	113,4	5,5	107,8	107,9—110,6	110,7—113,3	113,4—116,1	116,2—118,9	119,0
7 — 7${}^1/_2$	116,0	5,6	110,3	110,4—113,1	113,2—115,9	116,0—118,7	118,8—121,6	121,7
7${}^1/_2$— 8	118,5	5,7	112,7	112,8—115,6	115,7—118,4	118,5—121,3	121,4—124,2	124,3
8 — 8${}^1/_2$	121,0	5,8	115,1	115,2—118,0	118,1—120,9	121,0—123,8	123,9—126,8	126,9
8${}^1/_2$— 9	123,4	5,9	117,4	117,5—120,4	120,5—123,3	123,4—126,3	126,4—129,3	129,4
9 — 9${}^1/_2$	126,0	6,1	119,8	119,9—122,9	123,0—125,9	126,0—129,0	129,1—132,1	132,2
9${}^1/_2$—10	128,2	6,3	121,8	121,9—125,0	125,1—128,1	128,2—131,3	131,4—134,5	134,6
10 —10${}^1/_2$	131,0	6,6	124,3	124,4—127,6	127,7—130,9	131,0—134,2	134,3—137,6	137,7
10${}^1/_2$—11	133,3	6,7	126,5	126,6—129,9	130,0—133,2	133,3—136,6	136,7—140,0	140,1
11 —11${}^1/_2$	135,8	7,0	128,7	128,8—132,2	132,3—135,7	135,8—139,2	139,3—142,8	142,9
11${}^1/_2$—12	138,2	7,2	130,9	131,0—134,5	134,6—138,1	138,2—141,7	141,8—145,4	145,5
12 —12${}^1/_2$	141,2	7,3	133,8	133,9—137,5	137,6—141,1	141,2—144,8	144,9—148,5	148,6
12${}^1/_2$—13	144,0	7,5	136,4	136,5—140,2	140,3—143,9	144,0—147,7	147,8—151,5	151,6
13 —13${}^1/_2$	146,8	7,6	139,1	139,2—142,9	143,0—146,7	146,8—150,5	150,6—154,4	154,5
13${}^1/_2$—14	149,4	7,7	141,6	141,7—145,5	145,6—149,3	149,4—153,2	153,3—157,1	157,2
14 —14${}^1/_2$	151,7	7,7	143,9	144,0—147,8	147,9—151,6	151,7—155,5	155,6—159,4	159,5
14${}^1/_2$—15	153,2	7,7	145,4	145,5—149,3	149,4—153,1	153,2—157,0	157,1—160,9	161,0
15 —15${}^1/_2$	154,2	7,4	146,7	146,8—150,4	150,5—154,1	154,2—157,8	157,9—161,6	161,7
15${}^1/_2$—16	155,1	7,2	147,8	147,9—151,4	151,5—155,0	155,1—158,6	158,7—162,3	162,4
16 —16${}^1/_2$	155,9	6,8	149,0	149,1—152,4	152,5—155,8	155,9—159,2	159,3—162,7	162,8
16${}^1/_2$—17	156,7	6,6	150,0	150,1—153,3	153,4—156,6	156,7—159,9	160,0—163,3	163,4

Bei den Knaben ist die Spalte „Klein" mit „bis einschließlich" bezeichnet und die Spalte „Groß" mit „und mehr"; ebenso bei den Mädchen.

[1] Bezüglich der Ausdrücke „unternormal" usw. vgl. S. 23.

b) Gewicht.

Alter	Arithmetisches Mittel M	Mittlere Abweichung σ	„Leicht" (leichter als M−σ) −B	„Untermittelschwer" (M−σ bis unter M−$\frac{1}{2}$σ) −A	„Mittelschwer" (T) unterhalb des arithmet. Mittels (M−$\frac{1}{2}$σ bis unter M) −T	„Mittelschwer" (T) oberhalb des arithmet. Mittels (M bis M+$\frac{1}{2}$σ) +T	„Übermittelschwer" (über M+$\frac{1}{2}$σ bis M+σ) +A	„Schwer" (schwerer als M+σ) +B
					in kg			
Knaben:								
6 — 6½	19,3	2,1	17,1	17,2—18,2	18,3—19,2	19,3—20,3	20,4—21,4	21,5
6½— 7	20,3	2,2	18,0	18,1—19,1	19,2—20,2	20,3—21,3	21,4—22,5	22,6
7 — 7½	21,2	2,4	18,7	18,8—19,9	20,0—21,1	21,2—22,3	22,4—23,6	23,7
7½— 8	22,2	2,5	19,6	19,7—20,9	21,0—22,1	22,2—23,4	23,5—24,7	24,8
8 — 8½	23,3	2,7	20,5	20,6—21,9	22,0—23,2	23,3—24,6	24,7—26,0	26,1
8½— 9	24,4	2,8	21,5	21,6—22,9	23,0—24,3	24,4—25,7	25,8—27,2	27,3
9 — 9½	25,5	3,0	22,4	22,5—23,9	24,0—25,4	25,5—26,9	27,0—28,5	28,6
9½—10	26,6	3,2	23,3	23,4—24,9	25,0—26,5	26,6—28,1	28,2—29,8	29,9
10 —10½	27,8	3,3	24,4	24,5—26,1	26,2—27,7	27,8—29,4	29,5—31,1	31,2
10½—11	28,8	3,5	25,2	25,3—27,0	27,1—28,7	28,8—30,5	30,6—32,3	32,4
11 —11½	29,9	3,7	26,1	26,2—28,0	28,1—29,8	29,9—31,7	31,8—33,6	33,7
11½—12	31,0	3,9	27,0	27,1—29,0	29,1—30,9	31,0—32,9	33,0—34,9	35,0
12 —12½	32,5	4,3	28,1	28,2—30,3	30,4—32,4	32,5—34,6	34,7—36,8	36,9
12½—13	33,9	4,5	29,3	29,4—31,6	31,7—33,8	33,9—36,1	36,2—38,4	38,5
13 —13½	35,6	5,8	29,7	29,8—32,6	32,7—35,5	35,6—38,4	38,5—41,4	41,5
13½—14	37,4	6,5	30,8	30,9—34,1	34,2—37,3	37,4—40,6	40,7—43,9	44,0
14 —14½	40,0	7,5	32,4	32,5—36,2	36,3—39,9	40,0—43,7	43,8—47,5	47,6
14½—15	42,7	8,1	34,5	34,6—38,6	38,7—42,6	42,7—46,7	46,8—50,8	50,9
15 —15½	45,3	8,7	36,5	36,6—40,9	41,0—45,2	45,3—49,6	49,7—54,0	54,1
15½—16	47,7	8,4	39,2	39,3—43,4	43,5—47,6	47,7—51,8	51,9—56,1	56,2
16 —16½	50,6	8,1	42,4	42,5—46,5	46,6—50,5	50,6—54,6	54,7—58,7	58,8
16½—17	53,0	8,1	44,8	44,9—48,9	49,0—52,9	53,0—57,0	57,1—61,1	61,2
Mädchen:								
6 — 6½	18,9	2,3	16,5	16,6—17,7	17,8—18,8	18,9—20,0	20,1—21,2	21,3
6½— 7	19,6	2,4	17,1	17,2—18,3	18,4—19,5	19,6—20,7	20,8—22,0	22,1
7 — 7½	20,6	2,5	18,0	18,1—19,3	19,4—20,5	20,6—21,8	21,9—23,1	23,2
7½— 8	21,5	2,6	18,8	18,9—20,1	20,2—21,4	21,5—22,7	22,8—24,1	24,2
8 — 8½	22,6	2,7	19,8	19,9—21,2	21,3—22,5	22,6—23,9	24,0—25,3	25,4
8½— 9	23,7	2,9	20,7	20,8—22,2	22,3—23,6	23,7—25,1	25,2—26,6	26,7
9 — 9½	25,0	3,1	21,8	21,9—23,4	23,5—24,9	25,0—26,5	26,6—28,1	28,2
9½—10	26,0	3,4	22,5	22,6—24,2	24,3—25,9	26,0—27,6	27,7—29,4	29,5
10 —10½	27,5	3,7	23,7	23,8—25,6	25,7—27,4	27,5—29,3	29,4—31,2	31,3
10½—11	28,7	4,0	24,6	24,7—26,6	26,7—28,6	28,7—30,6	30,7—32,7	32,8
11 —11½	30,2	4,4	25,7	25,8—27,9	28,0—30,1	30,2—32,3	32,4—34,6	34,7
11½—12	31,6	4,8	26,7	26,8—29,1	29,2—31,5	31,6—33,9	34,0—36,4	36,5
12 —12½	33,5	5,2	28,2	28,3—30,8	30,9—33,4	33,5—36,0	36,1—38,7	38,8
12½—13	35,6	5,6	29,9	30,0—32,7	32,8—35,5	35,6—38,3	38,4—41,2	41,3
13 —13½	37,7	6,0	31,6	31,7—34,6	34,7—37,6	37,7—40,6	40,7—43,7	43,8
13½—14	39,8	6,4	33,3	33,4—36,5	36,6—39,7	39,8—42,9	43,0—46,2	46,3
14 —14½	42,1	6,6	35,4	35,5—38,7	38,8—42,0	42,1—45,3	45,4—48,7	48,8
14½—15	44,5	6,6	37,8	37,9—41,1	41,2—44,4	44,5—47,7	47,8—51,1	51,2
15 —15½	46,0	6,6	39,3	39,4—42,6	42,7—45,9	46,0—49,2	49,3—52,6	52,7
15½—16	47,6	6,8	40,7	40,8—44,1	44,2—47,5	47,6—50,9	51,0—54,4	54,5
16 —16½	49,1	6,7	42,3	42,4—45,7	45,8—49,0	49,1—52,4	52,5—55,8	55,9
16½—17	50,4	6,6	43,7	43,8—47,0	47,1—50,3	50,4—53,6	53,7—57,0	57,1

(In der Spalte −B steht senkrecht: „bis einschließlich"; in der Spalte +B steht senkrecht: „und mehr".)

Tabelle 7. **Beziehungen zwischen Größe**

Es wurden 74 000 Knaben und 55 000 Mädchen aus 11 der besten Schulen in den
nur die Ergebnisse bei gesunden Kindern, die mindestens 5 Jahre hintereinander beobachtet

a) Knaben.

Größe in cm	Durchschnittliches Gewicht in kg bei der links bezeichneten Größe im Alter														
	5	6	7	8	9	10	11	12	13	14	15	16	17	18	19
96,5	14,9	14,9	—	—	—	—	—	—	—	—	—	—	—	—	—
99,1	15,4	15,4	—	—	—	—	—	—	—	—	—	—	—	—	—
101,6	15,8	15,8	—	—	—	—	—	—	—	—	—	—	—	—	—
104,1	16,6	16,6	16,6	—	—	—	—	—	—	—	—	—	—	—	—
106,7	17,1	17,1	17,1	17,1	—	—	—	—	—	—	—	—	—	—	—
109,2	18,0	18,0	18,0	18,0	—	—	—	—	—	—	—	—	—	—	—
111,8	19,3	19,3	19,3	19,3	—	—	—	—	—	—	—	—	—	—	—
114,3	20,2	20,2	20,2	20,2	20,2	—	—	—	—	—	—	—	—	—	—
116,8	20 6	21,0	21,0	21,0	21,0	—	—	—	—	—	—	—	—	—	—
119,4	21,4	21,9	21,9	21,9	21,9	21,9	—	—	—	—	—	—	—	—	—
121,9	—	22,8	23,2	23,2	23,2	23,2	—	—	—	—	—	—	—	—	—
124,5	—	24,1	24,1	24,1	24,1	24,1	24,1	—	—	—	—	—	—	—	—
127,0	—	25,0	25,4	25,4	25,4	25,4	25,4	25,4	—	—	—	—	—	—	—
129,5	—	—	26,8	26,8	26,8	26,8	26,8	26,8	—	—	—	—	—	—	—
132,1	—	—	27,6	28,0	28,0	28,0	28.0	28,0	28,0	—	—	—	—	—	—
134,6	—	—	28,9	29,2	29,2	29,2	29,2	29,6	29,6	—	—	—	—	—	—
137,2	—	—	—	30,6	30,6	30,6	30,6	31,0	31,0	31,4	—	—	—	—	—
139,7	—	—	—	31,4	31,4	31,8	31,8	32,3	32,3	32,3	—	—	—	—	—
142,2	—	—	—	32,7	33,2	33,6	33,6	33,6	34,0	34,0	34,9	—	—	—	—
144,8	—	—	—	—	34,4	34,9	35,3	35,3	35,8	36,2	36,2	—	—	—	—
147,3	—	—	—	—	36,2	36,6	36,6	37,1	37,1	37,6	38,0	—	—	—	—
149,9	—	—	—	—	—	38,0	38,4	38,8	39,2	39,2	39,2	39,2	—	—	—
152,4	—	—	—	—	—	39,7	40.1	40,1	41,6	41,0	41,4	41,8	—	—	—
154,9	—	—	—	—	—	—	41,4	41,8	42,3	43,2	43,7	44,9	46,2	—	—
157,5	—	—	—	—	—	—	43,7	44,1	44,5	44,9	45,4	46,6	48,4	50,6	—
160,0	—	—	—	—	—	—	45,8	46,2	46,6	47,1	48,0	49,3	51,5	53,7	55,4
162,6	—	—	—	—	—	—	—	47,2	48,4	49,3	50,2	51,1	52,8	55,C	56,7
165,1	—	—	—	—	—	—	—	49,7	51,1	51,5	52,3	53,2	55,4	57,1	58,5
167,6	—	—	—	—	—	—	—	—	51,9	53,2	54,5	55,9	57,6	59,3	60,7
170,2	—	—	—	—	—	—	—	—	54,1	55,9	56,7	58,5	59,3	60,7	61,9
172,7	—	—	—	—	—	—	—	—	—	58,5	58,5	59,7	61,5	62,4	64,1
175,3	—	—	—	—	—	—	—	—	—	59,7	60,7	62,4	63,7	65,0	66,3
177,8	—	—	—	—	—	—	—	—	—	62,4	62,8	63,3	64,5	65,9	67,6
180,3	—	—	—	—	—	—	—	—	—	64,5	65,4	65,9	66,3	67,2	69,3
182,9	—	—	—	—	—	—	—	—	—	—	66,7	67,6	68,1	68,9	71,1
185,4	—	—	—	—	—	—	—	—	—	—	68,5	69,8	70,7	71,5	72,8
188,0	—	—	—	—	—	—	—	—	—	—	69,8	71,5	73,3	74,1	74,6

VI. Endogen bedingte Wachstumsverschiedenheiten.

Drei endogen bedingte, vererbte und so der menschlichen Beeinflussung
so gut wie vollkommen entzogene Faktoren beeinflussen in hohem Grad Ablauf
und Endergebnis des Wachstums: Geschlecht, Rasse und Konstitution.

Bowditch war der erste (1877), der in einigermaßen vollkommener Weise
auf die durch das Geschlecht bedingten Verschiedenheiten im Ablauf

und Gewicht. (Nach B. T. Baldwin.)

Vereinigten Staaten von Nordamerika unbekleidet gemessen und gewogen. Davon wurden waren, berücksichtigt. — Es bedeutet z. B. 5 Jahre = $4^1/_2 - 5^1/_2$ Jahre.

b) Mädchen.

Größe in cm	Durchschnittliches Gewicht in kg bei der links bezeichneten Größe im Alter													
	5	6	7	8	9	10	11	12	13	14	15	16	17	18
96,5	14,6	14,6	—	—	—	—	—	—	—	—	—	—	—	—
99,1	15,0	15,0	—	—	—	—	—	—	—	—	—	—	—	—
101,6	15,8	15,8	15,8	—	—	—	—	—	—	—	—	—	—	—
104,1	16,3	16,3	16,3	—	—	—	—	—	—	—	—	—	—	—
106,7	17,2	17,2	17,2	—	—	—	—	—	—	—	—	—	—	—
109,2	18,1	18,1	18,1	18,1	—	—	—	—	—	—	—	—	—	—
111,8	18,6	18,6	18,6	18,6	—	—	—	—	—	—	—	—	—	—
114,3	19,8	19,8	19,8	19,8	19,8	—	—	—	—	—	—	—	—	—
116,8	20,7	20,7	20,7	21,2	21,2	—	—	—	—	—	—	—	—	—
119,4	21,6	22,0	22,0	22,0	22,0	22,0	—	—	—	—	—	—	—	—
121,9	—	22,9	22,9	22,9	22,9	23,3	23,3	—	—	—	—	—	—	—
124,5	—	23,8	23,8	24,3	24,3	24,3	24,3	—	—	—	—	—	—	—
127,0	—	24,7	24,7	25,1	25,5	26,0	26,9	27,3	—	—	—	—	—	—
129,5	—	—	26,0	26,4	26,9	26,9	27,8	28,6	—	—	—	—	—	—
132,1	—	—	27,8	28,2	28,2	28,2	28,6	29,6	—	—	—	—	—	—
134,6	—	—	29,0	29,6	29,6	30,0	30,0	30,5	31,4	—	—	—	—	—
137,2	—	—	—	30,5	31,0	31,0	31,4	31,4	32,3	—	—	—	—	—
139,7	—	—	—	31,9	32,8	32,8	32,8	33,2	34,0	34,5	—	—	—	—
142,2	—	—	—	—	33,7	34,5	34,5	34,9	35,8	36,8	—	—	—	—
144,8	—	—	—	—	35,4	36,3	36,3	36,3	37,4	39,1	40,9	—	—	—
147,3	—	—	—	—	—	37,4	38,2	38,2	39,1	41,4	42,7	44,9	—	—
149,9	—	—	—	—	—	38,7	40,0	40,0	40,9	42,7	44,5	45,8	46,3	—
152,4	—	—	—	—	—	40,5	42,3	42,3	43,1	44,9	46,7	48,0	48,4	49,3
154,9	—	—	—	—	—	—	44,0	44,5	44,9	46,7	48,0	49,8	50,3	51,6
157,5	—	—	—	—	—	—	46,3	46,7	47,2	48,4	50,3	51,2	52,1	52,5
160,0	—	—	—	—	—	—	—	48,9	48,9	49,8	51,6	52,1	52,9	53,3
162,6	—	—	—	—	—	—	—	50,7	51,2	52,1	52,9	53,3	54,2	54,7
165,1	—	—	—	—	—	—	—	52,5	53,3	53,8	54,2	54,7	55,6	56,1
167,6	—	—	—	—	—	—	—	—	55,2	55,2	55,6	57,0	57,4	57,8
170,2	—	—	—	—	—	—	—	—	57,0	57,8	58,2	59,1	59,1	60,0
172,7	—	—	—	—	—	—	—	—	58,2	59,1	60,0	60,5	61,4	61,4
175,3	—	—	—	—	—	—	—	—	—	60,0	60,9	61,4	62,3	63,1
177,8	—	—	—	—	—	—	—	—	—	60,5	61,4	62,3	63,1	64,0
180,3	—	—	—	—	—	—	—	—	—	61,4	62,3	63,1	64,0	64,5

des Wachstums aufmerksam machte, nämlich nicht nur 1. auf die niederere Höhenlage der Wachstumskurve der Mädchen in der Kindheit und 2. auf ihr endgültiges Zurückbleiben nach abgeschlossenem Wachstum, sondern auch 3. auf das auffällige Überragen der Mädchen über die Knaben in der Zeit ihrer Pubertät, die eben bei den Mädchen zeitlich vor die Entwicklungsjahre der Knaben fällt.

Die durch das Geschlecht bedingten Wachstumsverschiedenheiten machen sich schon früh, schon im intrauterinen Leben bemerkbar. Bezüglich der Verschiedenheit des Geburtsgewichts sagt Friedenthal: „In der Kulturgeschichte der europäischen Bevölkerung scheint das Gewicht der neugeborenen Mädchen jetzt dem der Knaben gleichzukommen, während im Volk nach wie vor durchschnittlich ein Übergewicht der Knaben im Verhältnis von 3300 : 3200—3100 besteht". Diese Gewichtsdifferenz von 200 g = $6\,^0/_0$ bei der Geburt steigert sich beim Erwachsenen bis zu $15—17\,^0/_0 = 10$ kg. Sie ist schließlich zum Teil begründet in der verschieden starken Beanspruchung und Entwicklung der Muskulatur, vielleicht auch letzten Endes in der größeren Summe der Außenweltreize beim Manne. Vor allem entspricht aber die absolute Wachstumsbeschleunigung beim männlichen Geschlecht der größeren Zahl von Zellteilungen in den Hoden zur Ausbildung der weit zahlreicheren Spermatozoen gegenüber den wenigen Eizellen in den Eierstöcken und letzten Endes einer verschieden starken endokrinen Wirkung der Geschlechtshormone.

Das Vorauseilen der Knaben vor den Mädchen im Wachstum bis zur Pubertät ist aus jeder richtigen Tabelle ohne weiteres ersichtlich (vgl. S. 41—47).

Es ist aber nachdrücklich zu betonen, daß nur die absoluten Längen- und Gewichtszahlen der Knaben größer sind als die ihrer Altersgenossinnen. In Prozenten der definitiven Länge ausgerechnet eilen stets die Mädchen den Knaben im Wachstum voraus. So haben z. B. die Knaben mit 2 Jahren mit 85 cm 50 $^0/_0$ ihrer definitiven Länge erreicht, gleichaltrige Mädchen mit 84 cm 52,5$^0/_0$. Mit $5^1/_2$ Jahren sind die 105 cm großen Mädchen mit 65,6$^0/_0$ ihrer definitiven Länge fast ebensoweit in bezug auf ihre Endlänge wie $6^1/_2$ jährige, 112 cm lange Knaben mit ihren 65,9$^0/_0$. Der Rohrersche Index, der, wie oben erwähnt, in Kleinkindesalter rasch absinkt, bei 2—6 jährigen Knaben von 2,13 auf 1,44 (Schiötz), ist für die Mädchen durchgehend etwas kleiner, was mit großer Wahrscheinlichkeit auf die raschere Entwicklung zurückzuführen sein dürfte. Auch die Entwicklung, die vom Wachstum wohl zu trennen ist, ist bei den Mädchen schon in den frühesten Lebensperioden vorangeschrittener als bei den Knaben, trotz der größeren absoluten Wachstumszahlen der letzteren. Dafür ist unter anderem das Auftreten der Knochenkerne sehr beweisend. Nach den Untersuchungen von Pryor läßt sich schon während der gesamten Fötalperiode ein frühzeitigeres Auftreten der Knochenkerne bei weiblichen Föten feststellen. Die zeitliche Differenz wird ständig größer; das Verschwinden der Epiphysenlinien in den langen Röhrenknochen findet bei weiblichen Individuen etwa 3—4 Jahre früher statt als bei männlichen. Stettners Untersuchungsergebnisse stehen mit denen von Pryor in gutem Einklang. Bei so ausgeprägten biologischen Verschiedenheiten zwischen Knaben und Mädchen auch schon im Kindesalter erscheint die Aufstellung einer Periode des neutralen Kindesalters vor der eines bisexuellen nach Stratz (S. 39), wie gesagt, unhaltbar.

Nach Untersuchungen an gut gewachsenen, gut entwickelten Kindern — die Durchschnittsmittelzahlen einer ganzen Bevölkerung führen gerade hier nicht zu so differenten Ergebnissen, — gestalten sich die absoluten Wachstumsverschiedenheiten der beiden Geschlechter vor und zur Zeit der Pubertät (zum Teil nach Stratz) folgendermaßen: Bereits im 10. Jahr sind die Mädchen so groß wie die Knaben, übertreffen aber letztere bereits an

Gewicht, es erfolgt zuerst das Schneiden der Gewichtskurven. Mit 11 Jahren überholen die Mädchen die Knaben auch in der Höhe, um nun bei ständig starkem Zuwachs in Länge und Gewicht bis zum 15. Jahr größer und schwerer zu bleiben als ihre männlichen Altersgenossen. Der Höhepunkt der Differenz fällt in das 12. Jahr. Im 16. Jahr schneiden sich die Kurven zum 2. Male, diesmal zuerst die Längenkurven, diese am Anfang des 16. Jahres, am Ende desselben Jahres auch die Gewichtskurven. Nach mehreren anderen Forschern holen die Knaben die Mädchen bereits im 15. Jahre ein. Das Endergebnis bei großen, gut entwickelten Jugendlichen ist ein Überragen von 10 cm und 11,5 kg im 20. Jahr. Nach Friedenthals Sammelstatistik beträgt der Überschuß 10 kg = $12^1/_2 \%$. Weiterhin wird der Gewichtsüberschuß immer noch größer, durch die kräftigere Ausbildung der Muskulatur beim Manne, trotz einer reichlicheren Anlage von Fett beim Weibe.

Schiötz hat noch eine weitere Verschiedenheit im Wachstum der Knaben und Mädchen errechnet; der prozentuale Längenzuwachs sinkt, wie dies oben dargetan wurde, von Jahr zu Jahr ab. Die Knaben erreichen aber in der Zeitspanne von $14^1/_2$ bis $15^1/_2$ Jahren noch einmal vorübergehend einen stärkeren Zuwachs, der ebenso groß ist wie jener zwischen $4^1/_2$ und $5^1/_2$ Jahren. Bei den Mädchen sinken aber die Werte stetig ab, ohne nochmaligen Anstieg der Zuwachskurve der Länge in der Präpubertät.

Nicht nur Länge und Gewicht sind bei Abschluß des Wachstums bei Mann und Weib sehr verschieden, auch die Proportionen sind verschieden geworden; vor allem sind die Beine der Mädchen kürzer, ihr Rumpf ist relativ länger als die der Jünglinge. Dadurch tritt bekanntlich die Größendifferenz im Sitzen weniger in Erscheinung als im Stehen.

Überblickt man diese zum Teil recht bedeutenden Verschiedenheiten im Wachstum zwischen den beiden Geschlechtern, so wird man leicht zu der Ansicht gelangen, daß das Wachstum von Mann und Weib der gleichen Rasse sich analog verhält und an Größe der Verschiedenheit nicht nachsteht den Wachstumsunterschieden zwischen zwei verschiedenen Menschenrassen.

Über den Verlauf des Wachstums bei den verschiedenen Menschenrassen liegen bis jetzt noch wenig Untersuchungen vor, im Gegensatz zu den zahlreichen, genauen Angaben über das durchschnittliche Endergebnis des Wachstums bei den verschiedenen Völkern. Gerade das Kindesalter ist nicht so häufig der Gegenstand der Forschungen bei den exotischen Rassen; hinzukommen noch die Schwierigkeiten durch unzuverlässige Altersangaben. Es sei hier an erster Stelle genannt Weißenbergs Studie über den Ablauf des Wachstums bei rassereinen russischen Judenkindern, dann Friedenthals Untersuchungen an Sudannegern und Japanern. Beim Neugeborenen zeigen sich noch wenig Rassenunterschiede; es ist eben immer und konstant der Kopf bei ihnen groß, der Rumpf lang, die Extremitäten sind kurz. Auch noch die $8^1/_2$ jährigen Japaner, Europäer und die später sehr großen Sudanneger fand Friedenthal gleich groß. Dann, bis zum $14^1/_2$. Jahr, sind aber die Japaner größer als die gleichaltrigen Europäer, und vom 15. Jahr ab übertreffen die Europäer die Japaner; bei letzteren endet schon mit 13—15 Jahren die Periode der Reifesteigerung des Wachstums; mit $16^1/_2$ Jahren hört bei ihnen das Wachstum ganz auf. Bei den Europäern dagegen endet erst mit 18—19 Jahren die Periode

der Reifesteigerung des Wachstums, bei den Negern mit 20—21 Jahren oder
noch später.

Es bilden sich also erst zur Zeit der Reife die Rassenunterschiede
aus oder treten erst hier wesentlich hervor. Ganz allgemein bedingt
der Früheintritt der Reife ein früheres Stehenbleiben in der Längenentwicklung, eine Abkürzung der Streckungsperiode, während
Völker mit spät einsetzender Reife im allgemeinen eine größere
Längenentwicklung aufweisen, eine Regel, die auch innerhalb ein und
derselben Rasse Geltung hat. So entspricht der frühen Entwicklung bei den
südeuropäischen Völkern eine geringere Körperlänge; der hohe Wuchs der
nordischen Völker ist nicht so sehr auf ein intensiveres, als auf ein längeres
Wachstum zurückzuführen. All das, insbesondere die Feststellung, daß sich
die Rassenunterschiede erst zur Zeit der Pubertät deutlich geltend machen,
geht auch aus folgender kleinen Zusammenstellung von Berger hervor:

Tabelle 8. **Größe und Gewicht bei verschiedenen Völkern.**

Alter	Körpergröße				Körpergewicht			
	Deutsche (Heub-ner)	Russen (Sack)	Schweden (Key)	Juden (Mako-wer)	Deutsche	Russen	Schweden	Juden
8	121,5	—	—	122,5	24,9	—	—	25,6
9	126,2	—	—	126,0	26,8	—	—	27,1
10	130,7	130,0	131	130,0	29,4	27,6	29,3	29,9
11	135,0	134,0	133	134,4	32,1	29,1	30,3	32,3
12	139,2	138,0	136	139,9	34,9	30,9	32,2	36,3
13	143,8	142,5	140	145,0	38,2	32,7	34,5	39,9
14	149,7	148,0	144	151,6	42,6	35,2	37,6	45,9
15	156,7	155,6	149	157,4	51,0	39,3	42,3	50,6
16	163,5	161,4	156	161,2	57,1	44,0	46,8	54,6
17	167,6	166,0	162	162,4	62,7	49,7	52,3	56,4
18	168,9	168,0	167	162,7	66,0	53,9	57,6	56,8
19	—	169,4	170	162,8	—	56,0	61,3	—

Vor allem äußern sich die Rassenunterschiede aber auch in einem vorzeitigen
Stehenbleiben der Proportionsverschiebungen bei den nieder stehenden
Völkern gegenüber dem Verhalten bei den Kulturvölkern; primitive Rassen
zeigen Proportionen, die 6—15 jährigen europäischen Knaben entsprechen;
Mongolen und Neger erheben sich in ihren Proportionen nur wenig über die
unserer 15 jährigen Knaben hinaus.

Während das Studium der Wachstumseigentümlichkeiten der verschiedenen
Rassen Sonderforschungen vorbehalten bleiben muß, bietet sich leicht und reich-
lich Gelegenheit zum Studium des Verhaltens des Wachstums bei den verschiedenen Konstitutionen der Kinder, des Einflusses der allgemeinen,
konstitutionellen Körperbeschaffenheit und Entwicklung auf den
Ablauf des Wachstums. Daß es sich auch hier, wie bei den eben besprochenen
Umständen, um ein endogenes, durch Vererbung bedingtes Moment handelt,
durchaus entsprechend der modernen Begriffsbestimmung der Konstitution,
nicht um ein konditionelles, akzidentelles Moment, erworben durch exogene

Einflüsse, geht schon daraus hervor, daß sich der Einfluß der Konstitution nicht nur auf den Ablauf des Wachstums erstreckt, auf die Höhenlage und die Form der Kurve in den verschiedenen Altersklassen, sondern auch auf das Endergebnis des Wachstums, auf die definitive Länge.

Zur Erforschung des Einflusses der Konstitution auf das Wachstum diente mir ein zum Teil über ein Jahrzehnt fortlaufend beobachtetes, umfangreiches Kleinkinder- und Schülermaterial, das auf Grund der Inspektion, der Schätzung des Gesamtzustandes und einzelner Komponente, und zwar persönlicher Schätzung, in Gruppen gut, mittelmäßig und mangelhaft entwickelter Kinder eingeteilt worden war; die zahlreichen Zwischengruppen und Übergangsformen wurden in der Statistik und in den Tabellen weggelassen (Tabellen Nr. 10—14). Das Verhalten der gut entwickelten Kinder entspricht im wesentlichen den oben gegebenen Ausführungen über die Gesetzmäßigkeiten des Wachstums. Mit der Gruppe der körperlich zurückgebliebenen, mangelhaft entwickelten, unternormalen Kinder wird schon auf die pathologischen Wachstumsverhältnisse übergegriffen. Trotz ihrer zahlenmäßigen Kleinheit beansprucht diese Gruppe ein besonders großes, praktisches Interesse.

Der Unterschied in den Höhenlagen der Wachstumskurven bei den gut, gut bis mittelmäßig, mittelmäßig und den mangelhaft entwickelten Knaben ein und derselben Bevölkerungsschicht entspricht durchschnittlich jedesmal von einer zur anderen dieser Gruppen etwa einem Jahreszuwachs, derart, daß z. B. die mangelhaft entwickelten Knaben hinter ihren gleichalterigen, gut konstituierten Klassenkameraden einen Rückstand von 3 Jahreszunahmen aufweisen. Schon bald nach der Geburt, jedenfalls schon im ersten Trimenon, bleiben die aus irgend einem ererbten Grunde schwach veranlagten Kinder mehr oder minder stark hinter der Norm zurück. Manche rücken im 2. oder 3. Lebensjahr wieder etwas auf. Wenigstens wird im Spielalter und auch im ersten Schulalter der Abstand in der Regel nicht viel größer. Später aber, noch vor dem Pubertätsantrieb und erst recht während der Pubertätszeit, gehen die Längen- und Gewichtskurven außerordentlich auseinander, leicht erklärlich, da die mittelmäßig und mangelhaft entwickelten Kinder eben erst viel später in die Pubeszenz eintreten und die Periode der lebhaften Wachstumssteigerung erst später erreichen. Schließlich, in der letzten Wachstumsperiode, nach der Pubertät, ist noch eine bemerkenswerte Dissoziation des Längen- und Massenwachstums festzustellen; während die Längenkurven der verschiedenen Konstitutionen sich einander wieder etwas nähern durch Nachwachstum der mangelhaft konstituierten Jugendlichen bis zum 20. Jahr, gehen die Kurven des Massenwachstums immer weiter auseinander. In dieser Richtung findet nur unvollkommen ein Nachwachstum statt. Für die Gewichtskurven, nicht für die Längenkurven, trifft der von v. Lange gebrauchte Vergleich der verschiedenen Kurvenzüge mit dem Bild einer Garbe zu.

Der Kurvenzug nimmt ganz allgemein einen um so geradlinigeren Verlauf, je besser entwickelten Kindern er entspricht. Um so größer sind die Biegungen, um so häufiger ist der Wechsel zwischen Verflachung und Krümmung, um je schlechter konstituierte Kinder es sich handelt. Eine Periode verlangsamten Wachstums im 9. Jahr ist bei den gut entwickelten Kindern nur eben angedeutet; bei den mangelhaft entwickelten, ja schon bei den nur mittelmäßig konstituierten erstreckt sich diese Periode verlangsamten

Wachstums auf volle 2 Jahre. Auch sonst sind bei letzteren kürzere oder längere Stillstände, namentlich an der Gewichtskurve, nicht selten.

Am größten ist der Unterschied während des Pubertätsantriebs, die Verzögerung und Verspätung desselben bei den minder gut entwickelten

Einfluß des sozialen Milieus und des allgemeinen Entwicklungszustandes auf das Wachstum.

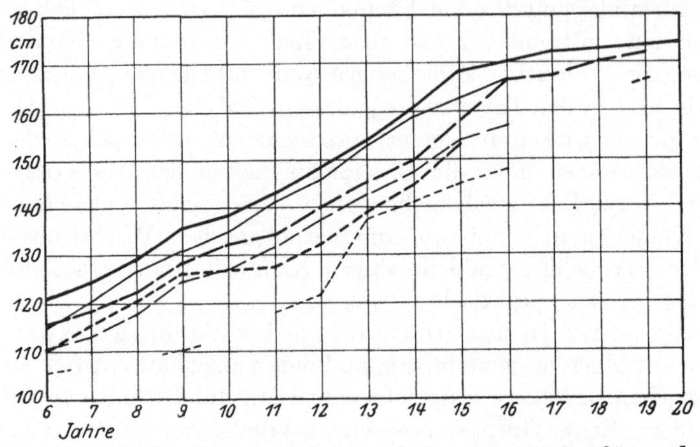

Abb. 6a. Der Verlauf des Längenwachstums bei gut, mittelmäßig und mangelhaft entwickelten Knaben aus gutsituierten und aus unbemittelten Familien.

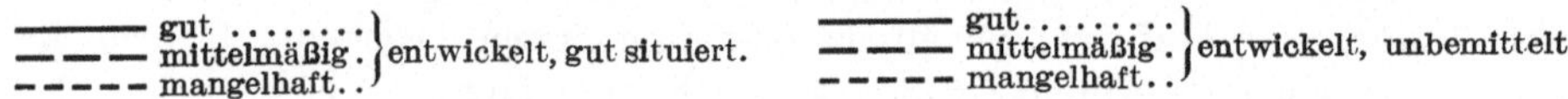

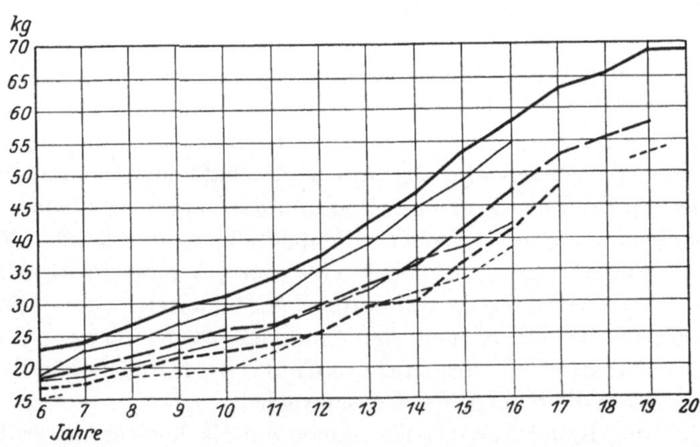

Abb. 6b. Der Verlauf der Gewichtszunahme bei gut, mittelmäßig und mangelhaft entwickelten Knaben aus gutsituierten und aus unbemittelten Familien.

Kindern. Bei den gut konstituierten Knaben hält die Steigerung des Längenwachstums vom 10. bis 15. Jahre an, bei den mittelmäßig entwickelten ist diese verschoben auf das 11. bis 16. Jahr, bei den mangelhaft entwickelten ist diese Periode schließlich auch noch verkürzt und dauert nur vom 12. bis

16. Jahr. Dabei ist das Ausmaß der Zunahme nicht merklich verringert, die Wachstumsintensität ist also eher gesteigert, und hierin liegt für die schwächlichen Kinder fraglos ein Nachteil. Während man aber bei gut konstituierten und namentlich auch bei gut situierten Kindern auf der Höhe der Pubertät nicht so selten geradezu ein sprunghaftes Längenwachstum, Jahreszunahmen von 8 und mehr Zentimetern, beobachtet, ist hiervon bei schwach entwickelten Kindern nie etwas zu bemerken. Es ergibt sich folgende Verschiebung des

Tabelle 9. Höhepunktes der jährlichen Wachstumszunahme.

	Länge	Gewicht
	im X. Lebensjahr	
Bei den gut situierten		
bei den gut ⎫	14—15	15—17
mittelmäßig ⎬ entwickelten Kindern	15—16	17
mangelhaft ⎭	15—16	17
Bei den minderbemittelten		
bei den gut ⎫	14	16
mittelmäßig ⎬ entwickelten Kindern	16	16
mangelhaft ⎭	17	17

Literatur.

Nr. 25, 42, 85, 226, 250, 252, 282, 283, 303.

Tabelle 10. Einfluß 1. des sozialen Milieus, 2. des allgemeinen Entwicklungszustandes auf das Wachstum·

Alter[1]	Größe — Gut situierte — Entwicklung			Größe — Unbemittelte — Entwicklung			Gewicht — Gut situierte — Entwicklung			Gewicht — Unbemittelte — Entwicklung			Größe gut situierte	Größe unbemittelte	Gewicht gut situierte	Gewicht unbemittelte	Alter[1]
	gut	mittelmäßig	mangelhaft	gut	mittelmäßig	mangelhaft	gut	mittelmäßig	mangelhaft	gut	mittelmäßig	mangelhaft	Durchschnitt aus der Gesamtzahl				
6	121,0	115,5	110,0	115,0	110,5	105,5	22,9	18,5	17,1	18,9	18,2	15,5	118,0	112,0	20,9	18,6	6
7	124,5	118,0	115,5	121,0	113,0	—	23,9	20,1	18,3	22,4	18,9	—	122,0	118,0	22,3	20,6	7
8	129,0	122,0	120,0	127,0	117,0	114,0	26,3	21,5	19,8	24,1	20,4	18,5	126,5	123,0	24,5	23,1	8
9	135,5	128,5	126,0	130,5	124,5	110,5	29,6	24,0	21,6	26,5	22,6	19,2	132,5	128,0	27,6	24,6	9
10	138,0	131,5	126,5	134,5	126,5	109,0	30,9	26,0	22,6	29,1	24,1	20,1	135,5	130,5	28,9	27,1	10
11	142,5	134,0	127,0	141,0	131,5	118,0	33,8	26,4	23,7	30,3	25,8	22,4	139,5	135,0	31,5	28,2	11
12	148,0	140,0	132,0	145,5	137,0	121,5	37,5	29,7	25,7	35,5	29,1	25,4	145,0	141,5	34,7	32,2	12
13	153,5	145,0	139,0	152,5	142,5	137,0	42,8	33,1	29,4	39,2	31,9	29,7	150,0	147,5	38,8	33.8	13
14	160,5	150,0	145,0	158,5	147,0	141,0	47,0	36,0	30,3	45,0	36,5	31,6	157,0	151,5	42,5	38,8	14
15	168,5	157,5	152,5	162,5	153,5	145,0	53,4	41,5	36,6	49,2	38,5	33,5	163,0	154,0	49,0	43,5	15
16	170,0	166,0	—	166,5	156,5	147,0	58,3	47,2	41,2	55,1	42,4	38,4	168,5	158,0	54,7	48,6	16
17	172,0	167,0	—	—	—	—	62,9	52,8	48,4	—	—	—	170,0	—	59,4	—	17
18	173,0	170,5	—	—	—	—	65,6	55,7	—	—	—	—	172,0	—	61.2	—	18
19	173,5	172,0	166,0	—	—	—	69,0	57,9	53,2	—	—	—	172,0	—	64,7	—	19
20	174,0	166,0	—	—	—	—	69,0	57,0	—	—	—	—	172,0	—	63,2	—	20
	1	2	3	4	5	6	7	8	9	10	11	12	13	14	15	16	

[1]) 6 Jahre gleich 5 Jahre 7 Monate bis 6 Jahre 6 Monate.

Tabelle 11. **Körperlänge und Körpergewicht bei gut situierten, gut entwickelten Knaben.**

Größe	Alter in Jahren [1]														Durchschnittsgewicht
	6	7	8	9	10	11	12	13	14	15	16	17	18	19	
190—194	—	—	—	—	—	—	—	—	—	—	—	77,9	—	71,5	74,7
185—189	—	—	—	—	—	—	—	—	—	—	70,0	77,9	—	—	71,7
180—184	—	—	—	—	—	—	—	—	—	68,0	(71,2)	72,5	69,6	72,7	71,1
175—179	—	—	—	—	—	—	—	58,0	61,1	60,3	64,6	67,1	69,1	68,4	64,4
170—174	—	—	—	—	—	—	54,3	56,3	57,1	58,2	61,0	63,2	63,9	65,5	59,6
165—169	—	—	—	—	—	—	47,3	50,5	52,4	54,1	57,6	58,9	63,0	63,0	53,9
160—164	—	—	—	—	—	47,2	46,4	47,0	49,7	52,4	56,2	(59,9)	55,2	55,7	49,7
155—159	—	—	—	40,6	44,4	42,2	43,2	44,1	45,3	48,4	52,0	—	—	—	44,0
150—154	—	—	—	39,1	37,6	39,5	39,7	41,5	41,4	48,2	—	—	—	—	40,1
145—149	—	—	35,8	34,0	35,8	63,1	38,0	39,0	40,6	—	—	—	—	—	36,5
140—144	29,8	—	33,2	32,2	32,7	33,9	35,0	38,5	—	—	—	—	—	—	33,1
135—139	27,5	27,5	29,9	30,0	30,9	32,1	—	—	—	—	—	—	—	—	30,5
130—134	27,4	26,9	27,6	28,6	29,4	—	—	—	—	—	—	—	—	—	28,2
125—129	24,9	25,4	26,2	27,7	—	—	—	—	—	—	—	—	—	—	25,8
120—124	22,7	24,0	23,9	25,0	—	—	—	—	—	—	—	—	—	—	22,9
115—119	21,5	23,4	—	—	—	—	—	—	—	—	—	—	—	—	21,7
110—114	19,9	—	—	—	—	—	—	—	—	—	—	—	—	—	19,9

Tabelle 12. **Körperlänge und Körpergewicht bei gut situierten, mittelmäßig entwickelten Knaben.**

Größe	Alter in Jahren														Durchschnittsgewicht
	6	7	8	9	10	11	12	13	14	15	16	17	18	19	
185—189	—	—	—	—	—	—	—	—	—	—	65,6	63,0	—	60,7	63,0
180—184	—	—	—	—	—	—	—	—	—	59,3	59,7	61,5	70,3	66,4	61,8
175—179	—	—	—	—	—	—	—	—	—	55,7	58,1	59,6	57,4	57,4	57,9
170—174	—	—	—	—	—	—	—	—	47,9	50,5	52,9	54,4	59,1	57,8	54,2
165—169	—	—	—	—	—	—	—	39,8	45,5	48,0	50,3	51,4	57,5	52,8	49,7
160—164	—	—	—	—	—	—	36,2	39,8	43,7	46,2	47,2	47,8	55,5	51,4	45,5
155—159	—	—	—	—	—	—	(37,7)	37,7	40,3	42,3	42,3	48,6	—	—	40,3
150—154	—	—	—	—	—	32,2	35,6	36,6	37,2	40,7	—	—	—	—	36,8
145—149	—	—	—	30,0	30,9	30,4	33,0	34,6	34,9	38,0	35,6	—	—	—	33,5
140—144	—	—	27,2	28,4	28,8	30,2	31,3	31,8	36,0	35,8	—	29,8	—	—	30,9
135—139	—	—	25,5	27,2	27,0	29,3	29,3	31,3	29,6	—	—	—	—	—	28,2
130—134	22,7	—	24,8	26,0	26,0	26,7	27,9	31,2	—	—	—	—	—	—	25,7
125—129	22,3	22,1	23,6	24,2	25,7	25,4	—	—	—	—	—	—	—	—	23,8
120—124	20,8	21,3	21,5	23,0	23,9	—	—	—	—	—	—	—	—	—	21,0
115—119	19,8	19,7	20,3	—	—	—	—	—	—	—	—	—	—	—	19,6
110—114	18,2	18,7	—	—	—	—	—	—	—	—	—	—	—	—	18,3
105—109	17,7	—	—	—	—	—	—	—	—	—	—	—	—	—	17,7

[1] 6 Jahre gleich 5 Jahre 7 Monate bis 6 Jahre 6 Monate.

Tabelle 13. **Körperlänge und Körpergewicht bei unbemittelten, gut entwickelten Knaben.**

Größe	Alter in Jahren												Durchschnittsgewicht
	6	7	8	9	10	11	12	13	14	15	16	17	
175—179	—	—	—	—	—	—	—	—	—	62,0	63,8	—	64,7
170—174	—	—	—	—	—	—	—	—	—	55,7	60,2	—	58,8
165—169	—	—	—	—	—	—	—	—	60,5	50,9	54,4	58,5	53,5
160—164	—	—	—	—	—	—	40,1	47,5	48,6	50,5	53,3	57,4	51,1
155—159	—	—	—	—	—	—	42,3	42,2	41,6	47,5	45,0	51,6	44,3
150—154	—	—	—	—	36,6	—	35,6	37,1	41,9	42,2	42,4	—	40,2
145—149	—	—	—	—	33,4	35,2	35,0	35,4	39,0	—	—	—	36,3
140—144	—	—	—	31,9	31,8	30,8	32,5	33,4	34,0	37,4	—	—	32,2
135—139	—	—	—	29,0	29,6	30,1	32,0	29,9	—	—	—	—	29,9
130—134	—	—	25,3	26,3	27,4	28,4	30,4	—	—	—	—	—	27,0
125—129	—	23,5	24,4	24,8	25,6	25,2	—	—	—	—	—	—	23,8
120—124	20,8	22,3	23,3	25,4	23,9	—	—	—	—	—	—	—	22,8
115—119	20,9	20,8	20,9	—	24,2	—	—	—	—	—	—	—	20,9
110—114	19,3	20,2	20,9	—	—	—	—	—	—	—	—	—	19,7
105—109	18,5	17,4	—	—	—	—	—	—	—	—	—	—	18,1

Tabelle 14. **Körperlänge und Körpergewicht bei unbemittelten, mittelmäßig entwickelten Knaben.**

Größe	Alter in Jahren											Durchschnittsgewicht
	6	7	8	9	10	11	12	13	14	15	16	
160—164	—	—	—	—	—	—	—	—	—	—	47,2	47,6
155—159	—	—	—	—	—	—	—	34,2	—	38,0	43,1	40,7
150—154	—	—	—	—	—	—	—	—	—	37,6	39,1	38,4
145—149	—	—	—	—	—	—	34,9	32,0	38,1	37,1	37,7	36,8
140—144	—	—	—	—	—	28,3	30,4	29,9	32,9	35,1	35,7	33,1
135—139	—	—	—	—	25,3	28,2	27,0	30,5	30,2	33,0	—	29,1
130—134	—	—	—	21,0	26,5	23,7	26,3	28,2	—	—	—	24,7
125—129	—	—	22,6	22,3	23,8	24,5	25,6	—	—	—	—	23,3
120—124	20,0	20,0	21,5	21,8	22,1	24,8	24,4	—	—	—	—	22,2
115—119	20,5	18,9	18,7	20,6	21,5	—	—	—	—	—	—	20,1
110—114	18,3	18,8	18,5	19,2	22,5	—	—	—	—	—	—	19,0
105—109	16,6	16,8	17,5	—	—	—	—	—	—	—	—	16,7
100—104	17,4	16,0	—	—	—	—	—	—	—	—	—	16,9

VII. Periodische Wachstumsschwankungen im Verlauf der Jahreszeiten.

Das oben geschilderte Alternieren in der Längen- und Massenzunahme und die gewisse Unabhängigkeit des staturalen und ponderalen Wachstums von einander zeigt sich unter physiologischen Verhältnissen nirgends besser und ausgeprägter als in den periodischen Wachstumsschwankungen im Laufe der Jahreszeiten. Von Malling Handen 1884 entdeckt, besteht dessen Aufstellung auch heute noch in den wesentlichsten Zügen zu Recht. Er unterscheidet für die Längen- und Gewichtszunahme 3 Perioden:

1. Vom November-Dezember bis Ende März-April, also während des Winters und insbesondere im ersten Jahresdrittel, eine mittelstarke Längen- und Gewichtszunahme, wobei aber immerhin das Längenwachstum über das Massenwachstum überwiegt.

2. März-April bis Mitte-Ende August, im zweiten Jahresdrittel, die intensivste Längenzunahme; das Massenwachstum hält damit nicht Schritt, ja es kann während dieser Zeit eine Gewichtsabnahme erfolgen.

3. Mitte-Ende August bis Ende November-Mitte Dezember, im dritten Jahresdrittel, die stärkste Gewichtszunahme, die schwächste Längenzunahme.

Für Deutschland sind diese dänischen Untersuchungen zuerst von Schmid-Monnard 1895 nachgeprüft und im wesentlichen bestätigt worden. Unter Ablehnung einer abenteuerlichen Erklärung Hansens, der diese Wachstumsperioden auf tellurische Einflüsse im Zusammenhang mit der 26 tägigen Umdrehungszeit der Sonne zurückführte, bringt Schmid-Monnard die Periodizität in Verbindung mit der Wirkung der Sonne, mit dem Einfluß der Wärme und des Lichts, was ja auch in den Krankheits- und Sterblichkeitsziffern zum Ausdruck kommt. Bei der Wichtigkeit der Kenntnis dieser Schwankungen, die namentlich bei fortlaufenden Untersuchungen derselben Individuen in Betracht kommen, sei auch das Schema dieser Periodizität von Schmid-Monnard wiedergegeben, das unsern klimatischen Verhältnissen besser entspricht als die oben gegebene Gruppierung.

Längenwachstum: Februar-Juni mittelmäßig; Juli-August stark; September-Januar schwach.

Gewichtszunahme: Februar-Mai = 0; Juni schwach; Juli-Januar stark.

Am deutlichsten geht der bedeutende Einfluß der Jahreszeiten auf das Wachstum aus zusammenfassenden Zahlen hervor, wie sie z. B. Porter ermittelte; er errechnete die prozentuale Gewichtszunahme der Schulkinder in den ersten 5 Monaten des Jahres auf 1,89 $^0/_0$ des Gesamtgewichts, diejenige in den letzten 6 Monaten des Jahres auf 6,61 $^0/_0$.

Ich verfolgte besonders die Größe und Häufigkeit der Gewichtsabnahme gesunder Schulkinder unter dem Einfluß der ersten Sommerhitze, durch Wasserverlust, bei der reichlicheren Bewegung im Freien und durch Wärmestauung in den heißen, vollen Schulzimmern. Die Abnahme beträgt durchschnittlich 300 g; sie übersteigt selten ein Kilogramm; letzteres kommt namentlich bei jüngeren, schwach entwickelten Kindern aus ungünstigen häuslichen Verhältnissen vor. In dem ungewöhnlich heißen Sommer 1911 zeigten 30 $^0/_0$ der Schulkinder solche Abnahmen; in dem Kriegsjahr 1917 aber nahm bei Beginn des Sommers unter dem Einfluß der den Wasseransatz begünstigenden, kohlehydratreichen Kriegskost die volle Hälfte der Schüler mehr oder weniger stark ab; ein Viertel von ihnen wurde dadurch vorübergehend um ein volles Jahr im Gewicht zurückgeworfen. Folgende Tabelle beleuchtet diese Verhältnisse:

Tabelle 15. Umfang der Gewichtsabnahme gesunder Schulkinder bei Beginn des Sommers.

Vergleich der Wägungsergebnisse anfangs Juli gegenüber anfangs April.
(Zahlen in Prozenten der Gesamtzahl der Kinder.)

Jahrgang	Gewichtsabnahme		Gewichtsstillstand $\pm$ 0,3 kg	Gewichtszunahme	
	0,4—0,9 kg	1 kg u. mehr		0,4—0,9 kg	1 kg u. mehr
1906—1909 . .	17,1	2,6	28,8	34,0	17,4
1911 (sehr heiß)	24,7	5,1	40,7	25,9	3,5
1916⎱ bei Kriegs-	10,0	21,0	43,0	17,0	9,0
1917⎰ kost	29,0	20,0	31,0	15,0	5,0

Das Phänomen der sommerlichen Gewichtsabnahme ist im übrigen nicht direkt abhängig von dem Besuch der Schule bzw. den Schulferien; denn es zeigt sich auch sehr ausgesprochen schon vor dem schulpflichtigen Alter, bei den Kleinkindern, ja bei den Säuglingen. Es wird aber die Gewichtszunahme während der Ferien (S. 62) erheblich von dieser Periodizität des Wachstums beeinflußt. Verfasser konnte zeigen, daß der schulfreie Juli zu den Monaten mit guter Gewichtszunahme zählt, während bei Unterricht während des Juli gerade noch in diesem Monat die Gewichtsabnahmen besonders häufig und groß zu sein pflegen. Bei Erholungskuren im Mai werden unter durchaus denselben äußeren Verhältnissen im Durchschnitt nicht entfernt die Gewichtszunahmen erzielt, wie sie die Kuren im August und September zeitigen.

In den letzten Jahren hat man sich besonders bemüht, die Periodizität des Wachstums auch bei den Säuglingen nachzuweisen. Für die von Abels aufgestellte Behauptung, daß das Durchschnittsgewicht der Neugeborenen in der günstigen Jahreszeit, d. h. im wesentlichen im Sommer, deutlich größer sei als im Winter — unter dem Einfluß des Vitamingehalts der Nahrung! — konnten Hellmuth und Wnorowski, dann Schloßmann u. a. keine Anhaltspunkte finden. Bleyer stellte in einer umfangreichen Statistik über Säuglinge die stärkste Gewichtszunahme im Spätsommer bis zum Herbst fest, die geringste im Frühjahr und Frühsommer. Namentlich bei mehrmonatlichen schwach oder nur mäßig entwickelten Säuglingen findet man nicht selten trotz guten Befindens schon im Frühsommer und noch mehr — bei ihrer Hitzeempfindlichkeit — im Hochsommer eine Verlangsamung der Gewichtszunahme, die im Herbst wieder glatt ausgeglichen wird; aber bei gut entwickelten Säuglingen schreitet vielfach die Gewichtszunahme ohne Rücksicht auf die Jahreszeit gleichmäßig fort. Im 2. Lebensjahr ist dagegen die skizzierte Gesetzmäßigkeit in der Periodizität der Gewichtszunahme fast ausnahmslos zu erkennen, im Frühjahr eine geringere Gewichtszunahme, wenn der Anfang des 2. Lebensjahres in das Frühjahr fällt, ein Gewichtsstillstand, wenn im Frühjahr das 2. Lebensjahr vollendet wird.

Frank hat die Abhängigkeit des Längenwachstums der Säuglinge von den Jahreszeiten studiert. Aus ihren Ergebnissen geht vor allem, in guter Übereinstimmung mit den Befunden bei älteren Kindern, ein steiler Wachstumsanstieg vom April bis Juni hervor, dem dann allerdings eine starke Abflachung in den heißen Sommermonaten folgt, nicht im Einklang mit den oben skizzierten Resultaten, aber leicht erklärlich durch die besondere Empfindlichkeit der

Säuglinge gegenüber der Sommerhitze- Der mäßige Anstieg vom Februar bis April blieb in kalten Frühjahren aus.

Literatur.

Nr. 35, 79, 113, 118, 122, 168, 174, 224, 257, 260, 265.

VIII. Förderung und Beschleunigung des Wachstums.

Die klinisch und ätiologisch ausgesprochensten Fälle von Wachstumssteigerung mit ungewöhnlich raschem Ablauf und einem deutlich pathologischen Endergebnis, sei es Riesenwuchs oder dessen Proportionen, wie auch andere, einfachere Fälle, die gleichfalls wie jene unmittelbar durch primäre Störungen im System der innersekretorischen Drüsen verursacht sind, sollen nicht hier, sondern als letztes und wichtigstes Kapitel der Wachstumspathologie (S. 100) behandelt werden. Vielmehr sollen an dieser Stelle einfachere, noch innerhalb der normalen Variationsbreite gelegene Fälle zur Besprechung kommen, die freilich auch schon zum Teil pathologische Züge tragen, und vor allem soll erörtert werden, ob und wie weit hygienische Maßnahmen, exogene Reize imstande sind, das Wachstum zu fördern.

Im Vordergrund steht das besonders von Aron gezeichnete Bild des disproportionalen Längenwachstums in der 2. Streckungsperiode, der Präpubertät oder auch erst der Pubertät, mit Wachstumssprüngen, die den physiologischen Längenzuwachs um das Doppelte und mehr überschreiten, während das Massenwachstum hiermit nicht Schritt hält, vielmehr mehr oder weniger stark zurückbleibt, ja stehen bleibt. Ein rapides Sinken des Rohrerschen Index charakterisiert zahlenmäßig den einseitigen Wachstumsvorgang.

Betroffen — man kann wohl sagen betroffen, denn einen Vorteil bedeutet dies starke, einseitige Wachsen für das Individuum sicher nicht, — sind in der Regel mehr oder weniger blasse, muskelschwache Kinder, mit asthenischem oder pastösem Habitus, mit schlechter, gebeugter Haltung, vielfach mit verringerter Leistungsfähigkeit und Widerstandskraft. Mit den kraftlosen Wassertrieben von Treibhauspflanzen vergleicht sie treffend Pfaundler hinsichtlich ihres Wuchses und ihrer Art. Eine nicht seltene, das Pathologische dieser Wuchsform besonders kennzeichnende Begleiterscheinung ist die Wachstumsblässe, die Benjamin zum Gegenstand eingehender Untersuchungen gemacht hat: Die Jahre der 2. Streckung, sagt er, gekennzeichnet durch große Körperlänge bei verhältnismäßig geringer Körperfülle, sind von vorneherein charakterisiert durch ein relativ kleines Herz mit starker physiologischer Hypertrophie der Herzwand bei mäßiger Füllung und Wandspannung der Arterien. Bei der Wachstumsblässe kommt es infolge Zurückbleibens der Dickenzunahme der Herzmuskelfaser und infolge Zunahme der Widerstände in der Gefäßbahn zu einer relativen Herzinsuffizienz, die wie bei der organisch bedingten Herzinsuffizienz einen vorzeitigen Eintritt der Erschöpfungsreaktion, eine konstitutionelle Kreislaufsschwäche zur Folge hat.

Zweifellos ist dies dysproportionale Längenwachstum im wesentlichen bedingt durch ererbte Eigentümlichkeit des Wachstumstriebes, also

endogen veranlaßt. Die betreffenden Kinder stammen fast alle von groß-
gewachsenen Eltern. Daneben mag auch noch bei der artwidrigen, mit vorzeitiger Reife einhergehenden Proteroplasie eine Art von Überkultur mit-
wirken (Pfaundler), wie sie in manchen vermögenden oder reichen Familien
getrieben wird, mit einer reichen und namentlich reizenden, abwechslungsreichen Kost bei einem mit starken Sinnesreizen verknüpften Genußleben,
neben Verweichlichung und Verwöhnung. Bezüglich der Kost ist allerdings
zu bemerken, daß durch Überernährung oder auch nur durch eine reiche
Ernährung an sich wohl kaum einmal eine wesentliche und anhaltende Wachstumssteigerung wie hier erzielt werden kann. Jedenfalls ist uns eine das
Wachstum deutlich fördernde Ernährungsart nicht bekannt.

Noch im Laufe oder gegen Ende der Pubertätsjahre kommt das Längenwachstum dieser Jugendlichen in ruhigere Bahnen und gelangt zu normaler
Zeit zum Abschluß; schon vorher holt das Maßenwachstum wenigstens einigermaßen auf; die pathologischen Züge verschwinden; es resultieren in normaler
Breite gelegene Verhältnisse. —

Nicht so ganz selten berichten die Eltern von einer außerordentlichen
Wachstumssteigerung ihrer Kinder nach einem eben überstandenen
Scharlach oder Typhus oder einer anderen schweren Infektions-
krankheit. Friedenthal findet hierfür auch eine Erklärung in dem gesteigerten Leukocytenzerfall; diese sollen im Organismus als Wachstumsbausteine
zur Verwendung kommen. Vielleicht spielt eher eine Reizung der Schilddrüse
mit. Chlumsky hat bei zwei herangewachsenen Mädchen nach Typhus 6 und
7 cm Zunahme gesehen. Ich habe kaum einmal eine wirklich außergewöhnliche, die physiologischen Grenzen — während der Streckungsperiode! —
weit überschreitende Wachstumszunahme in der Rekonvaleszenz nach einer
Krankheit feststellen können; aber Delcourt beschreibt einige sichere Beobachtungen. Man darf sich übrigens nicht durch eine infolge der Abmagerung
zustande gekommene Schlankheit über den Grad des Wachstums täuschen
lassen.

Von mancher Seite wird dem Turnen und der sportlichen Betätigung,
überhaupt einer angestrengten Muskeltätigkeit ein günstiger, fördernder
Einfluß auf das Wachstum zugeschrieben. Bei stärkerer Gewichtszunahme im
Verlauf solcher Übungen, z. B. eines Trainings, darf man den Zuwachs durch
Vermehrung der Muskulatur nicht unberücksichtigt lassen; dazu kommt die
Wirkung der Anregung des Stoffwechsels auf den Fettansatz, schließlich auch
noch eine stärkere Zunahme der inneren Organe (Külbs), was alles mit dem
eigentlichen Wachstum nichts zu tun hat. Bezüglich tatsächlicher Wachstumszunahme liegen mehr gesicherte Beweise für die negative als für die positive
Seite vor: vor allem das Zurückbleiben des Wachstums an gelähmten Gliedern,
z. B. nach einer spinalen Kinderlähmung, oder das außerordentlich langsame
Wachstum der Frühgeborenen, solange sie fast bewegungslos in ihren Kissen
liegen. An positiven Befunden ist anzuführen die deutlich stärkere Längenzunahme im unmittelbaren Anschluß an das freie Gehenlernen, wobei man
aber auch wieder in Rechnung stellen muß, daß gerade vorher die Lenden-
krümmung sich ausbildete, was zum mindesten eine Wachstumsverminderung
vortäuschen konnte. Sicher wirkt aber der dem Kinde innewohnende mächtige

Bewegungsdrang im Sinne eines mehr oder weniger starken Wachstumsreizes. Andererseits werden muskelstarke Kinder nicht so leicht von Wachstumshemmungen befallen als dürftige, welke, blasse Kinder (Stolte).

Vieles, was sonst von körperlicher Betätigung als auf das Wachstum einflußreich anzuführen ist, spricht nur im Sinne einer Förderung der Maßenzunahme, um nicht zu sagen des Maßenwachstums, im Sinne einer Breitenentwicklung, während das Skelett am Aufstreben in die Länge eher gehemmt wird. Die Wuchsform der Landkinder, die von früher Jugend an geradezu systematisch körperliche Arbeit leisten, ist im allgemeinen gedrungen, mehr in die Breite entwickelt, im Gegensatz zu dem schlanken Typus der besser situierten Kinder aus den höheren Schulen der Städte (S. 67). Aus den genauen Untersuchungen Herxheimers über die Wirkung leichtathletischen Sommertrainings auf die körperliche Entwicklung von Jugendlichen geht hervor, daß dabei ein stärkeres Längenwachstum nicht einmal erwünscht ist; denn ein solches ging gewöhnlich mit einer wenn auch nur geringen Gewichtsabnahme einher, und auch schon bei nur mäßigem Wuchs war die Gewichtszunahme nur sehr gering; eine stärkere Gewichtszunahme erzielten nur jene Läufer, die nicht gewachsen waren. Bei Messungen an Schiffsjungen an Bord eines Schulschiffes stellte Stuhl bei den Jugendlichen, die meist aus bemittelten Familien stammten, in den ersten Wochen, ja in den ersten Monaten der Tätigkeit an Bord in größerer Zahl eine Längeneinbuße fest; auch weiterhin kam es nur zu geringer Längenzunahme bei guter Gewichtszunahme, während die Leichtmatrosen, die schon 14 Monate an Bord waren, durchschnittlich deutlich stärker an Länge zunahmen. Nur Kulka berichtet aus einer Kadettenanstalt über einen scharfen Anstieg des Längenwachstums bald nach dem Eintritt der 14jährigen Kadetten, der höher war als derjenige gleichaltriger Schüler an anderen Anstalten. Aber es scheint mir wahrscheinlich, daß dieses Vergleichsmaterial konstitutionell anders, ungünstiger zusammengesetzt war als das des Kadettenkorps. Röder stellte nach mehrfachen, je sechstägigen Wanderungen von 10—14jährigen Schülern Längen- und Gewichtszunahmen fest, die den normalen Zuwachs um das Zwei- bis Dreifache übertrafen. Trotz solcher Beobachtungen kommt man aber doch zu dem Ergebnis, daß im allgemeinen angestrengte Muskeltätigkeit und sportliche Betätigung wohl eine stärkere Breitenentwicklung zeitigt, das Massenwachstum fördert, nicht aber das Längenwachstum, das vielleicht hierdurch eher gehemmt wird.

Etwas, freilich nicht sehr viel anders liegen die Verhältnisse bezüglich des Einflusses der Ferien und der Erholungskuren auf das Wachstum der Kinder, das ich an einem großen Material untersuchen konnte. Bei einer Gegenüberstellung von Ferienkolonisten und Sommerfrischlern und gleichaltrigen Kindern aus demselben sozialen Milieu, die ihre Ferien zu Hause verbrachten, war, wenn nicht außergewöhnliche Verhältnisse vorlagen, der außergewöhnliche, d. h. der über das physiologische Maß hinausgehende Längenzuwachs bei den ersten Gruppen nicht sehr bedeutend. Während z. B. der normale Monatslängenzuwachs im Sommer bei älteren Schulkindern durchschnittlich mit 0,6 cm anzusetzen ist, betrug er nach einer vierwöchentlichen Erholungskur bei der Hälfte der Kinder etwa 1 cm, darunter bei 10%

über $1^1/_2$ cm. Die nicht seltene spontane Angabe der Eltern, ihr Kind sei in der Ferienkolonie sichtlich gewachsen, beruht, wie aus den exakten Messungen hervorgeht, fast immer auf einer Täuschung, die wohl vor allem durch die auch im Ruhezustand strammere Haltung der Kinder hervorgerufen wird.

Anders freilich bei Kindern, die in den Kriegs- und Nachkriegsjahren durch jahrelange Unterernährung in der gesamten Entwicklung und so auch im Wachstum stark gehemmt worden waren, wovon noch ausführlich die Rede sein soll (S. 82). Sie nahmen bei den Erholungskuren bei zweckmäßiger Zuspeisung zunächst mehr im Wachstum als im Gewicht zu, holten gerade und zuerst den Rückstand im Längenwachstum ein (Verf.); das Sinken des Rohrerschen Index kennzeichnete scharf dieses Verhalten. So erklären sich auch die starken Längenzunahmen von durchschnittlich 3 cm bei den in den Nachkriegsjahren in die Schweiz ausgesandten Kindern (Bloch). Als außergewöhnlich ist auch zu bezeichnen, wenn Makower bei Untersuchungen an einem jüdischen Gymnasium in Wilna die Wachstumszunahme und gerade die Längenzunahme des ganzen Jahres fast ausschließlich auf die Ferienzeit konzentriert sah.

Von solchen außergewöhnlichen Zuständen abgesehen, kommt aber der Wachstumszuwachs während der Ferien und im Verlauf von Erholungskuren sicher mehr im Massenwachstum als im Längenwachstum zum Ausdruck. Ersteres ist freilich gerade hier nicht immer leicht zu beurteilen, bei der Kongruenz von Wachstum, Fettansatz und Zunahme der Muskelmasse. Daß aber unter gewöhnlichen Verhältnissen bei der Gewichtszunahme nicht die Bildung von Fettreserven die Hauptsache ausmacht, das geht aus den Ergebnissen meiner Untersuchungen hervor, daß nämlich für die Gewichtszunahme in der Ferienkolonie oder Sommerfrische keineswegs etwa die Ernährung ausschlaggebend ist wie bei einer Mastkur, sondern die Größe des durch den Ferienaufenthalt gesetzten Reizes, des Anreizes, der auf die verschiedenste Weise, durch Klimawechsel, durch Milieuänderung, durch Luft-, Sonnen-, Sol- und Seebadekuren, durch sportliche Betätigung erzielt, variiert, vor allem auch kombiniert und dadurch gesteigert werden kann. Es ergibt sich folgende Reihenfolge wachsender Zunahme: bei Ferien zu Hause, Luftbadekuren an Ort, private Sommerfrischen auf dem Lande, dann — nach größerem Abstand — Ferienkolonie, schließlich ein Massenerholungsaufenthalt in den Baracken eines ehemaligen Truppenübungsplatzes (im Spessart, Wegscheide), wobei planmäßig und bewußt durch Milieu- und Klimawechsel, durch eine wesentliche Änderung und Umstellung der gesamten Lebensweise, durch eine planmäßige sportliche Betätigung, ausgedehnte Luft- und Sonnenbäder und anderes mehr ein maximaler Reiz ausgeübt wurde. Aber auch hier war die Gewichts- und Kraftzunahme, letztere gemessen am Dynamometer, verhältnismäßig deutlich größer als der Längenzuwachs.

Es ist in der folgenden Tabelle nicht zu übersehen, daß in der Gruppe, welche die weitaus stärkste Gewichtszunahme aufweist, auch die Zahl der Kinder mit Gewichtsabnahmen keine ganz kleine ist. Es ist augenscheinlich für diese Kinder der gesetzte Reiz ein allzu großer gewesen, so daß sie statt mit einer Zunahme mit einer Gewichtsabnahme reagierten.

Tabelle 16. Änderungen des Gewichts während der Ferien.

(Häufigkeitsreihen. Anzahl der Kinder in Prozenten. 1200 Beobachtungen.)

Alter	6—7jährige		9—10jährige		13—14jähr.
	auf dem Lande	zu Hause	auf dem Lande	zu Hause	Ferien-kolonisten
Zunahme:					
über 3,0 kg	—	—	0,6	—	3
2,6—3,0 kg	2,5	1	1,0	0,5	5
2,1—2,5 kg	5,0	2	3,0	2,0	8
1,6—2,0 kg	11,0	9	9,0	3,0	12
1,1—1,5 kg	29,0	11	22,0	13,0	16
0,6—1,0 kg	21,0	28	22,0	29,0	19
± 0,5 kg	30,0	46	40,0	50,0	29
Abnahme:					
0,6—1,0 kg	1,5	3	2,4	2,0	4
1,1—1,5 kg	—	—	—	0,5	2
1,6—2,0 kg	—	—	—	—	1

Noch schärfer kommt dasselbe Verhalten wie oben zum Ausdruck in Ergebnissen von Untersuchungen von Hertzberg und Schiötz über den Einfluß der Jahreszeit und der Ferien auf die körperliche Entwicklung der Schulkinder. Sie fanden bei 12—16jährigen Knaben die größte Längenzunahme Ende Januar bis Ende Juni, die kleinste Längenzunahme im Juli und August, die größte Gewichtszunahme in den Weihnachtsferien, die kleinste in den Herbstmonaten. Der Rohrersche Index fiel von Januar bis Mai, stieg von Juni bis August, fiel wieder von September bis Dezember und stieg endlich stark von Ende Dezember bis Januar; die Kurve folgte also in charakteristischer Weise dem Wechsel zwischen Ferien und Schulbesuch, derart, daß die Ferien durch größere Gewichtszunahmen, aber kleine Längenzunahmen ausgezeichnet waren.

Anhangsweise sei noch eine kurze Bemerkung gemacht über die medikamentöse Beeinflussung des Wachstums. Von der Schilddrüsentherapie wird unten (S. 105) die Rede sein. Verschiedentlich sind Tierexperimente angestellt worden über die Einwirkung des Arseniks auf das Wachstum, so zuletzt von van den Eeckhout. Er konnte an Kaninchen keinen regelmäßigen Einfluß auf das Wachstum im allgemeinen, den Ernährungszustand und die Länge einzelner Knochen im besonderen feststellen; die Knochen wurden wohl kompakter, schwerer, aber nicht länger.

Literatur.

Nr. 4, 23, 64, 70, 85, 209.

Sportliche Betätigung: Nr. 124, 147, 148, 173, 179, 238, 288.

Erholungskuren: Nr. 36, 50, 109, 122, 169, 183, 256, 265, 280.

Wachstumshemmungen.

Abgesehen von den Fällen von Hyperthyreoidie (S. 102) und ähnlichen endokrinen Hyperfunktionen und der Erscheinung des dysproportionalen Längenwachstums in der 2. Streckungsperiode (S. 58) ist die ganze Wachstumspathologie und die gesamte Frage der Beeinflussung des Wachstums durch äußere Faktoren auf die Wachstumshemmung gerichtet. Die morphologischen Störungen nach dieser Richtung lassen sich sowohl von klinischen Gesichtspunkten aus, nach ihrer Symptomatologie, wie auch hinsichtlich der Ätiologie und Prognose nicht allzu schwer und zwanglos in zwei Gruppen einteilen, nämlich einmal in Fälle, bei denen nur der Verlauf, der Ablauf des Wachstums gestört, gehemmt ist, ohne daß das Endergebnis des Wachstums wesentlich beeinträchtigt wäre, andererseits in Fälle, bei denen es neben der Störung des Ablaufs auch noch und in der Hauptsache zu einem vorzeitigen Abschluß des Wachstums kommt, derart, daß das Endresultat aus der normalen Variationsbreite herausfällt.

Namentlich diese letzten Fälle sind nicht selten mit Störungen der Proportionen verbunden, mit einem Verharren des Längenverhältnisses der Glieder zu dem Rumpf oder der unteren zu der oberen Körperhälfte auf einem Stande, welcher frühkindlichen, frühinfantilen Verhältnissen entspricht. Nur gelegentlich kommen solche Proportionsstörungen als vorübergehende Erscheinung auch bei den bloß vorübergehenden Störungen des Wachstumsablaufs vor.

Die erstgenannte Gruppe der prognostisch leichteren Störungen deckt sich im wesentlichen mit den exogenen, sekundären, akzessorischen Wachstumsbeeinträchtigungen, während die schweren Formen von Zwergwuchs mit oder ohne Dysproportionen in der Regel unmittelbar und direkt durch Störungen im System der endokrinen Drüsen hervorgerufen sind. Wohl gibt es auch Fälle der letzten Art in leichter Form, von denen ausführlich die Rede sein wird, wie andererseits gelegentlich auch bei Wachstumsstörungen rein akzidenteller Natur schwere dauernde Hemmungen zustande kommen; doch ist dabei der Zusammenhang mit einer Störung der inneren Sekretion mehr zu vermuten als direkt nachzuweisen.

Trotz der guten Prognose, der verhältnismäßigen Belanglosigkeit der exogenen akzidentellen Wachstumsstörungen ist das Interesse gerade für diese Gruppe besonders groß, weil sich hier praktisch wichtige Gesichtspunkte ergeben im Sinne persönlicher Prophylaxe und noch mehr in sozialhygienischer Richtung, und so ist hierüber eine reiche Literatur, besonders seitens der Fürsorgeärzte, entstanden; bezüglich der endogenen, endokrinen Wachstumsstörungen herrschen klinische und experimentelle Studien vor.

IX. Der Einfluß des sozialen Milieus auf das Wachstum der Kinder.

Fast so lange als systematische Untersuchungen über das Wachstum des Kindes vorgenommen wurden, beschäftigte die Forscher der Unterschied der Körpermaße bei Kindern aus den verschiedenen Ständen; so bedeutend und so sinnfällig sind die Unterschiede vor allem in der Höhenlage der Längen- und Gewichtskurve. Sie sind größer als die Verschiedenheiten zwischen den beiden Geschlechtern, größer als die Unterschiede zwischen manchen, anthropologisch sehr verschiedenen Rassen. Mit Rücksicht auf diese Verschiedenheiten haben schon Roberts, Pagliani, Key ihr Untersuchungsmaterial nach diesen Gewichtspunkten auseinandergehalten und gruppiert. Soweit es sich um die Untersuchung von Schulkindern handelt, ist die Trennung nach den verschiedenen Schulgattungen, Volks-, Mittel- und höheren Schulen ausreichend, trotzdem in den meisten höheren Schulen bis in die Mittelstufe erfahrungsgemäß die Kinder des Mittelstandes zahlenmäßig weit über die Kinder aus den oberen Ständen überwiegen.

Es sei zunächst die hervortretendste Erscheinung besprochen, die bereits erwähnte Verschiedenheit in der Höhenlage der Längen- und Gewichtskurve bei den Kindern aus den verschiedenen Ständen, der Wachstumsvorsprung der besser bemittelten, die Wachstumshemmung der minderbemittelten Kinder. Dabei ist vor allem als bedeutsam hervorzuheben, daß sich Länge und Gewicht in dieser Hinsicht nicht gleichmäßig verhalten. Pfaundler hat zuerst diese Beobachtung zahlenmäßig festgelegt, und zwar auf Grund des Verhaltens des Livischen Index; ich bin unabhängig hiervon 1917 durch direkten Vergleich der Längen- und Gewichtskurven zu diesem Ergebnis gekommen.

Die Längenkurven der Gymnasiasten und Oberrealschüler ziehen durchweg in einer um mehrere Zentimeter höher gelegenen Lage als die der Volksschüler. Am tiefsten liegt die Kurve der zu einem guten Teil dem unteren Proletariat entstammenden Kinder aus der Hilfsschule. Der Vorsprung der gut entwickelten, gut situierten Knaben aus den Gymnasien vor ihren minderbemittelten Altersgenossen aus der Volksschule von gleich guter Konstitution beträgt im Längenwachstum mindestens einen Jahreszuwachs, im späteren Kindesalter und bei minder gut entwickelten Kindern noch mehr als das Doppelte, 2—3 Jahreszuwachse. Dieser Unterschied im Längenwachstum ist nicht nur so groß, er ist auch außerordentlich regelmäßig, derart, daß die Durchschnittslängen von Gruppen gleichaltriger und gleich gut entwickelter Kinder einen sicheren Rückschluß auf die soziale Zusammensetzung der betreffenden Gruppen gestatten.

Bezüglich der Gewichtszunahme sind diese Verschiedenheiten lange nicht so groß und auch nicht so regelmäßig. Bis zur Pubertät entsprechen die Differenzen $\frac{1}{2}$ bis höchstens $\frac{3}{4}$ Jahreszunahmen; erst weiterhin nehmen auch sie noch etwas zu.

Aus diesem verschiedenen Verhalten von Länge und Gewicht ergeben sich bemerkenswerte Verschiedenheiten in dem Verhältnis zwischen Längen- und Breitenentwicklung bei den Kindern aus verschiedenen Ständen. Indem das Körpergewicht der Minderbemittelten nicht in dem Maße reduziert ist, als die Reduktion der Länge es erwarten ließe, sondern etwas weniger, wird die Breitenentwicklung im Verhältnis zur Länge bei den Kindern aus den Arbeiterkreisen größer als bei den gleichlangen Kindern der vermögenden Klasse. Die Wuchsform der Gymnasiasten ist mehr gestreckt, eher schlank, bei den Volksschülern überwiegt der gedrungene Körperbau. Pfaundler brachte als erster für diesen Befund exakte und objektive Zahlen bei, nämlich die Werte des Livischen Index; er wird in allen Jahrgängen bis zum 13. Jahr bei den Schülern der Gymnasien um mehrere Grade niederer gefunden, bald nur um 2, bald um 4 und noch mehr Grade bis zu 8 Grad, als bei den Volksschülern; erst in der Pubertät werden die Indices annähernd gleich groß, während die Unterschiede in der Höhenlage der Kurven viel länger weiterbestehen. Noch deutlicher geht aus meiner Tabelle S. 31 hervor, wie in gleichem Sinne bei den gut situierten Kindern die niederen Werte des Rohrerschen Index überwiegen, bei den Kindern der Unbemittelten dagegen verhältnismäßig viel höhere Werte. Besonders groß sind auch die Unterschiede in jeder Hinsicht in der folgenden kleinen Zusammenstellung aus einem großen Material:

Tabelle 17. **Durchschnittswerte von Länge, Gewicht und Rohrerschem Index bei Mädchen aus verschiedenem sozialem Milieu.**

Alter in Jahren	8			$10^1/_2$			$13^1/_2$		
	Länge	Gewicht	Index	Länge	Gewicht	Index	Länge	Gewicht	Index
Durchschnittsvolksschule	122	22,7	1,247	129	26,8	1,249	144	35,6	1,191
Volksschule der Altstadt, viele Arme	114	20,3	1,370	128	26,5	1,263	146	37,6	1,205
Lyzeum, viele gut und sehr gut situierte . .	128	26,2	1,249	138	32,0	1,218	153	42,8	1,195

Das eben skizzierte Verhalten ist von manchen Forschern nachgeprüft und von allen bestätigt worden, mit Ausnahme von Öttinger. Der Befund ist nicht zu bezweifeln; wohl aber kann man über die Deutung des Befunds verschiedener Ansicht sein. Bis vor einem Jahrzehnt hat man die Wachstumsverschiedenheiten der gut situierten und der minderbemittelten Kinder nie anders beurteilt, als daß es sich bei den letzteren um eine Untermassigkeit, und zwar um eine artwidrige Untermassigkeit, eine Verlangsamung des Wuchses, eine Hemmung handele, während der raschere Wachstumstypus die Übermassigkeit, das Artgemäße sei, das normale Verhalten darstelle.

An dieser Auffassung konnte einen wohl die Überlegung etwas stutzig machen, daß es sich bei den Volksschülern mit ihrem durchschnittlich langsamerem Wuchs um die große Masse der Kinder handele, während die Insassen der höheren Schulen ja nur eine verhältnismäßig dünne Oberschicht der Gesamtzahl ausmachen. In durchaus neuer Auffassung hat dann Pfaundler in seinen Körpermaßstudien als das Abweichende und Artwidrige nicht die Untermassigkeit der Minderbemittelten, sondern die Übermassigkeit der Kinder der Reichen angesprochen. Zu dieser Beurteilung führt ihn vor allem die eben beschriebene Tatsache der Einseitigkeit im Wachstumsvorsprung der besser situierten Kinder. Die kleinere Statur der Minderbemittelten ist, so führt er aus, bei ihrer im Verhältnis zu der Länge größeren Massen- und Breitenentwicklung nicht als ein Rückstand, sondern als ein Vorzug zu bezeichnen. Am deutlichsten tritt die auf der entgegengesetzten Seite gelegene Minderwertigkeit zutage in der gewissermaßen übertriebenen Form des raschen Wachstumstypus, bei dem oben S. 58 geschilderten Bild des disproportionierten

Längenwachstums; jene artwidrig hochaufgeschossenen, asthenischen Kinder sollen in den wohlhabenden Städtefamilien häufig genug sein, um die Mittelzahlen der Körpermaße der ganzen Klasse von dem Artgemäßen abweichen zu lassen. Schließlich führt Pfaundler als Stütze für seine Auffassung auch noch die geringere Körperkraft der Kinder der oberen Stände über ihre Altersgenossen aus der Volksschule an, wie sich dies bei sportlichen Veranstaltungen oder bei Balgereien auf der Straße zeigen soll.

Ich kann Pfaundler in dieser Auffassung nicht folgen. Wenn man als Schularzt täglich bei den Volksschülern und noch mehr bei den Fortbildungsschülern einer Fülle pathologischer Erscheinungen begegnet, andererseits in den Gymnasien oder höheren Töchterschulen um so viel gesunderen Kindern, dann erscheint es von vorneherein in hohem Maße gezwungen, den mit der besseren Entwicklung einhergehenden höheren Wuchs als das Abwegige zu bezeichnen. Wer immer von den Autoren sich beim Studium der Gesetzmäßigkeiten des Wachstums von den Mittelzahlen losmachte, wandte sich ausgesucht gut entwickelten, großen Kindern zu. Die einseitig hochaufgeschossenen Knaben und Mädchen sind nicht so zahlreich, daß durch sie die Mittelzahlen der besser situierten Kinder wesentlich in die Höhe verschoben würden; auch noch nach ihrer Ausschaltung überragen die Schüler der höheren Lehranstalten nach wie vor ihre Altersgenossen aus der Volksschule. Die im Verhältnis zu der Länge günstigere Breitenentwicklung der letzteren trifft wohl bis zu den Pubertätsjahren zu, dann aber wird das Verhältnis zwischen Länge und Gewicht bei den Gutsituierten immer günstiger, bei den Minderbemittelten in demselben Maße ungünstiger (Tabellen und Kurven S. 52—55).

Vor allem aber fand ich bei meinen Studien einen auffallend großen, nicht selten bis in die Einzelheiten gehenden Parallelismus im Verhalten des Wuchses zwischen den gut entwickelten und den gut situierten Kindern, und ebenso zwischen den mäßig entwickelten und den minderbemittelten Kindern. Was schließlich die Körperkräfte der beiden Parteien anbelangt, so ergaben nach meinen (Lit.-Nr. 221) umfangreichen Untersuchungen die Prüfungen mit dem Dynamometer eine bedeutende Überlegenheit der Gymnasiasten und Oberrealschüler vor ihren gleichaltrigen Altersgenossen aus der Volks- und Fortbildungsschule; und diese Überlegenheit tritt auch noch zutage bei einer Gegenüberstellung der gleich großen Kinder aus den beiden Schulgattungen, was bei dem großen Einfluß der Körperlänge auf die am Dynamometer erzielten Werte noch beweisender ist als der erstgenannte Befund.

Ich möchte also an der alten Auffassung festhalten, die in dem rascheren Wachstum der bemittelten Kinder und in ihrer größeren Länge das Artgemäße, um nicht zu sagen das Bessere sieht, dagegen in dem langsameren Längenwuchs der Minderbemittelten das Abwegige, die Hemmung, die zum mindesten bis zu den Pubertätsjahren im Maßenwachstum, in der Breitenentwicklung nicht so stark zum Ausdruck kommt als in der Längenentwicklung.

Interessant ist das Ergebnis der Untersuchungen von Lubinski über das Verhalten der Kinder vom Lande hinsichtlich ihrer Wuchsform gegenüber der Großstadtjugend.

Tabelle 18. Körperbau und Wachstum von Land- und Stadtkindern nach Lubinski.

Alter in Jahren[1]	Land-kinder	Volks-schüler	Gymna-siasten	Land-kinder	Volks-schüler	Gymna-siasten	Land-kinder	Volks-schüler	Gymna-siasten
	Durchschnittslänge in cm			Durchschnittsgewicht[2] in kg			Durchschnittszahlen für Indices ponderales Livi		
7	111,8	112,8	118,3	19,39	19,19	19,86	240	237	229
8	116,9	118,4	120,8	21,46	20,93	21,49	237	232	230
9	121,4	123,7	128,5	23,33	22,92	23,75	235	230	224
10	125,5	127,6	131,0	25,69	25,20	25,63	235	230	225
11	130,4	128,5	138,8	27,86	25,55	29,58	235	230	223
12	132,5	136,3	143,4	28,09	28,94	32,34	229	226	222
13	140,2	141,5	147,8	32,27	31,60	35,06	226	225	222

[1] 7 Jahre = 6 Jahre 7 Monate bis 7 Jahre 6 Monate.
[2] Nackt.

Hinsichtlich der Körperlänge nehmen die Landkinder den letzten Platz ein, indem sie nicht nur von den Gymnasiasten, sondern auch von den Volksschülern an Größe übertroffen werden; hinsichtlich des Gewichts aber halten sie die Mitte; sie sind durchschnittlich leichter als die Gymnasiasten, aber schwerer als die Volksschüler. Schließlich bezüglich des Index ponderalis weisen sie die höchsten Werte auf und übertreffen hierin sowohl die Volksschüler wie auch die Gymnasiasten; mit anderen Worten: die Landkinder sind am gedrungensten gebaut und am breitesten. Entsprechend ihrem langsameren Wuchs treten auch die Knochenkerne bei den Kindern der Landbevölkerung später auf als bei den Großstadtkindern, worin wiederum die hochgewachsenen Kinder der sozial gehobenen Stände weit vorauseilen (Stettner).

Außer in den Höhenlagen der Längen- und Gewichtskurven kommt die soziale Verschiedenheit des Wachstumsablaufs besonders auch noch zum Ausdruck im Verhalten des Pubertätsantriebs, der Wachstumssteigerung zur Zeit der Pubertät. Letztere tritt nach den Ermittlungen von Stratz bei den Wohlhabenden durchschnittlich mit 12 Jahren 9 Monaten ein, beim Mittelstand mit 14 Jahren 1 Monat, beim Bauernstand mit 16 Jahren 4 Monaten. Der Beginn der Wachstumssteigerung ist mit dem Eintritt der Pubertät aufs engste verknüpft. Gundobin wies darauf hin, daß die Wachstumssteigerung bei den gut situierten Kindern nicht nur früher eintritt, sondern auch länger anhält, während die Minderbemittelten diese Periode erst später erreichen, dann aber um so rascher wachsen, so daß der Abschluß annähernd in dieselben Jahre fällt.

Ich kann dem noch einiges hinzufügen. Zunächst die Bemerkung, daß auch hier die Unterschiede im Längenwachstum viel deutlicher sind, als die im Massenwachstum. Bei den minderbemittelten, aber gut entwickelten Lehrlingen ist vor allem das Ausmaß des Antriebs, die Steigerung, die Krümmung der Längenkurve zur Zeit der Pubertät geringer als bei den gut situierten Gymnasiasten von gleicher Konstitution; bei der Gruppe der mittelmäßig entwickelten liegt der Unterschied mehr in der Dauer, in der zeitlichen Verkürzung der Wachstumssteigerung; es liegt hier für die Minderbemittelten ein Nachteil darin, daß der Organismus seine Kräfte stärker anspannen muß, um während eines kleineren Zeitraumes dieselbe Wachstumszunahme zu liefern, wie sie bei den gut situierten statthat. Endlich bei den mangelhaft entwickelten, minderbemittelten Jugendlichen ist ganz besonders die Verzögerung, die Verspätung des Eintritts der Pubertätssteigerung bemerkenswert.

Schließlich in der letzten Wachstumsperiode, in der Zeit nach der Pubertät bis zum Abschluß des Wachstums, in der Periode des Auslaufs des Wachstums, bewegen sich die sozialen Unterschiede im Wachstumsablauf mehrfach in einer Richtung, die den in früheren Altersstufen gemachten Wahrnehmungen entgegengesetzt verläuft. Es findet hier nämlich zu einem guten Teil ein Ausgleich des Vorsprungs der einen, des Rückstandes der anderen Kinder statt. Bei den gut entwickelten Gymnasiasten kommt bereits im 15. Jahr, bei den mittelmäßig entwickelten im 16. Jahr das bis dahin sehr lebhafte Längenwachstum zum Abflauen; es findet jährlich nur mehr eine Zunahme von 1—2 cm, bald nur mehr von Bruchteilen eines Zentimeters statt, während die Lehrlinge noch flott zunehmen, noch nach der Pubertät um 6—8 cm wachsen. Vollends bei den stark rückständigen, mangelhaft entwickelten, unbemittelten Jugendlichen erfolgt noch ein starkes Nachwachstum, gerade wie im Tierexperiment, zu einer Zeit, in der unter normalen Verhältnissen das Längenwachstum bereits so gut wie abgeschlossen ist.

Je älter die untersuchten Altersklassen sind, um so kleiner wird die Differenz in der Länge zwischen den gut situierten und den minderbemittelten. Schwiening fand bei den militärischen Musterungen im 20. Lebensjahr unter den Einjährigen noch wesentlich mehr große Leute als unter den Zweijährigen, auch unter den ehemaligen Gymnasiasten mehr große als unter den Realschülern; die ermittelten Unterschiede sind aber lange nicht mehr so groß als wie bei den von mir untersuchten 17jährigen Jugendlichen. Und Pfitzner konstatierte bei Sektionen an einem dem meinen gut vergleichbaren Material aus ein und derselben Großstadt (Straßburg i. E.) lange Zeit nach Abschluß des Wachstums der Länge nur mehr minimale Unterschiede. Es ist also ein nicht unbeträchtlicher Nachwuchs der Länge bei den Minderbemittelten, geraume Zeit nach der eigentlichen, mit der Pubertät im wesentlichen abgeschlossenen Wachstumsperiode, zuverlässig festgestellt.

Ganz anders aber liegen, zum mindesten bei den männlichen Jugendlichen, in dieser letzten Wachstumsperiode die Verhältnisse hinsichtlich des Massenwachstums, der Gewichtszunahme. Es findet bei den gut situierten Jugendlichen durchweg eine lebhafte Gewichtszunahme statt, im Gegensatz zu der nur mehr unbedeutenden Längenzunahme. Der Rohrersche Index steigt deutlich; es kommt zum ersten Male seit der Säuglingszeit zu einer Periode der Fülle. Davon ist bei den minderbemittelten Jugendlichen in der zweiten Hälfte des zweiten Jahrzehnts nichts zu bemerken; die Massenzunahme bleibt hier nach wie vor deutlich hinter dem Längenwachstum zurück. Bei den Mädchen aber setzt nach der mehr oder weniger frühzeitigen Pubertät mit früher Abflachung des Längenwachstums eine starke Gewichtszunahme ein, und zwar bei den Mädchen aus allen Bevölkerungsschichten. Diese Massenzunahme beruht allerdings nur mehr zu einem Teil auf Massenwachstum, vielmehr zu einem guten Teil auf Fettansatz; es besteht in der zweiten Hälfte des zweiten Lebensdezenniums bei den weiblichen Jugendlichen eine ausgesprochene Mastbereitschaft.

Endlich ist noch eine bemerkenswerte Verschiedenheit in der Schwankungsbreite, in der Streuung der Längen- und Gewichtszahlen bei den Kindern aus verschiedenen Bevölkerungsschichten zu erwähnen. Während frühere Forscher, Seggel, Weißenberg, Makower, sich allein auf die Maximal- und Minimalzahlen in den einzelnen Altersklassen stützten, die Abstände zwischen den höchsten und niedersten Werte im allgemeinen bei den ärmeren Kindern größer fanden, insbesondere die des Längenwachstums, — hinsichtlich der Gewichtszahlen lagen die Verhältnisse öfters umgekehrt, — kam Dikanski aus der Pfaundlerschen Schule auf Grund exakter Berechnung der Streuung an Hand der Häufigkeitsreihen der Kollektivmaßlehre zu dem bemerkenswerten Ergebnis, daß die Streuung hinsichtlich Länge und Gewicht um so größer wird, je höher der soziale Stand der Eltern ist. Namentlich bei den Mädchen war dies deutlich ausgesprochen. Der raschere Wachstumsablauf, der frühere Eintritt des Pubertätsantriebs, vermehrte Domestikation (Pfaundler), eine nach Nationen buntere Mischung (Dikanski), all das wirkt im gleichen Sinne vergrößernd auf die Variation.

Die geschilderten sozialen Wachstumsverschiedenheiten setzen bereits sehr früh ein; beim Beginn der Schulzeit im 6. Lebensjahr sind sie schon voll ausgesprochen; aber auch schon bei den Kleinkindern sind sie sehr deutlich. Nur zwischen den Säuglingen in der Mütterberatungsstelle und jenen aus der Privatpraxis besteht freilich noch kein nennenswerter Unterschied. Aber Peller hat an einem einwandfreien Material aus einer geburtshilflichen Klinik bzw. einem Privatsanatorium nachgewiesen, daß sich schon bei den Neugeborenen deutliche Unterschiede in Länge und Gewicht in dem oben ausgeführten Sinne finden.

Unter den Ursachen der Wachstumsverschiedenheiten bei den Kindern aus den verschiedenen Bevölkerungsschichten ist sicher an erster Stelle das Erbgut zu nennen, die Vererbung der Eigentümlichkeiten, also die Wirkung endogener Faktoren, die ebensosehr das Endergebnis des Wachstums bestimmen wie sie auf den ganzen Verlauf der Wachstumskurve von maßgebendem Einfluß sind. Daß dieser Einfluß möglicherweise nicht sofort manifest wird, vielmehr erst eine Zeit lang latent bleibt, kann der Bedeutung dieses endogenen Faktors keinen Abbruch tun. Unter den exogenen, sekundären Umständen, welche den Wachstumsablauf beeinflussen, dürften die Ernährungsverhältnisse die erste Rolle spielen, aber nur im Sinne einer Hemmung, kaum oder so gut wie gar nicht im Sinne einer Beschleunigung, wie dies gelegentlich der Besprechung des disproportionierten Längenwachstums in Erwägung gezogen wurde. Gerade bei dem ausgesprochenen Hochwuchs spielt die Vererbung eine große Rolle. Der ganze Komplex von Umständen, welche die Armut ausmachen und charakterisieren, kann und muß schädigend und hemmend auf das Wachstum einwirken: das Wohnen in dunkeln, übervölkerten, ungelüfteten Räumen, mit starken Temperaturschwankungen, der Mangel an Pflege, ungenügender Infektionsschutz, häufige Erkrankungen, unzulängliche oder unhygienische Ernährung, geringe Gelegenheit zu Muskeltätigkeit bei den Kleinkindern, frühzeitige, angestrengte körperliche Arbeit bei der heranwachsenden Jugend.

Der Einfluß unzulänglicher, unzweckmäßiger Ernährung und derjenige gewisser Erkrankungen wird unten noch ausführlich besprochen werden. Hier seien aus den vielen Arbeiten zur Analyse der eben aufgezählten Faktoren aus der jüngeren Literatur nur zwei bedeutsame, experimentelle Untersuchungen angeführt: Bilskis Studium des Einflusses des Lebensraums auf das Wachstum von Kaulquappen und Ecksteins Studie über den Einfluß natürlicher und künstlicher Lichtquellen auf das Wachstum junger Ratten. In übervölkerten Aquarien bewirkte die Verminderung des auf das einzelne Tier entfallenden Lebensraums — außer Zusammenhang mit einer Verminderung der Nahrung oder des Sauerstoffes — schon allein durch die „zunehmende, wechselseitige, energiezehrende Störung" eine Verminderung des Massenwachstums der Kaulquappen. Wesentlich geringer macht sich der Einfluß des Lichts auf das Wachstum bemerkbar, selbst bei extremen Versuchsbedingungen. Immerhin bleiben im Dunkelkäfig gehaltene junge Ratten zum mindesten anfänglich im Wachstum zurück, später allerdings, etwa nach 3 Monaten, gleicht sich der anfängliche Rückstand wieder fast völlig aus. Andererseits konnte bei im Dunkelkäfig gehaltenen Tieren durch tägliche Bestrahlung mit der Quarzlampe eine erhebliche Förderung des Wachstums und Gewichts erzielt werden, bis zu einem gewissen Optimum, nach welchem zu starke Bestrahlung zu einer Wachstumshemmung führte.

Wenn je äußere Faktoren fördernd auf das Längenwachstum einwirken, so dürfte es in erster Reihe das Sonnenlicht sein. In den warmen Ländern erfolgt der Ablauf des gesamten Wachstumsvorganges rascher als bei den Völkern der nordischen Zonen. Dabei ist allerdings gewöhnlich die Entwicklung, insbesondere die Entwicklung der Geschlechtsfunktionen noch stärker beschleunigt als das Längenwachstum, wodurch dann wieder das Wachstum einen früheren Abschluß findet und schließlich doch nur eine geringere Körpergröße erreicht wird. (Es ist dies zugleich ein Beispiel für die Selbststeuerung des Wachstumsvorganges; das Wachstum bringt die Differenzierung mit sich; letztere wiederum hemmt das Wachstum.)

Die Besserung der allgemeinen ökonomischen Verhältnisse und die Hebung der gesamten Lebensführung dürfte von maßgebendem Einfluß darauf sein, daß heute allenthalben (und gerade auch in Belgien [Ensch]) die Kinder größer und schwerer befunden werden als zu Quételets Zeiten, der vor bald 100 Jahren die ersten systematischen Reihenuntersuchungen vornahm. In den letzten Jahrzehnten des verflossenen Jahrhunderts ist fast in allen europäischen Ländern eine Zunahme der mittleren Körperlänge festgestellt worden, vielleicht in Parallele mit dem von Jahrzehnt zu Jahrzehnt sich steigernden Fleischverbrauch und mit anderen ähnlichen sozialen Faktoren. Mackenzie zeigte an einer Statistik von 60 000 Kindern, daß Länge und Gewicht der Kinder mit der Zahl der bewohnten Zimmer zunehmen; die Wohnungsfrage ist ein besonders guter Prüfstein für die ökonomischen Verhältnisse. Bei dem vorhin erwähnten Befund dürfte freilich auch mitspielen, daß mit dem Sinken der Geburtenziffer die Anzahl der erst- und zweitgeborenen Kinder unter dem untersuchten Material jetzt viel größer geworden ist als früher. Ich fand aber in meiner Studie über die Kinder aus kinderreichen Familien gerade diese im Wuchs besonders rückständig, namentlich im Alter von 3—10 Jahren, am meisten im 6. Lebensjahr.

Literatur.

Nr. 30, 66, 69, 71, 72, 144, 163, 175, 176, 190, 194, 206, 209, 213, 235, 236, 252, 267, 269, 274, 283, 309.

X. Die Wachstumshemmung durch Unterernährung.

Die Beeinflussung des Wachstums durch die Ernährung spielt sich so gut wie ausschließlich in negativer Richtung ab, im Sinne einer Wachstumshemmung durch quantitative oder qualitative Unterernährung. Es ist uns keine Ernährungsart bekannt, durch die das Wachstum willkürlich gesteigert werden könnte. Durch gesteigerte Ernährung läßt sich bekanntlich kein Wachstumsansatz erzielen; eher hat solche eine hemmende Wirkung. Schloß kommt in seinen biologischen Auseinandersetzungen zu dem Ergebnis, daß die Ernährung dem Wachstum wohl weiteren Spielraum gibt, es aber nicht wesentlich beeinflußt. Bezüglich einer Wachstumssteigerung wurde oben die von Pfaundler aufgestellte Möglichkeit des Einflusses einer besonders anregenden, anreizenden, abwechslungsreichen Kost auf das Zustandekommen einer artwidrigen Wachstumsbeschleunigung bei den Kindern der vermögenden Klasse erörtert, insbesondere auf das Zustandekommen des disproportionierten Längenwachstums in der Streckungsperiode vor der Pubertät; ich selbst konnte als einen Anhaltspunkt hierfür die Beobachtung beibringen, daß unter dem Einfluß der Unterernährung zur Zeit der Hungerblockade diese hochaufgeschossenen Knaben und Mädchen deutlich seltener geworden waren. Trotzdem darf auch hier der Ernährungsfaktor nicht allzu hoch eingeschätzt werden, namentlich nicht gegenüber der Bedeutung endogener, ererbter Umstände.

Ein um so reicheres Material liegt vor über die Wachstumshemmung durch Unterernährung. Es sei vor der klinischen Beobachtung das Wichtigste aus den Ergebnissen der **experimentellen Forschung** mitgeteilt. Die neueren Versuche gehen auf Aron zurück. Er konnte bei jungen Ratten in der ersten Zeit der Nahrungsbeschränkung trotz Gewichtsstillstandes oder Gewichtsabnahme keinen Wachstumsstillstand feststellen. Das Wachstum beschränkte sich allerdings im wesentlichen auf die Vermehrung des Skeletts, auf Kosten des Fettpolsters und der Muskulatur. Erst aus einer längeren Dauer der Unterernährung resultierte ein Stillstand des Wachstumsprozesses. Intensive Schädigungen wurden innerhalb der normalen Wachstumszeit nicht mehr ausgeglichen, aber im späteren Alter erreichten die Tiere doch noch durch Nachwachstum eine von den Kontrolltieren nicht wesentlich abweichende Größe und ebensolches Gewicht. Nur sehr lange dauernde Wachstumshemmung hatte dauernde Schädigung zur Folge.

Eine wesentliche Ergänzung erfahren diese Ergebnisse Arons durch die Untersuchungen von Jackson und Stewart an jungen Ratten. Wie eine auf längere Zeit sich erstreckende Unterernährung, so bewirkte auch jede schon bei der Geburt einsetzende mangelhafte Ernährung ein Zurückbleiben im Wachstum; diese Tiere wie auch solche, bei denen die Unterernährung erst 3, 6, ja unter Umständen erst 10 Wochen nach der Geburt einsetzte, erreichten in der Regel die normale Durchschnittsgröße nicht mehr; das Endresultat wechselte nach der Dauer der Periode der Unterernährung, nach der Schwere des Hungerzustandes und vor allem nach dem Alter der Tiere, als die Unterernährung einsetzte. Bemerkenswert sind auch noch Podbradskys Beobachtungen an jungen Kaulquappen; sie wuchsen noch bei absolutem Hunger weiter auf Kosten zunächst aller Reservestoffe, dann des übrigen Körpers; aber nur die Chorda dorsalis vermehrte ihre Masse; auf sie konzentrierte sich der Wachstumstrieb.

Kürzere Perioden von Eiweißeinschränkung bewirken Wachstumshemmung und Gewichtsstillstand, die durch erneute Eiweißzulagen wieder überwunden werden (Aron). Die verschiedenen Eiweißarten beeinflussen das Wachstum verschieden stark (Osborne und Mendel). Vollständiger Fettmangel hat auf die Dauer einen deletären Einfluß; aber das notwendige Fettminimum liegt außerordentlich tief. Der Einfluß der Lipoide auf das Wachstum wird verschieden beurteilt; Talk und Mandelöl sind ohne Einfluß, eher das Eigelb, am obersten in der Reihe stehen Butterfett und Lebertran; die Wirkung des letzteren auf das Wachstum geht über die der gewöhnlichen Fette hinaus. Das steht alles in Zusammenhang mit den Vitaminen (Osborne und Mendel u. a.). Bei einseitiger Kohlehydraternährung fand Brüning bei jungen Ratten jenseits der Säuglingsperiode anfangs noch gute Längen- und Gewichtszunahme, später Stillstand nach beiden Richtungen; bei der Untersuchung der verendeten Tiere konnte ein größerer Wasserreichtum und ein höherer Mineralstoffgehalt als bei normalen Tieren festgestellt werden, wie beim Mehlnährschaden der Säuglinge. Im allgemeinen gleichen sich die Wachstumshemmungen infolge einseitiger qualitativer Unterernährung durch nachträgliche, geeignete Fütterung zu einem guten Teil wieder aus. Die Notwendigkeit der Mineralien, besonders des Kalks und Phosphors und des Kaliums, für das Wachstum haben unter anderen besonders Mc Collum, Lust, Miller studiert.

Außer den Nährstoffen und Salzen haben sich beim wachsenden Organismus zur Erhaltung des Stoffwechsels und namentlich auch des Wachstums noch eine Anzahl anderer Stoffe auf die Dauer als unentbehrlich und unersetzlich erwiesen, die sog. akzessorischen Nährstoffe, die „minimalen Substanzen", gewisse Aminosäuren, Lysin, Tryptophan, Cystin, vor allem aber die **Vitamine**. Letztere stehen heute im Vordergrund des Interesses.

Dem im frischen Citronensaft enthaltenen antiskorbutischen Faktor C scheint ein wachstumsfördernder Einfluß kaum zuzukommen, trotz der klinischen Beobachtungen von Chick und Dalyell oder Leichtentritt und Zielaskowski an Wiener kriegsunterernährten Kindern, deren rachitische Symptome und Wachstumshemmungen durch antiskorbutische Zulagen verschiedener Art, außer durch Citronensaft auch durch Butterfett und Lebertran, günstig beeinflußt wurden. Auch die Beziehungen des im Butterfett und Lebertran, aber nicht im Schweineschmalz enthaltenen, antirachitischen, fettlöslichen, antisklerophthalmischen Faktors A mit dem Wachstum werden bestritten. Melanby identifiziert ihn wohl mit dem wachstumsfördernden Prinzip; aber mehrere Kinderärzte lehnen diese Behauptung ab, weil sie trotz fast vollkommener Einschränkung der Zufuhr des A-Vitamins noch befriedigendes Wachstum der Säuglinge beobachteten. Unbestritten sind aber die Beziehungen des in der Hefe, im Salat und grünen Gemüse enthaltenen antineuritischen Faktors B zum Wachstum. Mit am beweisendsten für diese Forschungen sind die von mancher Seite, z. B. von Langstein und Edelstein vorgenommenen Fütterungsversuche mit künstlichen Gemischen reiner Nahrungsstoffe an junge Tiere, namentlich an Ratten. Plasmon, Casein, Stärke, Palmin erweisen sich als ungenügend zur Aufrechterhaltung des regulären Wachstums; mindestens

Zusätze wie Kleie, Rüböl, noch besser Hefe sind nötig zur Beseitigung der Wachstums- und Entwicklungshemmungen, unter Umständen zur Vermeidung des Todes, der wie bei Verhungerten unter den Zeichen einer hämorrhagischen Diathese erfolgt.

Zur Skizzierung der Bedeutung der Vitamine für das Wachstum, wie sie unter anderen von Funk, Osborne und Mendel, Mouriquand und Barré, Mc Collum, Stefko, Aron, Glanzmann festgestellt wurde, sei auszugsweise eine Darstellung des letztgenannten Autors wiedergegeben: Die Wachstumsvitamine wirken nur, wenn die übrigen Ernährungsbedingungen für das Wachstum erfüllt sind. Bei kalorisch ungenügender Nahrungsaufnahme, wie auch bei vollständigem Fehlen der Eiweißkörper oder bei zu geringem Kohlehydratzusatz in der Nahrung nützen auch die Vitamine nichts. Je nach Art und Zusammensetzung der Nahrung kann das Vitaminbedürfnis verschieden groß sein; so stellt möglicherweise die künstliche Ernährung des Säuglings mit Tiermilch erhöhte Anforderungen an den Vitamingehalt. Es ist ein gewisses Minimum an Vitaminen erforderlich, welches mit fortschreitendem Wachstum zunimmt. Im Säuglingsalter ist etwa die Halbjahrswende der kritische Zeitpunkt, bei dem der Vitamingehalt der vorwiegenden Milchernährung nicht mehr ausreicht und einer Ergänzung durch gemischte Kost bedarf. Die beiden Wachstumsfaktoren A und B gehören funktionell auf das Engste zusammen, wie Amboceptor und Komplement; jeder für sich hat keine Wirkung. Die Vitamine wirken nicht direkt auf das Wachstum, sondern erst durch Vermittlung der endokrinen Drüsen (Funk, Abderhalden). Die Erscheinungen von Wachstumsverzögerung sind nicht unmittelbar auf den Nahrungsmangel zurückzuführen, sondern in der Hauptsache auf Veränderungen in den endokrinen Drüsen, die ihrerseits durch Vitaminmangel hervorgerufen sind (Stefko). So bilden die Vitamine wie gewisse Hormone der inkretorischen Drüsen das Bindeglied zwischen dem endogenen Wachstumstrieb und den äußeren Wachstumsbedingungen. Die akzessorischen Wachstumsstoffe fördern das Wachstum durch Intensivierung der chemischen Prozesse und vor allem auch dadurch, daß sie den Stoffwechsel in die Richtung der Zellvermehrung lenken. Jedenfalls vermögen sie den Rhythmus der Zellteilungen mächtig zu beschleunigen. Auch scheint die Wasserbindung im Organismus unter Vitaminwirkung fester zu sein als die durch Salze und vitaminfreie Kohlehydrate.

Um neben den Ergebnissen der experimentellen Forschung auch ein klinisches Beispiel von Hypovitaminose, um nicht zu sagen Avitaminose anzuführen, seien die Beobachtungen von Wengraf und Ambozie an fünf stark im Wachstum gehemmten, rachitischen, unterernährten Kleinkindern angeführt, die trotz gehobener Calorienzahl und Eiweißmenge bei einer Zulage von Schweineschmalz keine Längenwachstumszunahme, nur geringe Maßenzunahme und keine Besserung der Rachitis zeigten, während in einer zweiten Beobachtungsperiode bei gleicher Calorienzahl und Eiweißmenge, aber bei einer Zulage an Butterfett deutliche Heilungsvorgänge der Rachitis und eine Längenzunahme festgestellt werden konnte.

Überblickt man die Ergebnisse der klinischen Beobachtung über den Einfluß der Ernährung auf das Wachstum des Kindes, so drängt sich einem wohl als das Wichtigste die Erfahrungstatsache auf, daß die künstliche Ernährung des Säuglings mit Kuhmilch zu demselben oder mindestens annähernd demselben Resultat am Ende des ersten Jahres führt, wie die natürliche Ernährung an der Mutterbrust, vorausgesetzt, daß die Nahrung zweckmäßig hergestellt ist, und daß das Kind dauernd gesund bleibt. Das Wachstum mag wohl dabei durchschnittlich in den ersten Lebenswochen geringer sein; im zweiten Lebensquartal wird dies aber gewöhnlich wieder eingeholt. Jedenfalls ist, wie schon Camerer sen. dargetan hat, die Wachstumszunahme im ersten Jahr sehr viel weniger abhängig von der Art der Ernährung als von dem Geburtsgewicht und den endogenen Faktoren.

Die eben angeführte Voraussetzung von der Gesundheit des Säuglings trifft freilich in der Praxis bei künstlicher Ernährung nicht so häufig zu als wie bei der natürlichen Ernährung, und so fand Peiper bei Verarbeitung eines großen klinischen Materials die besten Wachstumserfolge bei gesunden Ammenkindern; ihnen standen am nächsten Säuglinge, die mit Buttermehlnahrung aufgezogen

Tabelle 19. **Verhalten der Länge, des Gewichts und Reihenfolge der Knaben nach den sozialen**

	1911—1913			1918				1911—1913			1918		
Alter	Länge	Gewicht	Index ponderalis	Länge	Gewicht	Index ponderalis	Alter	Länge	Gewicht	Index ponderalis	Länge	Gewicht	Index ponderalis
	I							II					
	Höhere Schulen.							Gymnasium mit vielen Knaben aus vermögenden Familien					
6	118,5	21,0	23,3	116,2	20,7	23,6	6	120	21,8	23,3	118,5	21,4	23,4
7	122,0	21,5	22,8	121,5	22,5	23,2	7	123	22,9	23,0	122,8	22,7	23,0
8	126,8	24,5	22,9	125,8	24,2	22,9	8	128	25,4	22,9	127,6	24,1	22,6
9	132,6	26,9	22,6	131,0	24,9	22,8	9	134	28,1	22,7	130,3	27,0	23,0
10	135,5	28,9	22,6	135,0	29,0	22,7	10	137	29,4	22,5	137,1	29,9	22,6
11	139,9	31,4	22,5	139,0	30,8	22,5	11	142	31,8	22,3	141,5	32,2	22,5
12	145,2	34,7	22,5	143,1	33,5	22,5	12	148	35,5	22,2	144,1	33,6	22,4
13	150,5	38,8	22,5	149,8	37,9	22,4	13	153	40,2	22,4	151,4	39,2	22,4
14	157,3	42,5	22,2	155,9	43,2	22,5	14	158	42,7	22,1	158,4	45,0	22,4
15	163,4	48,0	22,2	161,8	48,4	22,5	15	166	51,7	22,4	162,3	49,0	22,5
16	168,5	54,7	22,5	167,7	54,2	22,5	16	172	57,5	22,4	169,0	55,0	22,5
17	170,5	59,4	22,9	169,9	56,7	22,7	17	172	63,3	23,2	171,8	58,7	22,6
18	172,0	61,2	22,9	171,4	59,8	22,8	18	174	62,3	22,8	171,4	62,3	23,1
	VI							VII					
	Realschule. Mittelstand.							Mittelschule (gehobene Volksschule). Mittelstand.					
9	—	—	—	130	27,6	23,2	9	130	26,6	22,9	128	24,3	22,6
10	137	28,7	22,3	134	27,9	22,7	10	134	26,7	22,3	134	27,4	22,5
11	140	31,5	22,5	139	30,6	22,6	11	140	31,0	22,4	137	29,3	22,5
12	145	33,9	22,3	141	32,6	22,6	12	144	34,1	22,5	142	32,2	22,4
13	149	37,3	22,3	147	36,5	22,5	13	151	36,9	22,0	146	34,6	22,3
14	158	43,9	22,3	154	41,5	22,6	14	153	39,3	22,2	154	40,2	22,3
15	164	48,6	22,2	162	48,4	22,5							
16	167	55,2	22,8	164	51,4	22,7							
17	—	—	—	170	57,1	22,6							

waren, dann kam stark gezuckerte Vollmilch, weiterhin Halbmilch. Als letzte in der Reihe standen die Säuglinge, welche längere Zeit Eiweißmilch erhalten hatten. Das von Liebig für die Pflanzen aufgestellte Gesetz des Minimums der Nahrung hat auch für Tier und Menschen seine Gültigkeit.

Reine Fälle von Unterernährung beobachtet man im Säuglingsalter nicht allzuselten bei Brustkindern in den ersten Lebenswochen oder auch in den ersten Lebensmonaten. Das klassische Beispiel für qualitative Unterernährung ist der Mehlnährschaden bei längerer Ernährung des Säuglings mit Schleim oder Brei ohne oder mit nur geringem Milchzusatz. Am stärksten pflegt die Unterernährung bei ausgesprochenen Fällen von spastischer Pylorusstenose zu sein, abgesehen von fehlerhafter Ernährungstherapie nach einer Ernährungsstörung. Von all dem soll noch unten bei den Erkrankungen genauer die Rede sein. Hier sei als Wichtigstes folgendes gesagt:

des Index ponderalis Livi während des Krieges.

Verhältnissen. Aus Schlesinger (Lit. Nr. 253).

III Oberrealschule. Vermögende und oberer Mittelstand.							IV Gymnasium. Mittelstand und viele Kinder vom Lande.							V Oberrealschule. Mittelstand u. Kinder vom Lande						
	1911–1913			1918				1911–1913			1918				1911–1913			1918		
Alter	Länge	Gewicht	Index ponderalis	Länge	Gewicht	Index ponderalis	Alter	Länge	Gewicht	Index ponderalis	Länge	Gewicht	Index ponderalis	Alter	Länge	Gewicht	Index ponderalis	Länge	Gewicht	Index ponderalis
6	118	21,1	23,4	114	20,5	24,0	—	—	—	—	—	—	—	6	117	17,4	22,1	—	—	—
7	121	22,0	23,1	119	21,2	23,2	7	125	23,4	22,9	—	—	—	7	119	21,6	23,4	121	22,8	23,4
8	127	24,6	22,9	126	24,0	23,0	8	128	24,8	22,8	—	—	—	8	125	23,8	23,0	124	23,6	23,1
9	131	26,8	22,8	131	25,9	22,6	9	133	27,8	22,8	131	28,9	23,4	9	131	27,2	23,0	127	25,8	23,2
10	135	28,5	22,6	136	28,9	22,6	10	136	29,0	22,6	135	29,5	23,0	10	134	28,5	22,8	132	28,1	23,0
11	140	32,1	22,7	139	30,7	22,5	11	140	30,9	22,4	138	30,6	22,7	11	139	31,5	22,6	137	29,8	22,6
12	145	34,2	22,4	145	33,3	22,2	12	146	34,6	22,3	143	34,9	22,8	12	144	34,2	22,5	140	32,8	22,8
13	151	40,1	22,7	151	37,9	22,2	13	152	38,5	22,2	149	37,7	22,5	13	149	37,5	22,4	146	38,1	23,0
14	159	43,0	22,0	158	44,8	22,5	14	157	42,2	22,2	153	41,8	22,7	14	158	42,7	22,1	152	42,4	22,2
15	166	50,0	22,2	163	48,1	22,3	15	161	49,6	22,8	159	48,1	22,9	15	161	47,4	22,4	155	48,2	23,5
16	170	54,3	22,3	169	54,9	22,5	16	168	55,4	22,7	165	53,3	22,8	16	166	52,5	22,5	165	55,7	23,1
17	172	58,0	22,5	168	54,4	22,6	17	169	59,6	23,1	167	55,8	22,9	17	169	56,9	22,8	168	56,4	23,8
18	173	61,0	22,8	169	57,9	22,9	18	171	62,2	23,2	172	59,5	22,7	18	170	61,3	23,2	171	57,8	22,6

VIII Volksschule, vom 9. Jahr ab fast nur Arbeiterkinder.							IX Hilfsschule für Schwachbegabte; vielfach sehr arme Kinder.						
	1911–1913			1918				1911–1913			1918		
Alter	Länge	Gewicht	Index ponderalis	Länge	Gewicht	Index ponderalis	Alter	Länge	Gewicht	Index ponderalis	Länge	Gewicht	Index ponderalis
6	113	19,2	23,7	111	18,0	23,6	8	122	22,2	23,0	117	20,4	23,3
7	119	20,9	23,2	116	20,3	23,5	9	121	23,0	23,5	119	22,2	23,6
8	123	22,6	23,0	124	22,9	22,9	10	127	24,1	22,7	127	28,8	22,9
9	127	24,7	23,0	125	24,1	23,0	11	134	25,9	22,0	131	26,5	22,7
10	131	27,1	22,9	130	26,2	22,8	12	140	26,4	21,3	136	28,0	22,4
11	135	28,2	22,6	136	28,7	22,5	13	136	34,9	24,0	143	32,5	22,2
12	141	32,3	22,5	141	31,1	22,3							
13	148	35,6	22,3	144	33,4	22,4							

In all diesen und ähnlich gelegenen Fällen von Unterernährung wird in erster
Reihe und vor allem die Gewichtszunahme gestört, erst später und in
geringerem Maße und für kürzere Zeit leidet auch das Längenwachstum (Camerer, Freund, Variot, Aron, Birk, Stolte, Schulz). Nur ausnahmsweise, bei sehr eiweißarmer Kost, wird das Längenwachstum auch schon
früh gehemmt. Doch schon bei einer den Hungerbedarf nur um ein Weniges
überschreitenden Eiweißmenge wird das Längenwachstum weiter betrieben. Es
kommt in diesen Fällen mehr oder weniger ausgesprochen zu Variots „Dissoziation des staturalen und ponderalen Wachstums", einem Gegenstück
zu dem disproportionierten Längenwachstum in der Präpubertät, einer Propor-
tionsänderung, die, wie Pfaundler treffend bemerkt, derjenigen diametral entgegengesetzt ist, wie sie bei den Kindern der Armenbevölkerung allenthalben
angetroffen wird.

Der Wachstumstrieb als solcher leidet bei diesen Fällen mehr
oder weniger reiner Unterernährung nicht; auch Kinder, die im ersten
oder in den ersten Lebensjahren infolge Unterernährung — oder auch Ernährungsstörungen — in ihrem Wachstum und in der Entwicklung ganz erheblich
gestört und gehemmt worden waren und zurückgeblieben sind, holen, oft genug
in verhältnismäßig geringer Zeit, bei geeigneter Ernährung, unter Berücksichtigung des Mehrbedarfs an Baustoffen, Eiweiß, Kalk, Vitaminen, das Versäumte
wieder ein, so daß sich selbst beträchtliche Rückstände wieder ausgleichen.

Für den Einfluß der Unterernährung auf das Wachstum bei Kindern jenseits
des Säuglingsalters kann es kein besseres Paradigma geben als die **Wachstumshemmung infolge der uns durch die Hungerblockade auferzwungenen Unterernährung während der Kriegs- und Nachkriegsjahre.** Ich war in der Lage,
an zwei je über fünf Jahre fortlaufenden Serien von Messungen, jedesmal an
ein und demselben umfangreichen Beobachtungsmaterial, hierüber Studien
machen zu können, deren Ergebnisse nicht nur ein historisches Interesse
haben, etwa als Hinweis auf die intensive Wirkung jener Blockade, sondern
die gerade auch über die Frage der Wachstumshemmung durch Unterernährung
gute Aufschlüsse geben (Tabellen 19 und 20).

Tabelle 20. **Die Reparation der Wachstumshemmung in den Nachkriegsjahren
(1918—1923).**

Länge, Gewicht, Rohrersche Index, Differenz zwischen Sollgewicht,
bezogen auf die ermittelte Länge, **und dem Istgewicht.**

Jährliche Untersuchungen im Mai und Juni. — Nacktgewicht. — Alter in Halbjahren, 6 Jahre = 6 Jahre 0 Monate bis 6 Jahre 6 Monate. — Rohrersche Index lies
z. B. anstatt 1427:1,427. — Differenz zwischen Sollgewicht, bezogen auf die ermittelte
Länge, und dem Istgewicht, nach den Werten von Pirquet-Camerer (siehe Tafel 2).
Das Minuszeichen wurde stets weggelassen.

A. Volksschulen. Knaben.

Alter:	6				6½				7			
1918	110,2	19,3	1427	1,7	112,7	20,0	1386	2,2	113,1	20,1	1386	2,1
1919	111,5	19,9	1462	1,6	111,6	19,8	1424	2,0	114,9	21,1	1381	1,9
1920	109,9	19,4	1427	1,6	111,8	19,8	1424	2,0	115,2	21,1	1381	1,9
1921	110,1	19,5	1427	1,5	112,0	20,0	1424	1,8	117,5	22,0	1374	1,8
1922	111,8	19,8	1424	2,0	112,9	19,9	1386	2,3	117,6	21,6	1339	2,6
1923	108,4	19,0	1508	1,0	112,0	19,9	1416	1,9	118,3	22,3	1357	1,9

Tabelle 20 (Fortsetzung).

	Alter: 7½				Alter: 8				Alter: 8½			
1918	113,9	20,3	1350	2,3	118,8	21,4	1246	3,2	122,2	22,8	1267	3,2
1919	117,4	21,8	1374	2,0	119,9	22,5	1273	2,5	119,3	22,4	1365	2,2
1920	116,1	21,1	1345	2,3	118,3	22,4	1339	1,8	121,5	23,8	1355	1,7
1921	117,1	21,7	1374	2,1	121,3	23,3	1298	2,2	121,8	23,3	1267	2,7
1922	119,1	21,9	1306	2,7	123,2	23,8	1290	2,7	123,5	23,4	1236	3,1
1923	118,2	21,6	1320	2,6	121,2	23,0	1298	2,5	123,4	24,4	1290	2,5

	Alter: 9				Alter: 9½				Alter: 10			
1918	123,8	24,2	1259	2,8	127,0	25,8	1269	2,7	130,3	26,5	1183	3,5
1919	124,3	24,2	1259	2,8	125,6	25,1	1250	2,9	127,6	25,9	1240	3,1
1920	123,6	24,3	1259	2,7	123,3	24,4	1290	2,1	127,7	26,0	1240	3,0
1921	125,3	24,8	1280	2,7	128,0	26,4	1240	2,6	129,4	26,7	1258	2,8
1922	127,1	25,1	1220	3,4	127,4	25,5	1220	3,0	130,6	27,2	1201	3,3
1923	126,2	24,9	1245	3,1	129,5	26,8	1250	2,7	130,1	26,9	1225	3,1

	Alter: 10½				Alter: 11				Alter: 11½			
1918	132,1	28,1	1217	2,9	132,2	27,9	1217	3,1	134,6	29,3	1179	3,2
1919	130,9	28,5	1246	2,0	135,5	29,5	1179	3,0	136,4	29,9	1193	3,1
1920	129,9	28,0	1274	2,0	131,6	28,0	1217	3,0	133,8	29,3	1205	2,7
1921	128,3	26,5	1240	2,5	133,0	28,6	1233	2,9	134,4	29,9	1247	2,1
1922	133,1	29,0	1233	2,5	134,3	29,0	1205	3,0	134,8	29,6	1210	2,9
1923	130,3	27,5	1250	2,5	133,5	28,6	1217	2,9	137,1	31,7	1232	1,8

	Alter: 12				Alter: 12½				Alter: 13			
1918	137,1	30,8	1206	2,7	141,3	33,1	1177	2,4	143,1	34,6	1197	1,9
1919	137,1	30,4	1193	2,9	139,1	32,1	1192	2,4	142,4	33,7	1187	2,3
1920	138,4	31,4	1180	2,6	140,6	33,3	1177	2,2	140,7	33,0	1177	2,5
1921	137,1	30,8	1206	2,7	139,1	32,0	1192	2,5	144,1	35,0	1172	2,0
1922	138,0	30,9	1180	3,1	141,3	33,4	1177	2,1	142,3	33,6	1187	2,4
1923	139,6	32,2	1175	2,8	138,6	31,6	1200	2,9	142,3	33,9	1184	2,1

	Alter: 13½				Alter: 14			
1918	144,9	36,1	1181	1,4	146,7	37,4	1165	1,2
1919	147,0	36,7	1165	1,9	145,3	37,3	1214	0,2
1920	144,5	35,0	1172	2,0	141,9	34,8	1222	1,2
1921	145,0	36,2	1181	1,3	145,1	36,3	1181	1,2
1922	145,7	35,6	1157	2,4	145,1	35,0	1148	2,5
1923	142,9	34,8	1190	1,7	147,6	37,4	1153	1,8

B. Volksschulen. Mädchen.

	Alter: 6				Alter: 6½				Alter: 7			
1918	110,6	18,9	1389	0,4	110,0	19,3	1427	0,7	116,4	20,8	1345	1,4
1919	109,5	18,9	1427	0,8	111,6	19,2	1352	1,5	112,4	20,0	1386	1,0
1920	107,1	18,6	1551	0,4	110,6	19,0	1389	1,3	114,0	20,7	1417	0,7
1921	111,0	18,7	1389	1,6	110,5	19,1	1427	0,9	114,7	20,6	1381	1,2
1922	108,7	18,5	1467	1,2	113,4	19,9	1386	1,1	116,2	20,9	1345	1,3
1923	109,8	18,2	1361	1,8	111,5	19,8	1450	0,5	113,2	19,6	1355	1,4

	Alter: 7½				Alter: 8				Alter: 8½			
1918	117,9	21,8	1339	1,2	120,7	22,8	1298	1,4	120,0	22,7	1331	1,1
1919	115,5	21,4	1381	0,4	118,7	21,8	1306	1,6	122,5	23,2	1283	1,4
1920	116,1	21,2	1345	1,0	119,9	22,4	1273	1,4	118,9	22,7	1365	0,7
1921	116,8	21,4	1311	1,2	117,6	21,8	1339	1,2	123,0	23,4	1236	1,6
1922	118,0	21,0	1278	2,0	120,6	23,0	1298	1,2	123,2	23,3	1236	1,7
1923	117,4	21,7	1355	0,9	120,3	22,5	1273	1,3	122,4	23,1	1270	1,5

Tabelle 20 (Fortsetzung).

	Alter: 9				9½				10			
1918	124,3	23,5	1206	1,9	125,1	24,9	1280	0,9	129,3	25,9	1211	1,5
1919	123,4	23,6	1290	1,4	124,1	24,3	1259	1,1	129,1	26,9	1258	0,5
1920	124,6	24,8	1280	1,0	127,0	25,5	1220	1,1	127,7	26,0	1240	1,0
1921	125,3	24,5	1229	1,3	124,3	24,9	1311	0,5	130,5	27,3	1229	0,5
1922	124,4	24,9	1311	0,5	128,4	25,8	1240	1,2	129,6	26,4	1183	1,4
1923	124,0	24,1	1259	1,4	126,5	25,0	1250	1,2	128,1	26,2	1244	0,8

	Alter: 10½				11				11½			
1918	130,7	26,8	1201	1,4	134,0	28,7	1205	0,8	135,6	29,2	1153	1,3
1919	129,2	26,9	1258	0,5	132,5	28,1	1217	0,5	136,4	30,1	1193	0,4
1920	127,5	26,6	1318	0	133,2	29,5	1233	+ 0,5	133,4	29,4	1233	+ 0,4
1921	132,1	28,7	1261	0,1	134,1	28,7	1205	0,8	136,0	30,3	1193	0,2
1922	130,5	28,2	1274	0,4	136,0	30,4	1193	0,1	137,1	31,9	1244	+ 0,9
1923	135,6	28,3	1147	0,3	135,8	29,1	1160	1,4	135,5	30,4	1230	+ 0,4

	Alter: 12				12½				13			
1918	140,1	31,3	1130	1,4	141,9	33,6	1187	0,5	143,8	35,0	1172	0,5
1919	138,9	32,3	1192	+ 0,3	138,4	32,3	1218	+ 0,8	146,5	36,3	1157	0,7
1920	136,7	31,0	1206	0	139,8	32,6	1203	0,1	142,7	36,4	1231	+ 1,6
1921	139,6	33,3	1203	+ 0,5	139,9	33,3	1203	+ 0,6	144,1	35,7	1206	+ 0,2
1922	140,5	32,2	1166	0,5	141,1	34,3	1213	+ 0,9	146,9	37,9	1196	+ 0,1
1923	140,4	33,2	1211	+ 0,5	145,2	36,6	1204	+ 0,4	145,7	35,5	1168	1,5

	Alter: 13½				14			
1918	149,1	38,3	1149	1,1	153,1	39,1	1089	4,0
1919	147,3	38,1	1196	+ 0,3	150,3	39,3	1156	1,0
1920	146,2	37,4	1189	+ 0,4	151,8	42,3	1196	+ 0,2
1921	147,3	38,1	1196	+ 0,3	149,0	41,7	1270	+ 2,3
1922	147,4	38,1	1196	+ 0,3	147,7	36,1	1181	0,1
1923	147,3	38,5	1211	+ 0,7	150,4	40,9	1212	+ 0,6

C. Mittelschulen. Knaben.

	Alter: 8				8½				9			
1918	124,0	23,8	1259	3,2	127,2	25,3	1220	3,2	131,6	26,7	1174	4,3
1919	123,0	23,4	1236	3,1	125,5	24,9	1280	2,6	128,7	26,2	1211	3,3
1920	120,8	22,9	1298	2,6	126,1	25,9	1300	2,1	125,6	25,1	1250	2,9
1921	123,0	23,7	1290	2,8	124,8	24,8	1280	2,7	126,2	25,7	1300	2,3
1922	—				—				130,1	27,1	1229	2,9
1923	—				—				130,0	26,6	1205	3,4

	Alter: 9½				10				10½			
1918	130,8	26,9	1201	3,6	133,0	29,0	1193	3,1	135,3	30,1	1210	2,4
1919	130,9	27,7	1246	2,8	132,0	28,3	1217	2,7	134,0	29,6	1247	2,4
1920	128,2	26,3	1240	1,7	132,7	28,2	1190	3,3	133,6	29,0	1179	3,0
1921	132,1	29,0	1261	2,0	132,3	27,4	1174	3,6	135,1	29,7	1210	2,8
1922	130,4	26,8	1229	3,2	133,3	28,8	1233	2,7	134,7	29,8	1210	2,7
1923	129,2	26,9	1254	2,6	131,9	28,3	1230	2,7	134,1	29,5	1222	2,5

	Alter: 11				11½				12			
1918	138,3	32,2	1218	1,8	140,4	32,3	1166	2,7	144,2	33,5	1105	3,5
1919	140,6	32,8	1177	2,7	139,0	31,8	1192	2,7	141,4	32,1	1142	3,4
1920	137,2	30,8	1206	2,7	136,8	31,8	1192	1,7	143,6	35,5	1172	1,5
1921	138,6	31,8	1192	2,7	138,4	32,0	1218	2,0	141,6	33,3	1153	2,7
1922	136,7	31,3	1206	2,2	141,9	33,3	1153	2,7	141,2	33,7	1213	1,8
1923	136,1	30,6	1215	2,4	139,7	32,7	1191	2,2	141,3	33,9	1210	1,6

Tabelle 20 (Fortsetzung),

	Alter:	12½				13				13½		
1918	148,3	35,3	1080	3,9	—				—			
1919	143,8	34,0	1139	3,0	—				—			
1920	141,7	34,4	1187	1,6	145,4	36,1	1181	1,4	147,7	37,9	1172	1,4
1921	143,8	36,3	1206	0,7	149,6	39,5	1156	0,8	148,8	39,1	1179	0,7
1922	144,4	35,0	1172	2,0	148,6	37,1	1119	2,3	149,2	39,3	1179	0,5
1923	143,5	35,0	1185	1,5	148,6	38,0	1160	1,4	150,2	39,0	1156	1,4

	Alter:	14				14½				15		
1918	—				—				—			
1919	—				—				—			
1920	148,0	39,2	1203	0	152,0	38,9	1111	2,1	160,7	47,9	1172	+ 0,8
1921	149,9	40,9	1215	+ 0,5	154,0	42,9	1177	0,1	156,1	44,4	1159	+ 0,1
1922	158,1	45,6	1166	0,1	154,3	44,5	1205	+ 1,5	158,7	47,7	1194	+ 1,3
1923	151,8	43,9	1250	+ 2,3	156,6	45,5	1175	+ 1,2	163,3	51,6	1175	0

D. Mittelschulen. Mädchen.

	Alter:	8				8½				9		
1918	122,9	22,8	1236	2,2	125,8	24,4	1200	1,8	128,6	26,5	1211	0,9
1919	124,6	24,1	1229	1,7	127,0	25,8	1269	0,6	127,0	27,3	1318	0,7
1920	118,6	22,7	1365	0,7	125,1	24,9	1280	0,9	127,1	25,7	1269	0,9
1921	122,9	23,8	1290	1,2	126,6	24,7	1220	1,9	123,7	24,9	1311	0,5
1922	—				—				129,6	26,1	1183	1,7
1923	—				—				129,5	27,4	1276	0,0

	Alter:	9½				10				10½		
1918	129,2	27,3	1258	0,1	130,6	28,3	1246	+ 0,1	134,8	29,7	1210	0,3
1919	129,0	27,4	1258	0	132,4	29,4	1261	+ 0,8	133,3	29,5	1233	+ 0,5
1920	129,4	27,0	1258	0,4	129,6	27,5	1229	0,3	132,8	29,0	1233	0
1921	128,6	27,0	1258	0,4	132,6	28,6	1233	0,4	135,4	30,7	1260	+ 0,7
1922	125,0	26,2	1331	+ 0,4	130,6	27,6	1246	0,5	134,7	30,1	1210	+ 0,1
1923	132,3	28,2	1223	0,4	132,1	27,4	1184	1,2	134,7	29,4	1190	0,6

	Alter:	11				11½				12		
1918	138,5	32,1	1192	+ 0,1	142,0	34,7	1222	+ 0,6	141,5	35,4	1249	1,3
1919	135,2	30,5	1210	+ 0,5	140,3	33,1	1203	+ 0,4	142,3	33,9	1187	0,2
1920	136,1	30,8	1232	+ 0,3	136,5	32,1	1272	+ 1,1	140,7	34,1	1213	+ 0,7
1921	135,1	30,2	1210	+ 0,2	139,0	32,9	1229	+ 0,9	142,7	35,9	1231	+ 1,1
1922	134,4	31,6	1330	+ 2,1	144,7	33,1	1082	— 3,1	142,8	34,9	1197	+ 0,1
1923	136,0	30,6	1215	+ 0,1	138,5	31,5	1196	0	144,8	37,2	1220	+ 1,0

	Alter:	12½				13				13½		
1918	147,3	37,9	1196	+ 0,1	150,0	41,1	1215	+ 0,8	151,2	42,2	1220	+ 1,0
1919	152,1	40,9	1167	1,2	150,8	40,3	1162	0,8	151,7	40,2	1139	2,0
1920	145,0	36,9	1214	+ 0,7	148,7	39,2	1179	0,2	151,2	41,4	1191	+ 0,2
1921	142,5	36,5	1257	+ 1,7	147,2	38,8	1228	+ 1,0	152,1	42,7	1224	+ 0,6
1922	145,0	37,9	1246	+ 1,7	148,6	39,7	1209	+ 0,3	150,5	42,8	1274	+ 1,6
1923	147,1	38,8	1220	+ 1,0	147,6	38,3	1183	0,3	151,2	43,3	1258	+ 2,1

	Alter:	14				14½				15		
1918	152,8	42,1	1173	0,9	—				—			
1919	153,3	41,1	1145	1,9	156,4	47,5	1253		157,6	49,0	1230	
1920	153,6	44,5	1205	+ 0,5	152,5	42,1	1186		158,0	48,4	1230	
1921	154,5	45,7	1259	+ 0,7	154,2	45,5	1244		157,1	51,8	1335	
1922	152,9	42,6	1201	0,4	156,5	46,2	1212		159,1	48,7	1218	
1923	154,1	46,4	1263	+ 2,4	153,5	43,6	1216		156,3	47,6	1230	

Tabelle 20 (Fortsetzung).

E. Lyzeum und Studienanstalt. Mädchen.

	Alter: 9				9½				10			
1920	130,2	27,3	1229	0,5	131,5	28,1	1246	0,1	136,3	30,2	1193	0,3
1921	129,7	28,0	1274	+ 0,2	135,5	31,6	1301	+ 1,6	134,5	29,8	1247	+ 0,3
1922	132,5	28,4	1217	0,2	136,8	30,8	1206	0,2	137,2	30,4	1167	0,6
1923	133,8	28,2	1170	1,3	134,0	28,6	1188	0,9	136,0	30,8	1222	+ 0,3

	Alter: 10½				11				11½			
1920	137,7	31,5	1180	0	140,2	32,4	1166	0,3	141,2	34,2	1213	+ 0,8
1921	137,4	32,2	1244	+ 0,7	142,2	34,8	1222	+ 0,7	141,5	34,8	1249	+ 0,4
1922	141,3	33,4	1177	0	141,7	34,1	1187	0	145,6	35,2	1125	1,8
1923	139,0	32,4	1200	+ 0,4	141,0	33,0	1177	0,4	144,0	36,8	1232	+ 1,3

	Alter: 12				12½				13			
1920	142,7	33,9	1163	0,9	147,5	37,7	1196	0,1	150,3	41,5	1215	+ 1,2
1921	145,3	37,4	1214	+ 1,2	147,5	39,6	1259	+ 1,8	148,9	39,2	1179	0,2
1922	149,9	38,8	1156	1,5	150,5	40,7	1215	+ 0,4	152,6	42,6	1201	0,4
1923	146,0	36,3	1166	0,5	149,0	40,4	1221	+ 1,0	153,0	42,4	1185	0,6

	Alter: 13½				14				14½			
1920	153,4	44,9	1256	+ 1,9	156,2	46,7	1238	0,7	156,4	47,4	1238	+ 1,4
1921	152,0	43,0	1224	+ 0,9	155,7	47,8	1264	+ 0,8	155,0	48,6	1304	+ 3,6
1922	155,8	44,1	1159	1,9	156,3	45,7	1212	0,3	157,8	49,0	1252	+ 1,0
1923	158,0	46,5	1180	1,5	158,0	48,2	1222	+ 0,2	159,0	50,5	1258	+ 0,5

	Alter: 15			15½			16		
1920	161,0	51,2	1231	160,5	54,3	1305	161,7	54,2	1285
1921	158,6	53,2	1331	159,5	53,9	1329	161,7	57,3	1360
1922	162,2	55,0	1281	160,7	52,6	1270	162,6	54,8	1275
1923	159,0	50,3	1252	162,0	52,8	1242	159,0	53,3	1324

	Alter: 16½			17		
1920	161,4	56,2	1328	163,6	60,7	1383
1921	164,0	58,1	1321	162,9	58,9	1370
1922	165,0	58,5	1300	167,0	60,0	1291
1923	163,0	57,9	1352	161,0	54,6	1305

F. Säuglinge und Kleinkinder.

	Alter 12 Wochen		25 Wochen		38 Wochen		1 Jahr			
1918	5180	0,9	6760	0,8	7970	0,8		9,04		0,9
1919	4980	1,1	6690	0,9	7470	1,3		9,09		0,8
1920	4890	1,2	6540	1,1	7780	1,0	cm	8,83		1,1
1921	5140	1,0	6620	1,0	7990	0,8	70,6	9,19	1805	0
1922	5040	1,1	6840	0,8	8150	0,7	70,6	9,21	1805	0
1923	5060	1,0	6510	1,1	7950	0,9	69,9	8,92	2619	0

	Alter: 1½				2				2½			
1918		10,2				10,9				12,3		
1919		10,0				10,9				10,9		
1920		10,2				11,2				11,9		
1921	74,7	10,4	2480	+ 0,2	81,4	11,7	2165	0	84,6	12,8	2100	+ 0,1
1922	75,5	10,5	2470	0	81,7	11,8	2145	0,1	84,9	12,8	2100	+ 0,1
1923	76,2	10,5	2390	0	79,9	11,2	2200	0,4	87,7	12,7	1880	0,7

Tabelle 20 (Fortsetzung).

	Alter: 3				$3^1/_2$				4			
1918	—				—				—			
1919		13,1				14,0				—		
1920		11,9				14,1				14,9		
1921	88,5	13,5	1955	0	92,2	13,8	1749	0,6	93,8	14,0		1,0
1922	89,5	13,7	1903	0	91,1	14,1	1855	0,1	96,3	15,0	1695	0,6
1923	89,4	13,6	1780	0,4	91,8	14,3	1860	0,2	97,7	14,8	1560	1,4

	Alter $4^1/_2$				5				$5^1/_2$			
1918	—				—				—			
1919	—				—				—			
1920		15,1				16,6				15,8		
1921	95,6	15,1	1706	0,5	99,3	16,2	1670	0,3	104,4	17,0	1511	1,0
1922	99,6	15,6	1616	1,2	101,1	16,0	1553	1,1	104,5	17,1	1490	0,9
1923	97,6	16,7	1770	+ 0,5	104,1	16,8	1493	1,2	104,6	16,8	1490	1,7

	Alter: 6			
1918	—			
1919		—		
1920		17,2		
1921	107,2	18,4	1500	1,1
1922	106,2	17,8	1490	1,2
1923	—			

Es zeigte sich bei diesem uns auferzwungenen, über 8 Jahre ausgedehnten Riesenexperiment, daß das Wachstum, und zwar nicht nur die Maßenzunahme, sondern gerade auch das Längenwachstum des Kindes in viel weiter gehendem Maße durch Unterernährung beeinflußt wird, als man dies nach den oben erwähnten, freilich nur kürzere Zeit dauernden Beobachtungen an Säuglingen erwarten durfte. Während die Kinder im allgemeinen deutlich schon nach zwei Kriegsjahren (1916) im Gewicht zurückgegangen waren, immerhin erst später als die Erwachsenen, blieben die Längenzahlen erst nach drei Kriegsjahren (1917) hinter den Friedenswerten zurück. Der tiefste Stand des Längenwachstums fällt aber in den meisten Alterklassen erst in das Jahr 1920, seltener in das Jahr 1919, jedenfalls später als der des Körpergewichts. Es ergibt sich hier ein durchschnittlicher Rückstand des Längenwachstums im Schulalter und Nachschulalter von 3—5 cm, entsprechend etwa einem Jahreszuwachs, durchschnittlich 4,3% der Gesamtlänge, 5% bei den 6jährigen, 4% bei den Jugendlichen, gegenüber einem Gewichtsrückstand von 0% bei den Neugeborenen, 3% bei den Säuglingen (1918, später mehr), 4—7% bei den Kleinkindern, der aber 1921/22 manchmal bis auf 12% hinaufschnellte, 7% bei den jüngsten Schulkindern, 10—12% bei den Jugendlichen. Von den schwächer entwickelten Kindern zeigten manche in den letzten Kriegsjahren einen über ein volles Jahr sich hinziehenden fast vollkommenen Stillstand im Längenwachstum. Bei den Schülern der höheren Lehranstalten war im allgemeinen die Wachstumshemmung stärker und regelmäßiger als bei den Volksschülern aus Arbeiterkreisen, vielleicht zum Teil infolge des in den Kriegsjahren selteneren Vorkommens des disproportionierten Längenwachstums, ohne daß aber hierdurch der regelmäßig anzutreffende Vorsprung im Längenwachstum der besser situierten Kinder vor ihren minderbemittelten Altersgenossen ausgeglichen worden wäre. Bachauer spricht von einer nivellierenden Tendenz der Wachstumsbeeinflussung durch die Unterernährung während des Krieges. Mit am bedeutendsten war die Wachstumshemmung bei den 13jährigen Kindern, was sich leicht erklärt durch die Verzögerung und Hinausschiebung der Pubertät und des Pubertätsantriebs. Damit steht auch in engem Zusammenhang, daß die Streuung und die Variationsbreite deutlich kleiner wurde, wie sie sich während der Reparation auch gleich wieder vergrößerte. Bei den Landkindern war, nach einer Mitteilung von Gribbon und Paton aus der Umgebung von Wien, die Hemmung des Längenwachstums stärker, der Rückstand des Gewichts weniger groß als bei den Großstadtkindern.

Für das Wachstum wie auch für andere Vorgänge, z. B. für die Erhaltung der natürlichen Immunität, war der aus der Milchknappheit herrührende Fettmangel besonders bedeutungsvoll, weiterhin auch der Mangel an animalischem Eiweiß, der nur teilweise durch das in den Vegetabilien enthaltene Eiweiß ersetzt wurde. Dagegen konnte von einem Vitaminmangel im allgemeinen nicht gut die Rede sein. Die Calorienzahl hielt sich wohl bei der Mehrzahl der Schulkinder durchschnittlich täglich auf 2000, mit großen vorübergehenden Schwankungen nach oben wie nach unten.

Die Reparation der durch die Unterernährung verursachten Wachstumshemmung setzte teils 1921 — bei den gut entwickelten und bei den Kindern aus Arbeiterkreisen —, teils erst 1922 — bei den schwächlicheren und bei den Mittelstandskindern — ein. Sie war zunächst ausgezeichnet durch einen Wiederanstieg der Durchschnittslängenzahlen in fast allen Altersstufen, manchmal geradezu durch eine sprunghafte Wachstumssteigerung, indem die Durchschnittszahlen 1921/22 manchmal 3—4, ja selbst 5 cm höher lagen als in den vorangegangenen Jahren. Die Kleinkinder, die am stärksten Not gelitten hatten, folgten den Schulkindern etwas zögernd, ebenso aber auch die herangewachsenen Knaben und Mädchen, indem zunächst noch der Pubertätsantrieb verspätet einsetzte. Die Gewichtszunahme, die Reparation des Maßenwachstums, war verhältnismäßig zunächst weder so groß noch vor allem so regelmäßig wie jene des Längenwachstums; bei der Besserung der Ernährung verwendet eben der jugendliche Organismus die zum Ansatz verfügbaren Bausteine zuerst und alsbald, bei der Mächtigkeit des ererbten Wachstumstriebes, zum Wiedereinholen des Wachstumsrückstandes, und zwar besonders des Rückstandes im Längenwachstum, erst in zweiter Reihe für den Massenwuchs, zu allerletzt zum Fettansatz. Die Verschiedenheit des Verhaltens von Länge und Gewicht bei der Reparation geht auch aus der Kurve des Rohrerschen Index hervor: seine Werte schwanken in den einzelnen Altersklassen in den Jahren 1918—1921 zum Teil unregelmäßig auf und ab, zum Teil läßt sich ein regelmäßiger Anstieg feststellen durch stärkeres Zurückbleiben des Nenners des Bruches als des Zählers, durch stärkere Hemmung des Längenwachstums als des Gewichts. Dann aber, 1921 oder 1922, fällt die Indexzahl mit großer Regelmäßigkeit steil ab, manchmal zu einem vorher nie erreichten Tiefstand, infolge des sprunghaften Wiederanstiegs des Längenwachstums, hinter dem die Reparation des Gewichts stark zurückbleibt. Das Jahr 1923 brachte mit dem Höhepunkt der Inflation und der erneuten, fühlbaren Erschwerung der Ernährungsverhältnisse vielerorts einen nochmaligen Rückschlag der Wachstumszahlen; aber seit 1924 macht die Reparation ungestört Fortschritte bis zur Erreichung der Werte aus Vorkriegszeiten.

Die deutsche Literatur über die im Kriege beobachtete Wachstumshemmung habe ich in der Hauptsache in einer 1919 erschienenen Arbeit (Nr. 218) zusammengestellt. In ganz Europa, nicht nur innerhalb der Blockadezone, ja selbst in den Vereinigten Staaten von Nordamerika wurde in den letzten Jahren des Weltkrieges ein Rückgang der Wachstumszahlen festgestellt, so in Schweden ein Zurückbleiben des Längenwachstums hinter den Friedenszahlen um 1,5 cm, bei Gleichbleiben des Körpergewichts (Kjerrulf), in New York eine Zunahme der Untergewichtigen von 5% im Jahre 1914 auf 19%! im Jahre 1918 (Emerson). Nobécourt berichtet aus Lille aus den Jahren 1917/18 von Wachstumsrückständen um 4—5 Jahre bei einem Sinken der rationierten Kindernahrung auf durchschnittlich 1400 Calorien. Besonders bemerkenswert sind die Beobachtungen von Stefko an hungernden und verhungerten Kindern während der Hungersnot 1922 in Simfevopol in Sowjetrußland. Der durchschnittliche Wachstumsrückstand ist nicht so übermäßig groß, 5,7 cm bei den Knaben, 3,6 cm bei den Mädchen; die Variationskurven erhalten hier aber — nach Stefko — ein besonderes Gepräge durch ihre Asymmetrie nach der Minusseite, durch ein Sinken der Werte nach der negativen Seite, was ich bei meinen Untersuchungen nie finden konnte. Besonders beachtenswert sind die Ergebnisse der Sektionen; neben dem Befund einer hämorrhagischen Diathese — klinisch gingen die Fälle zuletzt mit profusen Diarrhöen einher, — fanden sich charakteristische Hypoplasien oder Atrophie an der Thymus, der Schilddrüse, verschiedenartige Umwandlungen an der Hypophysis, den Nebennieren und Geschlechtsdrüsen. Auf die hierdurch zustande gekommene Insuffizienz der endokrinen Drüsen sind in letzter Linie die Wachstumshemmungen durch Unterernährung zurückzuführen.

Ich gebe zum Schluß aus der überreichen Literatur eine kleine Statistik von Berger wieder über die Wachstumshemmung durch die Hungersnot während des Weltkrieges, die Ergebnisse von Messungen an den Insassen eines jüdischen Gymnasiums in Wilna, eine Gegenüberstellung aus den Jahren 1912 und 1919, mit ungewöhnlich großen Differenzen, bis zu 9% Rückstand der Körperlänge, $24—28\%$ des Körpergewichts.

Tabelle 21. **Länge und Gewicht der jüdischen Kinder in Wilna vor und nach dem Kriege.**

Alter	Körperlänge		Rückstand	Gewicht		Rückstand
	1912	1919	cm	1912	1919	kg
8	122,5	—	—	25,6	19,6	6,0
9	126,0	116,0	8,6	27,1	21,6	5,5
10	130,0	121,4	9,4	29,9	23,8	6,1
11	134,4	125,0	9,0	32,3	26,5	5,8
12	139,9	130,9	10,1	36,3	28,0	8,3
13	145,0	134,9	10,6	40,9	30,5	10,4
14	151,6	141,0	11,0	43,9	31,8	12,1
15	157,4	146,4	14,7	50,6	37,7	12,9
16	161,2	145,5	—	54,6	39,2	15,4

Literatur.

Unterernährung: Nr. 3, 5, 32, 37, 45, 133, 178, 180, 182, 222, 259, 277, 286, 293.
Experimentelles: Nr. 3. 44, 68, 81, 128, 131, 157, 165, 166, 197, 223, 271, 275.

Vitamine: Nr. 5, 51, 89, 97, 99, 159, 165, 177, 182, 277, 306, 310.

Unterernährung während des Krieges: Nr. 11, 15, 24, 31, 33, 57, 61, 74, 108, 110, 120, 129, 134, 138, 142, 150, 162, 187, 198, 207, 212, 243, 244, 253, 260, 281, 290, 298, 312.

Reparation in der Nachkriegszeit: Nr. 36, 63, 86, 100, 103, 117, 143, 189, 219, 254, 277, 281, 317.

XI. Die Beeinflussung des Wachstums durch den Schulbesuch und durch den Übergang von der Schule ins Berufsleben.

Oben S. 60 wurde die Förderung des Massenwachstums neben dem Fettansatz durch die Ferien und die Beziehungen zwischen dem Ferienzuwachs und der Periodizität des Wachstums im Verlauf der Jahreszeiten besprochen; es wurde gezeigt, wie der Ferienzuwachs beim Zusammentreffen von Ferien mit einer für das Wachstum günstigen Jahreszeit in demselben Maße gesteigert wird, wie regelmäßig eine Verminderung des Ferienzuwachses statthat, wenn die Erholung in eine Zeit ohnehin geringer Wachstumszunahme fällt. Zwischen dem Gegenstück zu den Ferien, dem Schulbesuch, und der aus den Jahreszeiten resultierenden Wachstumsbeeinflussung besteht insofern eine äußere Ähnlichkeit, als die Kinder beiden Einflüssen gewissermaßen nicht entzogen werden können. Schmid-Monnard hat gezeigt, daß bei unseren Verhältnissen — in Deutschland — der Ferienzuwachs und die durch die Periodizität der Jahreszeiten bedingte Wachstumssteigerung keineswegs identisch sind und nicht immer zeitlich miteinander zusammenfallen, während allerdings in den nordischen Ländern der Zusammenhang zwischen den beiden Faktoren viel enger ist (Wretlind).

Ich habe drei mehr oder weniger ausgesprochene Perioden verlangsamten Wachstums feststellen können, die alle drei mit besonderen Perioden im Schulleben zusammenfallen, derart, daß ein innerer Zusammenhang außerordentlich wahrscheinlich wird. Diese drei Perioden sind ganz unabhängig von den Jahreszeiten, stehen aber in engem, innerem Zusammenhang mit den allgemeinen gesundheitlichen Verhältnissen der Schüler, ihrem konditionellen Verhalten. Die Verlangsamung des Wachstums wird aus den Kurven und Tabellen S. 52 und 53 ersichtlich.

Es handelt sich erstens im 6. Lebensjahr um die Zeit des Schuleintritts, der mit so einschneidenden Veränderungen in der gesamten Lebensweise des Kindes einhergeht, dann um eine besonders deutlich ausgesprochene Periode gleichmäßig verlangsamter Längen- und Gewichtszunahme vom 9.—10. Jahr, bei mittelmäßig entwickelten Kindern vom 9.—11. Jahr, und zwar nur in den höheren Schulen, insbesonders in solchen, mit eigenen Vorschulklassen, wo beim Übergang von der Vorschule in die Sexta das Schülermaterial sich nicht wesentlich ändert. Fraglos bedeutet der Übergang von der Vorschule in die höhere Schule mit neuem Unterrichtsstoff, mit neuer Lehrmethode durch Fachlehrer, vor allem auch mit zeitlich höheren Anforderungen eine neue Belastung des Kindes. In einer dritten Periode, in welcher die allgemeine körperliche Verfassung nicht weniger Jugendlichen eine deutliche Verschlechterung erfährt, ist eine Wachstumsverlangsamung nicht mehr festzustellen, weil diese Periode an das Ende des Wachstumsablaufs fällt; ich denke an die Zeit vor dem Abiturientenexamen, an den großen, regelmäßigen Unterschied im konditionellen Verhalten zwischen Unter- und Oberprimanern. Bei den Volksschülern geht mit einem anderen nachteiligen Einfluß ein deutlicher Abfall im Allgemeinzustand und im Zusammenhang damit eine Wachstumsverlangsamung einher, nämlich mit dem Übergang vom Schulbesuch zur gewerblichen Handarbeit, in der ersten Lehrlingszeit des Berufslebens. Die hieraus sich ergebenden Schwierigkeiten werden noch erhöht durch das Zusammenfallen mit dem Eintritt in die Pubertät. Folgende Gegenüberstellung (die fehlenden Prozentzahlen entfallen auf die weggelassenen Zwischenstufen) illustriert die

Tabelle 22.

Allgemeine Körperverfassung	der 13jährigen Volksschüler	der 14jährigen Lehrlinge
gut	57	41
mittelmäßig	16	30
mangelhaft	5	8

Diesen Zahlen entspricht folgende Verlangsamung im Längenwachstum:

	Längenzuwachs in cm	
	bei den Schülern der höheren Lehranstalten	bei den Volksschülern bzw. Lehrlingen
im 13. Jahr	5	6
„ 14. „	7	4
„ 15. „	6	$3^1/_2$
„ 16. „	$5^1/_2$	4

Im zweiten Lehrlingsjahr haben sich die Verhältnisse noch nicht gebessert; dann aber erfolgt ein deutlicher, zunehmender Ausgleich.

Literatur.

Nr. 252, 265.

XII. Wachstumshemmung durch akzidentelle Erkrankungen.

Unter den exogenen, das Wachstum hemmenden Faktoren spielt eine Reihe von Erkrankungen und krankhaften Zuständen eine bedeutsame Rolle, indem sie bei einiger Intensität für sich allein, noch häufiger in Syntropie mit anderen Erkrankungen und vor allem beim Zusammentreffen mit anderen ungünstigen Einflüssen, wie Umweltschäden, mit großer Regelmäßigkeit, wenn auch in verschiedener Stärke den Wachstumsablauf beeinflussen. Im Gegensatz zu der besonders zu besprechenden Gruppe von primären Erkrankungen und Funktionsstörungen der endokrinen Drüsen beschränkt sich hier die Hemmung in der Regel auf den Wachstumsablauf; der Wachstumstrieb wird nur vorübergehend gestört, so daß das Endergebnis des Wachstums nicht sichtlich beeinflußt wird. Trifft aber ausnahmsweise letzteres zu, so handelt es sich immer um ganz besonders schwere Erkrankungen oder — vielleicht noch häufiger — um solche, die mit ziemlicher Intensität schon im ganz frühen Kindesalter einsetzten, gar bald nach der Geburt, derart, daß die ganze „Konstitution" des Kindes von Grund auf eine Änderung, eine Verschlechterung erfuhr. Es ist nicht uninteressant, daß sich bei den verschiedenen Erkrankungen verschiedenartige Wachstumshemmungen feststellen lassen, die möglicherweise in Zusammenhang zu bringen sind mit den verschiedenen Ursachen der Störung.

Es sei begonnen mit der Schilderung des Wachstumsablaufs bei den **frühgeborenen, den debilen oder lebensschwachen Kindern.** Bei aller Verschiedenartigkeit dieser Fälle, schon hinsichtlich der Ursachen der Frühgeburt, läßt sich doch hinsichtlich des Wachstumsablaufs eine gewisse Regelmäßigkeit und Gesetzmäßigkeit erkennen. Ich möchte nach dieser Richtung drei Gruppen aufstellen, die allerdings vielfach ineinander übergehen und deren Einhaltung noch mehr dadurch gestört wird, daß nicht selten ein und dasselbe Kind von der einen zur anderen Gruppe übergeht. Maßgebend für den Wachstumsablauf sind vor allem zwei Umstände, einmal die Höhe des Geburtsgewichts, wobei etwa 1800—2000 g eine kritische Grenze bildet, dann das Freibleiben bzw. Befallensein von Erkrankungen angeborener oder erworbener Natur.

Bei der ersten Gruppe handelt es sich namentlich um gesunde Frühgeburten mit einem Anfangsgewicht von etwa 2000 g, deren Geburt durch irgend einen Zufall frühzeitig erfolgte. Sie zeigen nicht selten, insbesondere bei zweckmäßiger Ernährung, — bei dem gesteigerten Bedürfnis nach Salzen und Eiweiß zu Bausteinen bedarf die Frauenmilch unter Umständen einer Ergänzung, am zweckmäßigsten in Gestalt von Buttermilch, — aufs schönste den besonders großen Wachstumstrieb, das erhöhte Wachstumspotential, das eine ganze Reihe von Frühgeburten auszeichnet. Einige holen noch im ersten Lebensjahr, die Mehrzahl im Laufe des zweiten Jahres den anfänglichen Rückstand ein. Eine zweite, wohl die wichtigste Gruppe, umfaßt Frühgeburten mit einem Geburtsgewicht unter 2000 g, etwa von 1500—2000 g, oder auch schwerere, die aber durch frühzeitige oder langwierige Erkrankungen namentlich an Rachitis, Grippe und Ernährungsstörungen gehemmt oder von vornherein konstitutionell krank geboren wurden. Ihre Wachstumskurve wird charakterisiert durch einen außerordentlich langsamen Anstieg im ersten Lebensjahr. Immer mehr bleiben die Kinder hinter der Normalkurve zurück bis zu einem Höhepunkt der Differenz, der gewöhnlich ins zweite Halbjahr fällt. Dabei besteht ein ziemlich deutlicher und bemerkenswerter Unterschied zwischen an sich gesunden und kranken debilen Frühgeburten; bei ersteren läuft die Längen- und die Gewichtskurve annähernd gleich, bei letzteren bleibt die Gewichtszunahme deutlich hinter dem Längenwachstum zurück; es kommt zu einer Dissoziation zwischen beiden. Etwa im 3. Lebensjahr fangen aber die Kinder an aufzuholen. Manche erreichen die normale Variationsbreite im 4. Jahr (Schwarz) und folgen weiterhin den normalen Regeln und Gesetzmäßigkeiten des Wachstums. Bei anderen wird die Länge im 4.—5., das Gewicht erst im 6. Jahr ausgeglichen (Ylppö); wieder bei anderen bleibt das Gewicht noch länger hinter der Norm zurück, bis ins 7. Jahr und noch später, viel länger als die Körperlänge (Forschner - Böke); immer aber erzielt diese Gruppe schließlich ein Endergebnis, das innerhalb der normalen Variationsbreite gelegen ist.

Dies ist bei der dritten Gruppe nicht mehr der Fall, bei gesunden Frühgeburten mit einem Geburtsgewicht um 1000 g oder solchen um 1500 und mehr, die außerdem, das ist noch schwerwiegender, ständig durch angeborene, konstitutionelle oder akzidentelle Erkrankungen im Fortschreiten gehemmt werden. Wie sie wochenlang fast regungslos in ihren Kissen liegen, so träge hebt sich auch die Wachstumskurve, sicherlich in innerem Zusammenhang mit ersterem. Immer ist die Dissoziation zwischen Längen- und Massenwachstum groß; das Gewicht bleibt lange Zeit, besonders in den ersten Monaten, manchmal dauernd stärker hinter der Norm zurück als die Länge, wie auch die Schwankungsbreite

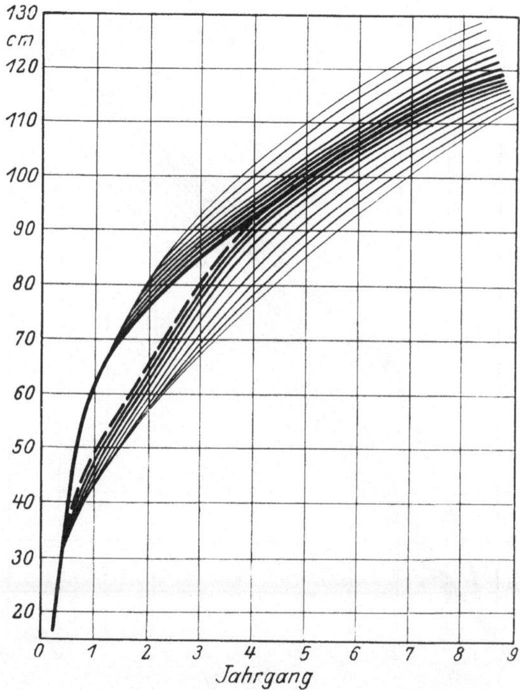

Abb. 7. **Das Längenwachstum der Frühgeburten.**
(Aus: Ylppö, Pathologie der Frühgeburten.)

————: Durchschnittskurve des Längenwachstums bei ausgetragenen normalen Kindern.
— — —: Durchschnittskurve des Längenwachstums bei Frühgeborenen. Beschattete Zone: Variationsbreite des Längenwachstums bei Frühgeburten. Zwischen der dicken und der unterbrochenen Linie die Schädigungszone. Jahrgang = Konzeptionsalter.

des Gewichts und die „Schädigungszone" des letzteren, der Abstand zwischen der Normalkurve und der Durchschnittskurve der Frühgeborenen (Ylppö), größer ist als beim Längenwachstum. Ylppö hat dies in sehr anschaulicher Weise graphisch zur Darstellung gebracht (siehe Abb. 7 und 8). Diese kranken und schwachen Frühgeborenen erreichen, wie gesagt, nicht mehr, wenigstens nicht innerhalb der Beobachtungszeit, die normale Durchschnittslänge und das entsprechende Durchschnittsgewicht (Frankenstein). Langwierige Stillstände, namentlich im Maßenwachstum, charakterisieren auch späterhin ihre Wachstumskurve; auf sie bezieht sich in ausgesprochenem Maße all das, was oben über das Wachstum der Kinder mit mangelhafter Konstitution gesagt wurde (S. 51).

Die Hauptursache der Wachstumsstörungen der Frühgeburten ist die
Unreife, der durch die mangelhafte Funktion der unreifen inneren Organe
hervorgerufene Komplex. Es mag dahingestellt bleiben, ob dabei der mangel-
haften Funktion der endokrinen Drüsen eine größere Bedeutung zukommt
als der kalorischen Unterernährung infolge mangelhafter Entwicklung und
Rückständigkeit der fermentativen Verdauungsvorgänge. Es treten hinzu
akzidentelle Ernährungs- und andere Störungen, Infektionen, Rachitis, das

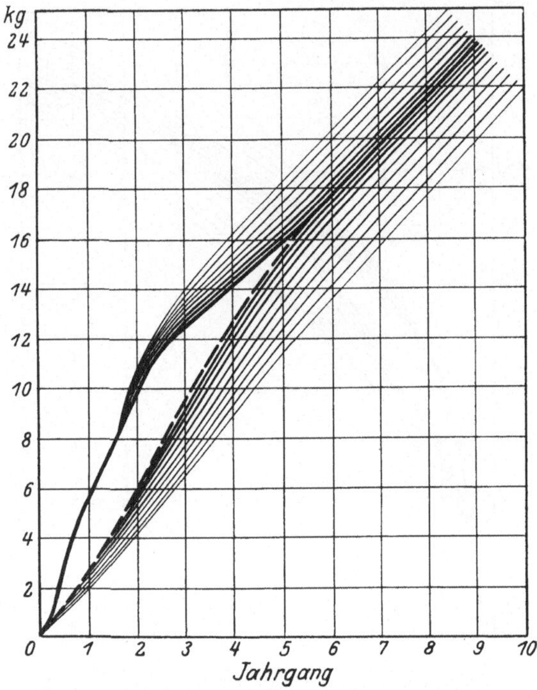

Abb. 8. **Das Massenwachstum der Frühgeburten.**
(Aus: Ylppö, Pathologie der Frühgeburten.)
————: Durchschnittskurve des Massenwachstums bei ausgetragenen normalen Kindern.
— — —: Durchschnittskurve des Massenwachstums bei Frühgeborenen. Beschattete
Zone: Variationsbreite des Massenwachstums bei Frühgeburten. Zwischen der dicken
und der unterbrochenen Linie die Schädigungszone. Jahrgang = Konzeptionsalter.

Fehlen der das Wachstum fördernden aktiven Bewegungen, die durch die
Fettarmut der Haut besonders starke Belastung des Wärmestoffwechsels. Zu
allem kommen dann noch, insbesondere bei der zuletzt aufgestellten, dauernd,
auch im Endergebnis zurückbleibenden Gruppe, endogene Faktoren.

Bei Zwillingen kommt es nicht selten zur Konkurrenz zwischen beiden
in bezug auf Raum und Ernährung, und dabei ist dann in der Regel mehr das
Gewicht als die Länge rückständig. Gesunde Zwillinge pflegen diese Hemmung
rasch zu überwinden (Reiche). Andererseits sind eineiige Zwillinge oft dadurch
interessant, daß ihre Wachstumskurven derart parallel zueinander verlaufen,
daß diese sogar durch interkurrente Erkrankungen gleichmäßig gestört werden.
Schließlich gibt es nicht so selten Kinder, die am rechtzeitigen Ende der

Schwangerschaft auffallend klein geboren werden, rein hypoplastische Kinder. Auf das Vorkommen solcher reiner Hypoplasie, solcher ganz gesunder, nur auffällig klein angelegter Kinder, mit gleichmäßig gegenüber der Norm gesenktem Verlauf ihrer Wachstumskurve haben Tobler und Bessau aufmerksam gemacht. Camerer jun. gibt an, daß solche Kinder mit abnorm kleinem Geburtsgewicht lange Zeit, bis zu 6 Jahren, hinter Kindern mit mittlerem Geburtsgewicht bei ungestörtem Aufwuchs zurückbleiben. Doch gibt es auch Säuglinge dieser Art, die sich wie die Frühgeborenen der oben skizzierten ersten Gruppe verhalten, mit einem über die Norm reifgeborener Kinder hinausgehenden Maßenwachstumspotential (Escherich). Nach Freund ist die Längenzunahme in den ersten sechs Monaten, angegeben in Prozenten der Geburtslänge, bei den kleinsten Neugeborenen am größten und nimmt mit zunehmender Geburtslänge immer mehr ab.

$$\text{Neugeborene bis 45 cm wachsen in 6 Monaten um } 28,1\,\%$$
$$\text{,,} \qquad \text{von 46—50 cm um } \dots \dots \dots 25,2 \text{ ,,}$$
$$\text{,,} \qquad \text{über 50 cm um } \dots \dots \dots \dots 22,6 \text{ ,,}$$

Die bei schweren Ernährungsstörungen der Säuglinge gelegentlich zu beobachtenden Wachstumshemmungen decken sich in weitgehendem Maße mit den oben geschilderten Beobachtungen von Störungen des Wachstums nach quantitativ unzureichender Ernährung. Solange die Erkrankung nicht über eine gewisse Intensität und Dauer hinausgeht, schreitet trotz ausbleibender Gewichtszunahme, ja auch bei Gewichtsabnahme das Längenwachstum unbekümmert fort; andererseits werden Wachstumsstörungen bei allen möglichen Ernährungsstörungen und Nährschäden beobachtet (Camerer, Birk, Freund, Peiper, Aron, Stolte, Variot, Lascoux). Es lassen sich dabei mehrere Gesetzmäßigkeiten erkennen. Die Wachstumshemmung ist abhängig von der Schwere und Dauer der Ernährungsstörung und vor allem auch vom Alter des erkrankten Säuglings; bei 6—8 Monaten alten Säuglingen kommt es kaum mehr zu einer deutlichen Hemmung des Längenwachstums (Birk). Regelmäßig und sehr bemerkenswert ist die Dissoziation des staturalen und ponduralen Wachstums (Variot); die Länge bleibt immer in viel schwächerem Maße hinter der Norm zurück als das Gewicht. Pfaundler sah den Livischen Index sinken auf 2,7—2,6, ausnahmsweise sogar bis auf 2,47, während er bei den Säuglingen der Armenbevölkerung gewöhnlich 2,8—3,0 beträgt.

Der Wiederanstieg des Längenwachstums setzt bei den verschiedenen Formen von Ernährungsstörungen zu verschiedenen Zeiten der Reparation ein. Waser hat hierüber die genauesten Messungen vorgenommen. Bei der Pylorusstenose, bei der mit dem völligen Gewichtsstillstand auch ein solcher des Längenwachstums einsetzt, wohl infolge des Mangels an Betriebswasser, also durch Durstwirkung, setzt nach Aufhören der Stenose und der dadurch bedingten Inanition sofort wieder ein normales Längenwachstum ein; ebenso hat bei schwereren Dyspepsien das zurückgebliebene Längenwachstum in ausgesprochenem Maße die Tendenz, bei günstiger Ernährung mit beschleunigter Energie wieder nachzuwachsen (L. F. Meyer). Dagegen ist bei schwerer Dekomposition der Nachwuchs in der Reparationsperiode sehr abhängig von dem ponderalen Zustand und setzt manchmal erst ein, nachdem das ursprüngliche Gewicht wieder erreicht ist. Bei künstlicher Ernährung erfolgt unter

Umständen der Wiederanstieg rascher als bei natürlicher Ernährung mit Frauenmilch, bei dem verhältnismäßig geringen Gehalt der letzteren an Salzen und Eiweiß. Schließlich sei als wichtig noch einmal die allgemeine Regel und Gesetzmäßigkeit betont, daß auch nach sehr schweren Ernährungsstörungen der Wachstumstrieb kaum je einmal dauernd leidet, derart, daß eine dauernde Wachstumshemmung zurückbliebe; Blühdorn und Lohmann fanden bei einer Nachprüfung des späteren Schicksals von schwerernährungsgestörten Säuglingen bei den 7—12jährigen Kindern ausnahmslos normales Längenwachstum und höchstens eine geringe Untergewichtigkeit.

Besonders anzuführen ist der sog. intestinale Infantilismus Herters, die schwere chronische Verdauungsinsuffizienz Heubners bei jüngeren, unter Umständen auch bei älteren Kleinkindern, die mit hochgradiger Atrophie, nicht nur mit enormem Rückstand im Gewicht, bis zu 5 und 6 kg im 3. und 4. Jahr, sondern auch mit entsprechender Hemmung des Längenwachstums, bis zum Zwergwuchs, einhergeht und durch diese Wachstumshemmung geradezu charakteristisch ist.

Bei Untersuchungen über Wachstumsstörungen durch akzidentelle Erkrankungen richtet sich die Aufmerksamkeit naturgemäß besonders auf die Affektionen des Skeletts. Unter ihnen steht die **Rachitis** an Bedeutung wie Häufigkeit obenan. Über das Maß der Hemmung im floriden Stadium der Rachitis bestehen recht geteilte Ansichten; Stöltzner läßt sich hierüber 1906 folgendermaßen aus: „Fast in allen Fällen, in denen die Krankheit schon seit Monaten besteht, ist die Körperlänge der rachitischen Kinder geringer, als es dem normalen Durchschnitt ihres Alters entsprechen würde, und zwar nicht etwa nur durch Verkürzung der Knochen durch vorhandene Verkrümmungen, sondern, zum mindesten in den schwereren Fällen, durch eine wirkliche Beeinträchtigung des Längenwachstums. Gegen Ende oder nach Ablauf des floriden Stadiums kommt es in manchen Fällen sogar zu einem fast völligen Stillstand des Wachstums und damit zum Zwergwuchs."

In vollkommenem Gegensatz hierzu bemerkt Rößle, daß die floride Rachitis als solche den Zuwachs nicht störe: „Nach unseren mikroskopischen Kenntnissen liegt kein Prozeß vor, der die für das Längen- und Dickenwachstum in Betracht kommenden Vorgänge an den Epiphysenfugen und am Periost verringert, wenn man von der gewissen histologischen Unordnung durch Abweichungen von den natürlichen Wachstumsrichtungen absieht. Ob bei der Heilung Schäden an den Wachstumszonen hinterbleiben können, ist mehr als zweifelhaft, da viel stärkere und regelmäßigere Hemmungen als bei der Rachitis glatt ausheilen, das Wachstum aus Apposition besteht, und die Apposition von seiten des bei der Rachitis unbeschädigten Knorpels erfolgt."

Man hat bei der Rachitis zweierlei Arten von Wachstumshemmungen wohl auseinander zu halten: eine solche durch mechanische Störungen, durch Verkrümmungen der unteren Extremität, wozu auch die Coxa vara gehört, und durch Verbiegung der Wirbelsäule, einschließlich der verstärkten Neigung des Beckens, und zweitens eine, wie gesagt, von Rößle in Frage gestellte, aber von Wieland wie früher von v. Recklinghausen scharf betonte, rein rachitische Wachstumshemmung. Ich möchte mich letzteren Autoren anschließen, muß aber zugeben, daß der klinische Nachweis dieser Hemmung durch Messungen der Kleinkinder — im Liegen, unter Berücksichtigung der Verkrümmungen — nur unvollkommen gelingt. Die folgenden Zahlenangaben über Wachstumsdifferenzen bei Rachitikern sind zur Entscheidung dieser Frage nicht zu verwerten; sie sind nur ein Hinweis auf die Größe der Wachstumseinbuße, welche der Körper durch die Verkrümmungen erfährt. Stettner hat bei 150 rachitischen Kindern in den ersten sechs Lebensjahren eine Einbuße bis zu 7,5 cm errechnet; später fand ein Ausgleich bis auf 2,6 cm statt. Ungewöhnlich große Wachstumseinbußen stellte Wohlauer fest: im ersten Lebensjahr blieben die Rachitiker hinter Kindern desselben Milieus nur um 0,4 cm zurück, im zweiten Lebensjahr um 2,7 cm, im dritten Lebensjahr um 8! cm. Bei den Mädchen war die Differenz außerordentlich viel kleiner als bei den Knaben (was der gewöhnlichen Beobachtung durchaus widerspricht, Verf.). Gegenüber der Einbuße der Körperlänge durch die rachitischen Verkrümmungen ist diejenige durch die rein rachitische Wachstumshemmung als solche jedenfalls nur gering und mit Sicherheit wird sie wieder vollkommen ausgeglichen. Das geht aus den Untersuchungen Wimbergers und Choses wie aus meinen eigenen Messungen hervor.

Wimberger hat röntgenometrische Wachstumsstudien an rachitischen Säuglingen vorgenommen. Die Jahreszuwachskurve der normal wachsenden Tibia stellt eine flache Wellenlinie dar, deren Höhepunkt in den Juli, deren Tiefpunkt in den Februar fällt. Beim vitaminarm ernährten rachitischen Säugling bekommt die Wellenlinie einen steileren Herbstabfall und ebensolchen Frühjahrsanstieg. Bei der Rachitis wird das Wachstum schon einige Zeit vor dem Röntgennachweis verlangsamt und sinkt unter das Maß des normalen Winterzuwachses. In der Reparation setzt sich das Wachstum über der rachitischen Zone in einer der normalen Kurve entsprechenden Höhe fort und scheint weiterhin sogar steiler als der normale Durchschnitt zu verlaufen. Das Wachstum erleidet also durch die Rachitis keine dauernde Einbuße; das über das Mittelmaß gesteigerte Frühjahrswachstum kann als Besonderheit der Rachitisrekonvaleszenz aufgefaßt werden.

Chose aus der Pfaundlerschen Klinik konnte bei früher rachitischen Kindern im Einschulungsalter keine Wachstumseinbuße mehr feststellen. Ich habe diese Beobachtung nachgeprüft; 3,6% der Insassen höherer Schulen und 11,5% der — allerdings zum Teil jüngeren — Volksschüler zeigten noch rachitische Skelettveränderungen. Ihre Größe lag wohl etwas unter dem Durchschnittsmaß, indem 47% kleiner waren, davon 17% um mehr als 10 cm, und nur 44% größer als der Durchschnitt. Berücksichtigt man aber den Allgemeinzustand der Rachitiker, was gerade hier von Belang ist, so decken sich die Werte des Längenwachstums bei den Rachitikern vollkommen mit denen der nicht rachitischen Kinder derselben Körperverfassung. Es läßt sich also bei der Rachitis, abgesehen natürlich von den Verkürzungen durch dauernde Verkrümmungen, keine dauernde Einbuße des Längenwachstums feststellen; eine Hemmung findet höchstens in dem Maße statt, als durch die Rachitis das gesamte körperliche Verhalten des Kindes eine Änderung und Minderung erfährt.

Bei der Möller-Barlowschen Krankheit wurden keine Wachstumsstörungen beobachtet, wohl aber einmal bei einer chronischen Arthritis nach

Übergreifen des Prozesses auf die Epiphysenlinien (Algyogyi, zitiert bei Husler: Handbuch der Kinderheilkunde. 2. Aufl.).

Die **Infektionskrankheiten** scheinen das Wachstum nicht zu beeinflussen. S. 59 wurde der Annahme des gelegentlichen Befunds außerordentlicher Wachstumssteigerung in der Rekonvaleszenz nach schweren Infektionskrankheiten Raum gegeben; doch stehen, wie oben betont, ausreichende Bestätigungen dieser Annahme noch aus. Bei den Säuglingen wird das Wachstum durch Infektionen nur auf dem Umweg über Ernährungsstörungen gehemmt. Über die Lues gibt Stettner an, daß ihre Wirkungen nicht einheitlich seien; meist mache sie starke Verzögerung, oft gänzlichen Stillstand des Wachstums, gleichzeitig mit Stillstand der Differenzierung, während die Osteochondritis syphilitica manchmal als Anreiz zu vorzeitiger Reifung wirke. Peiser hat eingehend den Einfluß der Tuberkuloseinfektion auf die körperliche Entwicklung der Kinder studiert. Er stellte nicht nur bei tuberkulös belasteten und auf Tuberkulin positiv reagierenden Kindern ohne objektiven Befund durchschnittlich eine größere Länge fest als bei dem unverdächtigen Vergleichsmaterial, sondern auch bei Kindern mit tuberkulösem Primärherd in der Lunge und mit manifester Lungentuberkulose. Die nur eben pirquetpositiven Kinder hatten auch durchschnittlich ein größeres Gewicht als ihre negativ reagierenden Geschwister, die anderen, etwa mit Bronchialdrüsenvergrößerung, hatten gleiches Gewicht, und nur die Kinder mit manifester Lungentuberkulose zeigten einen mehr oder minder großen Gewichtsrückstand; bei diesen fiel auch der Breitenindex wesentlich kleiner aus, noch nicht aber bei jenen mit tuberkulösem Primärherd in der Lunge. Thiele kam zu einem etwas anderen Ergebnis; wohl sah auch er Kinder mit manifester Tuberkulose, die in ihrer körperlichen Entwicklung sich kaum von Gesunden unterschieden; andere sechsjährige, mit nachweisbarer tuberkulöser Ansteckung, blieben aber in Länge und Gewicht zurück, bis gegen die Pubertätsjahre; dann folgte ein rasches Nachholen der Länge ohne entsprechende Auffüllung des Gewichts, was dann zu dem bekannten Bild des Habitus phthisicus führte.

Den Wachstumsrückstand der Trinkerkinder, infolge Keimschädigung durch chronische Alkoholintoxikation der Eltern, hat Laitinen studiert; Hertzka stellte fest, daß die Kinder der Trinker erst nach Ablauf der Säuglingsperiode hinter den Wachstumszahlen der Kinder von enthaltsamen Eltern zurückbleiben. Ich untersuchte die Verhältnisse an dem Schülermaterial einer Hilfsschule, das wegen der Häufigkeit der Trinkerkinder hierzu besonders geeignet erscheint. Der Wachstumsrückstand entspricht der allgemeinen Konstitutionsverschlechterung. Von den Trinkerkindern waren $33\,^0/_0$ gut entwickelt, $57\,^0/_0$ mäßig, $9\,^0/_0$ mangelhaft, gegenüber 56, 36 und $8\,^0/_0$ des Durchschnitts.

Gelegentlich beobachtet man bei schweren Herzfehlern, namentlich bei der Mitralstenose, und zwar nicht nur bei angeborenen, sondern auch bei erworbenen, allerdings in früher Kindheit erworbenen, schweren Herzfehlern, gleichzeitig mit einem hochgradigen Zurückbleiben der gesamten Entwicklung, mit Infantilismus und verspäteter Geschlechtsreife, ein hochgradiges, dauerndes Zurückbleiben der Länge und des Gewichts, den „Nanisme mitral" (Gilbert und Rathery). Diesen Fällen kann ich Beobachtungen von schweren Bronchiektasien, die im frühen Kleinkindesalter einsetzten, zur Seite stellen. Diese

Beobachtungen sind Beispiele dafür, daß auch exogene Zufälle, akzidentelle Erkrankungen den Wachstumstrieb dauernd aufs schwerste schädigen können. Letzten Endes wird hier die Wachstumshemmung verursacht durch eine Art von Vergiftung, durch dauernde Überladung des Blutes mit Kohlensäure, ohne die Möglichkeit einer Kompensierung. Aber bei leichteren Erkrankungen wird derartiges nicht beobachtet. Von der Chlorose wurde dies schon behauptet; aber Tandlers Chlorosetheorie, der zufolge das Leiden durch eine pathologische Frühreife gekennzeichnet ist, als deren wichtigstes Zeichen ein frühzeitiger Epiphysenschluß zu betrachten wäre, ist nicht haltbar. Wie es Chlorotische — und nicht chlorotische Individuen — von kleinem Körperwuchs mit frühem Epiphysenschluß gibt, so finden sich auch genug große, schlanke Chlorotische mit noch offenen Epiphysenfugen. Weiter ist noch die gelegentliche Beobachtung von Wachstumsstörungen beim Diabetes insipidus zu erwähnen; vielleicht beruht hier die Hemmung nicht nur auf einer funktionellen Störung der innersekretorischen Drüsen, speziell der Hypophysis, sondern auch direkt auf einer beträchtlichen Ausschwemmung von als Bausteinen wichtigen Nahrungsstoffen, wie Stickstoff, Kalk, bei der Durchspülung des Körpers mit großen Flüssigkeitsmengen.

Schließlich kommen noch in Betracht die Wachstumshemmungen im Verlauf und als Folgen von **Erkrankungen des Nervensystems;** sind sie doch ein wichtiger Hinweis auf die Bedeutung des Reizes der aktiven Bewegungen wie überhaupt der Umweltreize, der Sinneseindrücke auf das Wachstum, auf die Mittlerrolle des Nervenapparates bei diesem Vorgang. Genugsam bekannt und wegen seiner Unbeeinflußbarkeit gefürchtet ist der Wachstumsrückstand in gelähmten Gliedern; er wird im allgemeinen um so beträchtlicher, je jünger das Kind bei Eintritt der Lähmung war, so bei der peripheren Plexuslähmung, insbesondere der unteren Cervicallähmung, dann bei der Heine-Medinschen Krankheit und bei der Hemiplegia spastica infantilis, während bei der Diplegia spastica die Wachstumshemmung viel seltener ist oder vielleicht auch nur wegen ihrer Doppelseitigkeit weniger in die Erscheinung tritt. Endlich werden zuweilen starke Wachstumshemmungen beobachtet nach einer Encephalitis, bei Mikrocephalie und anderen schweren Formen der Idiotie.

Vor allem sei aber hier noch hingewiesen auf die regelmäßige, mehr oder weniger beträchtliche Wachstumsrückständigkeit bei den schwachbegabten Kindern der Hilfsschulen. Sie steht in direktem Gegensatz zu dem ebenso ausgesprochenen hohen Wuchs auf der diametralen Gegenseite, bei den Gymnasiasten. Wohl konkurrieren hier auf beiden Seiten in ausgesprochenem Maße wachstumshemmende bzw. wachstumsfördernde, zum mindesten die Entwicklung fördernde Umstände, hier Armut, nicht selten tiefstes Proletariat, dort günstige Vermögensverhältnisse bis zum Luxus, hier vielfach nur mäßige Körperverfassung mit zahlreichen krankhaften Erscheinungen, dort Gesundheit und Körperkultur. Aber der Kernpunkt, das Charakteristikum, das Prinzip der Einschulung ist doch bei der einen Gruppe schwache Begabung, intellektuelle Minderwertigkeit, bei der anderen zum mindesten die Voraussetzung einer höheren geistigen Begabung, der Veranlagung zu angestrengter geistiger Arbeit.

Bei meinem 300 Kinder umfassenden Hilfsschulmaterial waren diese beim Eintritt in die Hilfsschule im 8. Lebensjahr bezüglich des Längenwachstums durchschnittlich um einen Jahreszuwachs hinter ihren Altersgenossen aus der Volksschule rückständig, später noch mehr; im 14. Jahr waren sie durchschnittlich um 10% kleiner als die Volksschüler, anstatt 152 cm maßen sie nur 137 cm. Die Rückständigkeit im Massenwachstum ist anfänglich nicht weniger groß; aber gegen Ende der Schulzeit gleicht sie sich etwas aus.

Tabelle 23. **Zurückbleiben der schwachbegabten Hilfsschüler im Wachstum.**

Alter	Gymnasiasten	Volksschüler	Hilfsschüler	Gymnasiasten	Volksschüler	Hilfsschüler
	Länge			Gewicht		
7	122,0	119	—	—	—	—
8	126,8	123	120	24,5	22,6	22,2
9	132,6	127	121	26,9	24,7	23,0
10	135,5	131	127	28,9	27,1	24,1
11	139,9	135	131	31,4	28,2	25,9
12	145,2	141	135	34,7	32,3	26,4
13	150,5	148	136	38,8	35,6	34,9

Das entgegengesetzte Extrem stellen die geistig angeregten Gymnasiasten dar, die im 15. bis 16. Jahr um 9 bzw. $10^1/_2$ cm und um $5^1/_2$ bzw. 6 kg ihre Altersgenossen unter den gewerblichen Lehrlingen überragen. Folgende Tabelle von Paull aus Karlsruher Volksschulen im Jahre 1922/23 illustriert ebenso deutlich die außerordentliche Rückständigkeit der Hilfsschüler im Wachstum.

Tabelle 24. **Durchschnittliche Größenabweichung und Gewichtsabweichung der Hilfsschüler gegenüber nie repetierenden Volksschülern.**

Altersklassen von — bis Jahre	Knaben		Mädchen	
	cm	kg	cm	kg
7 — $7^1/_2$	—3,9	—0,3	—1,8	—0,6
$7^1/_2$— 8	—2,1	—0,6	—2,4	—0,6
8 — $8^1/_2$	+1,0	—0,3	—4,3	—0,8
$8^1/_2$— 9	—3,7	—0,8	—4,0	—1,2
9 — $9^1/_2$	—0,8	—0,7	—6,5	—2,2
$9^1/_2$—10	—2,4	—0,4	—7,1	—3,5
10 —$10^1/_2$	—2,7	—0,8	—4,4	—2,9
$10^1/_2$—11	—4,7	—1,5	—5,7	—2,5
11 —$11^1/_2$	—4,6	—1,1	—0,9	+1,0
$11^1/_2$—12	—2,6	+0,9	—3,0	—1,5
12 —$12^1/_2$	—4,2	—1,3	—5,2	—4,0
$12^1/_2$—13	—6,0	—2,6	—2,4	—2,5
13 —$13^1/_2$	—3,6	—2,5	—8,9	—5,6
$13^1/_2$—14	—3,4	—1,9	—7,1	—5,7
14 —$14^1/_2$	—3,3	—4,4	—7,5	—3,5

Vielleicht am meisten konstitutionsverschlechternd, mehr noch als Lues und Tuberkulose, wirken, möglicherweise indirekt auf cerebralem Wege, Beschädigungen des Fötus durch Bestrahlung mit Röntgenstrahlen, wofür in neuerer Zeit eine Reihe von Beobachtungen mitgeteilt werden (Aschenheim). Zum Teil handelt es sich dabei um mikrocephale, imbezille Kinder mit langsamer körperlicher und geistiger Entwicklung, namentlich auch mit verlangsamter Knochenreifung. Unter den Mißbildungen sind die Augenstörungen besonders häufig. Die Tiefenbestrahlung wurde meist im 1. oder 2. Schwangerschaftsmonat vorgenommen.

Literatur.

Frühgeborene: Nr. 77, 80, 84, 156, 184, 232, 267, 296, 311.
Ernährungsstörungen: Nr. 62, 208, 286, 301.
Rachitis: Nr. 53, 177, 209, 239, 285, 304, 308.
Tuberkulose: Nr. 203, 205. 289, 308.
Andere Erkrankungen: Nr. 7, 93, 96, 122a, 151, 153. 200, 203, 276, 302.

XIII. Die Wachstumsstörungen bei primärer Funktionsstörung der endokrinen Drüsen.

Der wichtigste Abschnitt der Wachstumspathologie, ihr Kernpunkt, man kann wohl sagen die eigentliche Wachstumspathologie, umfaßt die durch primäre Erkrankungen und Funktionsstörungen im System der endokrinen Drüsen hervorgerufenen Wachstumsstörungen. Einerseits begegnen wir hier den weitaus schwersten Fällen von Wachstumshemmungen wie auch von wirklichen Wachstumsbeschleunigungen und Übertreibungen, Wachstumsformen, die sich in vieler Hinsicht, zum Teil grundsätzlich, von all den oben besprochenen transitorischen Wachstumsstörungen exogener Natur unterscheiden, andererseits sind die Beziehungen zwischen Wachstum und innerer Sekretion so eng und innig, daß auch schon leichtere Affektionen der endokrinen Drüsen, z. B. die einfache Hyperthyreoidie, sich deutlich im Ablauf des Wachstums der betreffenden Kinder dokumentieren. Zuweilen ist die Wachstumsstörung das erste und einzige Symptom einer Affektion im System der inneren Sekretion.

Nach dem heutigen Stand der Forschung besteht die Annahme, daß in jedem Fall von Wachstumsstörung, auch bei den zahlreichen und mannigfachen, exogen und akzidentell verursachten Formen und gerade bei diesen das endokrine System mitbeteiligt ist, daß überhaupt alle Wachstumsstörungen nur zustande kommen auf dem Umweg über die endokrinen Drüsen. Man kann die Beziehungen zwischen Wachstum und innerer Sekretion, die Rolle der endokrinen Drüsen für das Wachstum etwa folgendermaßen formulieren: Die Hauptsache, das Fundamentale, ist der endogen ererbte Wachstumstrieb. Die Auslösung dieses Triebes, seine Steuerung und Regulation, bald in förderndem, bald in hemmendem Sinne, unter Aufrechterhaltung eines beweglichen Gleichgewichts, diese bedeutsame, zum Teil unentbehrliche Rolle als Vermittler, wenn auch nicht als einziger Vermittler des Wachstums, kommt den endokrinen Drüsen zu. Einzelne Forscher nennen sie direkt Wachstumsdrüsen; wenn die für das Wachstum notwendigen Hormone in den endokrinen Drüsen nicht gebildet werden, bleibt das Wachstum aus. Auf die engen Beziehungen dieser Drüsen mit den Vitaminen, mit denen sie in ihrer Wirkungsweise große Ähnlichkeit haben — manchmal besteht geradezu ein Parallelismus zwischen beiden —, wurde oben hingewiesen (S. 72).

In erster Reihe kommen diejenigen innersekretorischen Drüsen in Betracht, die ausschließlich innersekretorische Aufgaben zu erfüllen haben, die Thymus, die Schilddrüse, die Hypophysis; den Epithelkörperchen, dem Pankreas und wohl auch den Nebennieren kommt eine engere Beziehung zum Wachstum augenscheinlich nicht zu; die Keimdrüsen nehmen eine gewisse Sonderstellung ein; ihre Wirkung entfaltet sich vor allem auf die Entwicklung und erst im Zusammenhang damit auf das Wachstum. Jede der genannten Drüsen hat einen charakteristischen Anteil an den Phasen und Formen des Wachstums. Andererseits besteht ein enger Zusammenhang zwischen den einzelnen Drüsen; ihre gegenseitige Beeinflussung geht fast aus jedem Tierexperiment hervor.

Die Wachstumshemmungen können von den verschiedensten Organen ausgelöst werden; andererseits gibt es kein Organ, dessen Ausfall alle Reifeerscheinungen des Körpers verhindern könnte.

Der Zeitpunkt des Inkrafttretens, zum mindesten des Sichtbarwerdens der Funktion ist bei den einzelnen Drüsen sehr verschieden. Im frühen Fötalleben ist ein Einfluß auf das Wachstum nicht erkennbar, abgesehen von der Chondrodystrophie. Ein Ausfall der Schilddrüse wird, trotzdem Mißbildungen an ihr in frühe Fötalmonate zurückgehen, erst im 2. Lebenshalbjahr sichtbar, derjenige der Hypophysis zwischen dem 4. und 15. Lebensjahr. Jugendlicher Riesenwuchs ist nicht vor dem 12. Lebensjahr bekannt; die Wuchsstörung des Hypogenitalismus, des eunuchoiden Hochwuchses wird auch erst zur Zeit der Pubertät beobachtet. Bezüglich des Zeitpunktes, in der die Thymusdrüse wirksam ist, muß maßgebend sein, daß sie nur im wachsenden Organismus blüht und mit Abschluß des Wachstums gesetzmäßig verwelkt, als erstes Organ, das der Involution anheimfällt. Die Wirkungssphäre der Keimdrüsen ist namentlich die Zeit des Wachstumsabschlusses; er findet sich so regelmäßig verzögert bei verspäteter geschlechtlicher Ausreifung, andererseits wiederum sowohl rassenmäßig als auch individuell so regelmäßig früh bei zeitigem Pubertätseintritt, daß der Abschluß des Längenwachstums durchaus von den Geschlechtsdrüsen abhängig zu sein scheint. Die Keimdrüsen sperren die Osteogenese, verriegeln die Epiphysen.

Rößle, dessen Studien wir eine wesentliche Förderung auf diesem gesamten Gebiet verdanken, betont die Wichtigkeit, gerade bei den hier in Rede stehenden Erkrankungen mehr noch als sonst Wachstum und Entwicklung und noch mehr die Reifung, die Differenzierungsvorgänge, auseinander zu halten und schlägt hierfür eine neue Nomenklatur vor. Während Pfaundler mit Proto- bzw. Hysteroplasie die Beschleunigung bzw. Hemmung der gesamten Entwicklung und damit als einer Teilerscheinung auch die des Wachstums bezeichnet, nennt Rößle das reine, vorzeitige, übertriebene Wachstum Proinotrophie, das verspätete, verlangsamte Bradytrophie, eine Störung der Ebenmäßigkeit, Mißwuchs, Dystrophie; der primordiale Zwergwuchs mit ungestörter Entwicklung in geschlechtlicher Hinsicht wie auch bezüglich des Knochenbaues und der geistigen Fähigkeiten, ist ein Beispiel für reine Bradytrophie ohne Hysteroplasie, während der infantilistische Zwergwuchs eine Bradytrophie mit Hysterodysplasie, mit verzögerter Entwicklung darstellt. Bei der ausführlich zu besprechenden Hyperthyreoidie des Kindesalters besteht eine geringe

Proteroplasie mit Proinotrophie; die Pubertas praecox ist eine Proteroplasie, bei der eine vorübergehende Proinotrophie später in eine Bradytrophie mit Proportionsstörungen übergehen kann. Der Eunuchoidismus ist eine mit Dystrophie verbundene Hysterodysplasie.

Die Chondrodystrophie ist das klassische Beispiel reiner Dystrophie mit im ganzen normaler Entwicklung. Für verzögerten Wachstumsabschluß, den Nachwuchs, wie wir ihn schon oben bei einer Reihe von Kategorien beobachteten, schlägt Rößle als Wachstum zur Unzeit die Bezeichnung Akairotrophie vor, für den Wachstumsstillstand Atenie und für das Verharren auf einer primitiven Entwicklungsstufe Neotenie.

Die schwereren Fälle von Wachstumsstörungen durch primäre Erkrankung der Drüsen mit innerer Sekretion, diese elektiven Wachstumsstörungen sind, wie schon erwähnt, dadurch charakterisiert, daß sie nicht, wie die Fälle von Kleinwuchs infolge exogener Wachstumshemmungen, auf die normale Variationsbreite beschränkt bleiben; vielmehr handelt es sich hier um mehr oder weniger ausgesprochenen **Zwergwuchs,** um krankhaften Unterwuchs, um Mikrosomie. Zu dieser starken dauernden Beeinträchtigung der Gesamtlänge kommt es auch noch in schwereren Fällen, die gerade hierdurch als solche tiefgehende Störungen charakterisiert werden, zu Dysproportionen, namentlich zu einem Stehenbleiben auf einer Proportion, die schon längst durchlaufen sein sollte. So weisen nicht selten zwerghafte Jugendliche nach den Pubertätsjahren Proportionen auf, wie sie im Kleinkindesalter die normalen sind.

Bei den angedeuteten pathologischen Wuchsformen handelt es sich zum Teil um Dauerzustände, manchmal aber auch nur um temporäre, endogen bedingte Hemmungen des Längenwachstums. Rosenstern beschreibt ausführlich solche Fälle von temporärem Zwergwuchs, von hochgradiger, aber eben doch nur temporärer Rückständigkeit, meist mit frühinfantilen Proportionen. Es sei die Einteilung des Zwergwuchses nach dem ebengenannten Verfasser wiedergegeben:

A. Hyposomie mit normalen Proportionen:
1. Der reine Miniaturtyp, mit dem Alter entsprechenden Proportionen. Nicht minderwertig. Arons Hypoplasie. Nanosomia primordialis.
2. Die Hypotrophie, durch exogene Störungen; heilbar. Mit staturaler und ponderaler Dissoziation.
3. Die Hypoplasie endogenen Ursprungs; angeboren; nicht beeinflußbar.

B. Hyposomie mit frühinfantilen Proportionen:
1. Nanosomia infantilis, im Laufe der Entwicklung sich einstellend, mit Infantilismus universalis, mit Verzögerung der geistigen Entwicklung.

C. Hyposomie mit Dysproportionen:
1. Rachitis, 2. Mikromelie, 3. Chondrodystrophie.

Demgegenüber gibt Rößle folgende Einteilung des Zwergwuchses: 1. primordialer, 2. dysgenitaler, a) infantilistischer, b) sexogener oder glandulärdysgenitaler, 3. hypophysärer (dyspituitärer), 4. thyreogener (dysthyreotischer), 5. dyszerebraler, 6. Chondrodystrophie (Achondroplasie), 7. rachitischer Zwergwuchs, 8. seltene, fragliche und Mischformen. Hinsichtlich des Verhaltens der Proportionen bei den verschiedenen Zwergwuchsformen macht Rößle die Bemerkung, daß selbst nicht bei den primordialen Zwergen, noch viel weniger bei den anderen Formen vollkommen normale Altersproportionen vorliegen, etwa derart, daß die wohlgebildeten, „normalen“, primordialen Zwerge gleichmäßig verkleinerte Erwachsene darstellten, wie man sie mit umgekehrt gehaltenem Opernglas sieht. Das ist keineswegs der Fall; vor allem ist fast immer der Kopf zu groß, und auch die infantilen Proportionen beim Infantilismus liegen gewöhnlich weiter zurück, als es den Ausmaßen des Körpers entspräche. Vollends bei dem verkrüppelten Rachitiker, noch mehr bei dem unförmigen Schilddrüsenkretin, und nun gar bei dem chondrodystrophischen Zwerg sind die Dysproportionen hochgradig.

Eine Beschreibung der verschiedenen Zwergformen liegt außerhalb des Rahmens dieser Arbeit. Es sei bezüglich ihrer Pathogenese wie des klinischen bzw. anatomischen Befunds auf die vorzügliche, die Literatur umfassende Darstellung Rößles verwiesen. Nur über die Kindheit dieser mißwüchsigen Personen, insbesondere über ihr Verhalten, ihre Größe bei der Geburt, über den Ablauf ihres Wachstums sei hier einiges mitgeteilt, das verhältnismäßig wenige, was gerade hierüber von den so zahlreich in der Literatur veröffentlichten Fällen von Zwergwuchs berichtet ist. In ausgesprochenen Fällen — es gibt Mischformen der verschiedensten Art, ja diese sind vielleicht noch häufiger als die reinen Formen, — stehen sich die angeborenen, in der Anlage bedingten, zuweilen nachweislich vererbten primordialen Zwerge und die erworbene, infantile Nanosomie in vieler Hinsicht fast diametral gegenüber: Die primordialen oder hypoplastischen Zwerge werden schon allzu klein geboren. Brünings Miniaturkind maß bei der Geburt, 14 Tage vor dem normalen Ende der Gravidität, 39 cm bei einem Gewicht von 1500 g; im Alter von 17 Monaten maß es 48 cm und war 2350 g schwer. Ein schönes Beispiel über den Ablauf des Wachstums bei „Nanosomia vera“ gibt Cornelia de Lange:

Bei der Geburt	1250 g	34 cm
Ende des ersten Jahres	2500 g	—
Ende des zweiten Jahres	3000 g	54 cm
3. und 4. Jahr	4000 g	62—64 cm
5. Jahr	5000 g	70 cm
Zuletzt 7. Jahr	5000 g	70 cm

Die Harmonie des Körpers ist, wie gesagt, beim primordialen Zwerg kaum gestört; die Proportionen sind jedenfalls die besten, die man bei den Zwergformen findet. Aber auch der Wachstumstrieb als solcher ist kaum gestört; er wird nicht zu früh erschöpft, und wenn er nicht zu genügendem Wachstumsergebnis führt, so ist im wesentlichen daran schuld, daß er sich an einer stark verringerten Wachstumsmasse abspielt. Der Eintritt der Pubertät, der Geschlechtsreife, erfolgt regelrecht wie die Reifung des Skeletts. Zum mindesten theoretisch sind diese Zwerge zeugungsfähig. Der Grad ihrer Intelligenz hängt mehr von dem äußeren Milieu als dem Zwergwuchs ab.

Ganz anders beim dysgenitalen, hypogenitalen, infantilistischen Zwergwuchs, gewissermaßen dem höchsten Grade des Infantilismus, wobei bald Infantilismus und Hypogenitalismus einander koordiniert sind, bald — seltener — letzterer dem ersteren übergeordnet ist. Durchweg wiederholt sich bei der Schilderung der einzelnen Fälle, soweit darauf Bezug genommen ist, die Angabe, daß die Kinder normal groß zur Welt kamen, daß ihr Wachstum eine Zeit lang normal vor sich ging, bis, gewöhnlich im Anschluß an ein

Trauma, meist ein Kopftrauma, oder an eine schwerere Erkrankung, das Wachstum sich verlangsamte, schließlich so gut wie stillgelegt wurde. Gewöhnlich setzt die Störung zwischen dem 4. und 9. Jahr ein. Die Hemmung des Wachstums und der Entwicklung ist im allgemeinen um so schwerer, je früher die Störung eintritt. Die Wachstumsfugen des Skeletts bleiben lange Zeit, manchmal dauernd offen. Das Genitale ist hypoplastisch. Es finden sich alle Grade der Entwicklungshemmung, angefangen von einer Abschwächung der primären und sekundären Geschlechtsmerkmale bis zum vollkommenen Ausbleiben jeder geschlechtlichen Reifung; zu einer geschlechtlichen Vollreife gelangen diese Individuen nie. Nicht so ganz selten handelt es sich aber nur um eine Latenzperiode des Wachstums, die freilich jahrzehntelang anhalten kann; dann, vielleicht erst mit 30 Jahren, erwacht wieder der zurückgehaltene Wachstumstrieb, und es erfolgt noch ein mehr oder weniger deutlicher Nachwuchs, derart, daß sich z. B. schon mancher Liliputaner gezwungen sah, aus seiner Truppe auszuscheiden. Die Proportionen dieser Zwerge sind gewöhnlich nicht nur infantil, sondern liegen trotz der scheinbaren Harmonie der Formen weiter zurück, als es dem Ausmaß des Längenwachstums entsprechen würde. Die Zwerge sind halbwegs intelligent: meine zwei Beobachtungen kamen noch an der Förderklasse vorbei, wenn sie es auch nur bis zur 3. obersten Volksschulklasse brachten; es fehlt die innere Harmonie (Rößle); die psychische Reifung ist ebenso angehalten wie die körperliche.

Die Jugend der hypophysären Zwerge verläuft sehr ähnlich derjenigen der eben geschilderten dysgenitalen, infantilen Zwerge. Auch hier wird berichtet von normaler Größe bei der Geburt, von normalem Wachstum während mehrerer Jahre, bis im 6.—8.—14. Jahr das Trauma eintritt, die Entwicklung und das Wachstum zum Stehen, so gut wie zum Stillstand kommt. Nicht selten treffen in den Krankheitsbildern Züge hypophysärer Natur mit solchen thyreogener, cerebraler, dysgenitaler Art zusammen. Die Wachstumshemmung und der meist generelle Infantilismus sind auch hier wie oben die wichtigsten Merkmale; so ist ein von Rößle erwähntes Kind in 5 Jahren nur um 8 cm gewachsen. Die Geschlechtsorgane bleiben völlig unentwickelt.

Von den thyreogenen Zwergwuchsformen zeigen einerseits der endemische Kretinismus, beruhend auf einer Thyreohypoplasie, andererseits die sporadische Thyreoaplasie im wesentlichen nur quantitative Verschiedenheiten. Die späteren Kretins sind bei der Geburt normal groß; nach Kocher schützt sie zunächst noch der Einfluß der mütterlichen Schilddrüse. Erst vom 4.—5. Lebensmonat an machen sich die Störungen bemerkbar; die Hemmung des Längenwachstums wird oft erst nach Jahren deutlich; mit ihr verzögert sich auch die Zahnung, der Verschluß der großen Fontanelle. Die Wachstumsfugen bleiben lange Zeit, wenn nicht dauernd, offen. In dem gleichen Maße wie das Wachstum erleidet die geschlechtliche Reifung, der Habitus, der Stoffwechsel eine hochgradige Störung.

Bezüglich des dyszerebralen Zwergwuchses ist zu bemerken, daß gewöhnlich nur sehr frühzeitig erworbene Hirnstörungen, etwa eine aus den ersten Fötalmonaten datierende Mikrocephalie oder Porencephalie, allenfalls noch eine frühinfantile Encephalitis zu Zwergwuchs führen. Auch hier ist die Hemmung um so größer, je frühzeitiger die Störung einsetzt. Anfangs erfolgt der Wuchs noch langsam, bis er schließlich so gut wie ganz zum

Stillstand kommt. Die Chondrodystrophie beginnt ausgesprochen im Fötal-leben, in den ersten Schwangerschaftsmonaten, wenn nicht gar in den ersten Schwangerschaftswochen (Siegert). Die meisten Fälle sterben intrauterin ab, im 6.—9. Monat. Die Überlebenden bekommt man in allen Altersstufen zu sehen. Die Dysproportionen sind die stärksten, die je beobachtet werden. Am verhältnismäßig gut entwickelten Rumpf sitzen stummelartige Glieder: ein teckelartiger Mißwuchs. Der Eindruck der Mißgestaltung wird verstärkt durch den großen Kopf. Der Gang der Entwicklung ist im allgemeinen normal; manchmal kombiniert sich die Wachstumsstörung, die Achondroplasie, die Hemmung der endochondralen Ossifikation bei ungestörter periostaler Ver-knöcherung mit einem Hypergenitalismus. Die Intelligenz ist gewöhnlich recht gut.

So wie Zwergformen dadurch zustande kommen, daß das Wachstum lange Zeit, unter Umständen jahrzehntelang, aussetzt, z. B. beim infantilen Zwerg-wuchs, gibt es auch durch vorübergehende Überstürzung des Wachs-tums Riesenwuchs. Das kommt z. B. bei der Pubertas praecox vor. Neben diesen Fällen von Verfrühung der Entwicklung, bei welcher der Riesenwuchs eine Teilerscheinung der Gesamtstörung ausmacht, gibt es auch Fälle, bei denen nur der Wachstumsvorgang, insbesondere das Skelettwachstum gesteigert erscheint, während die übrige Entwicklung normal verläuft oder gar zurück-bleibt; und bei einer dritten Form führt neben oder auch ohne diese Beschleu-nigung des Wachstums eine abnorme Fortdauer des Wuchses zum Riesen-wuchs; ein an sich in Tempo und Verteilung nicht oder kaum abgeändertes Wachstum findet nicht ein natürliches Ende. Aus dieser kurz skizzierten Patho-genese ergibt sich ohne weiteres, daß der Riesenwuchs gewöhnlich erst in der Pubertät, wenn nicht noch später einsetzt. Von einem ange-borenen Riesenwuchs ist kaum die Rede, wie sich überhaupt auf dem Gebiete des Riesenwuchses keine Gegenbilder zu den verschiedenen Typen des Zwerg-wuchses ergeben, abgesehen etwa von der mit Akromegalie verbundenen Gigantosomie infolge besonders geartetem Hyperpytuitarismus. Aber es gibt keine angeborene, vererbliche, primordiale Gigantosomie; und auch ein auf innersekretorischer Störung beruhender Riesenwuchs tritt höchst selten bereits in der ersten oder zweiten Kindheit auf. Wohl aber kommen im Kindesalter gewisse, meist vorübergehende Wachstumsbeschleunigungen vor, die sicherlich nicht hypophysärer Natur sind, vielmehr ausgelöst werden durch Tumoren der Nebennieren, der Keimdrüsen oder der Zirbeldrüse, Entwicklungs-beschleunigungen neben der Wachstumsbeschleunigung, z. B. bei der Pubertas praecox. So führt Rößle ein Kind an mit 130 cm Körperlänge im 6. Jahr, also einem Wachstumsplus von etwa 4 Jahren, mit Pseudohermaphroditismus masculinus und dem Aussehen eines Mädchens zur Pubertätszeit, oder ein 9jähriges seit dem 3. Lebensjahr menstruierendes Mädchen mit einer die Norm um 30 cm überragenden Körperlänge (150 cm), schließlich einen 4jährigen Knaben mit 121 statt etwa 99 cm Körperlänge und einem Gewicht von 68 statt 28 Pfund, bei ausgesprochenem Hypergenitalismus.

Von einem angeborenen Riesenwuchs ist, wie gesagt, kaum die Rede. Es gibt aber unter den Neugeborenen sog. Riesenkinder, sicher nicht über-tragene Neugeborene mit weit über 4000 g (Winckel). Eine intrauterine Wachs-tumsbeschleunigung oder Wachstumssteigerung erscheint natürlich nur dann gesichert, wenn eine Übertragung durch die Mutter ausgeschlossen werden kann, wenn das wahre Alter der Frucht, das Konzeptionsalter bekannt ist. Zangemeister hält alle Riesenkinder einfach für übertragene Kinder; aber Rößle ist der Ansicht, daß auch schon das intrauterine Wachstumstempo recht verschieden sein kann; er führt aus der Literatur Neugeborene an mit 21 und $21^1/_2$ Pfund bei 76 cm Länge, einen Neugeborenen mit 8 Pfund und 58 cm Länge, der im Alter von $6^1/_2$ Monaten 70 cm maß und 5200 g wog und damit einen sehr mageren Eindruck machte, ferner das Neugeborene einer Riesin mit 76 cm und 10 773 g, schließlich ein nicht übertragenes totgeborenes Kind mit 5480 g. Über das weitere Schicksal dieser Kinder war nichts Bestimmtes bekannt, so daß die Annahme eines Vorkommens von angeborener primordialer Gigantosomie durch diese aufgezählten Fälle nicht gestützt werden kann.

Die **Thymusdrüse** — Wiesel u. a. sprechen von dem Thymus, — gilt, wie schon angeführt, als die wichtigste, die eigentliche Wachstumsdrüse, als das Zentralorgan der Wachstumsregulierung. Sie besteht und funktioniert während der Dauer des Wachstums, ist weitaus am stärksten entwickelt in der Periode des lebhaftesten Wachstums, in der Säuglingszeit, und verfällt der Involution gegen Abschluß des Wachstums, wo andere Drüsen, vor allem wohl die mittlerweile stark entwickelten Keimdrüsen, ihre Rolle übernehmen; die Wachstumsstoffe wandern aus der Thymus in die Keimdrüsen ab. Bedeutsam und beweisend für die Innigkeit der Beziehungen zwischen Thymus und Wachstum ist die Feststellung Rößles an Sektionen von Frühgeborenen, Neugeborenen und Säuglingen, daß eine besonders starke Ausbildung der Thymus so gut wie regelmäßig mit besonderer Größe und Reife der Knochen einhergeht; bei Unterernährung, bei schweren Ernährungsstörungen der Säuglinge, bei Zuständen, die mit einer wenn auch nur vorübergehenden Hemmung des Wachstums einhergehen, fällt die Thymus rasch einer akzidentellen Involution anheim, gewöhnlich bei nur leichter Atrophie der Schilddrüse, aber starker Vergrößerung der Epithelkörperchen. Bei verhungerten Kindern fand Stefko Hypoplasie bis hochgradige Atrophie an der Thymus, auch solche an der Thyreoidea, aber lange nicht so deutliche Veränderungen an den anderen Drüsen der inneren Sekretion. Die langsame Entwicklung kranker Frühgeborener wird vor allem auf eine Unreife der Thymus, auf ihre mangelhafte Funktion zurückgeführt. Hart meint, daß die Thymus vor allem auch die Proportionierung des Wachstums besorge.

Besonders eng sind die Beziehungen zwischen Wachstum, Thymus und Vitaminen. Gilt diese Drüse als Zentralorgan der Wachstumsregulierung überhaupt, so gilt sie erst recht als das Zentralorgan des Vitaminstoffwechsels, als Ort der Aufspeicherung der Vitamine, die allerdings nur in geringer Menge, nur für kurzen Bestand, ohne große Reserven, aufgespeichert werden können. Die rasche Atrophie der Thymus, bis zu ihrem vollkommenen Schwund, bei vitaminfreier Ernährung geht parallel mit dem Wachstumsstillstand; dabei beobachtet man auch Atrophie der Schilddrüse und der Keimdrüsen, aber Hypertrophie der Epithelkörperchen, der Hypophyse und der Nebennieren.

Schließlich seien noch die Ergebnisse jüngerer (Biedl) und älterer experimenteller Forschungen (Friedleben, Basch, Klose, Hart, Demel) kurz angeführt, die Beobachtung von Wachstumshemmung nach Wegnahme der Drüse, von vermehrtem Längenwachstum und schnellerer Entwicklung nach Implantation und auch nach Verfütterung von Thymus. Häufig zitiert werden Gudernatschs Versuche: die Verfütterung von Thymussubstanz an Kaulquappen verzögerte deren Metamorphose, förderte aber deren Wachstum, erzeugte gedunsene Riesenkaulquappen, die nach 20tägiger Fütterung doppelt so lang waren als die Kontrolltiere; die Wachstumsförderung beruht zum Teil auf Quellung. Umgekehrt beschleunigte die Verfütterung von Schilddrüse die Metamorphose und Differenzierung, hemmte aber das Wachstum. Während dort Riesenkaulquappen erzielt wurden, entstanden hier kleine Zwergfrösche.

Der klinischen Bedeutung und Wichtigkeit nach steht von den Wachstumsdrüsen die **Schilddrüse** obenan. Es handelt sich hier einmal bei der A- und Hypothyreose um schwere Fälle von Zwergwuchs, anderseits, bei der Hyperplasie und Hyperthyreoidie, um die Beobachtungen beschleunigten Wachstums mit einem das Durchschnittsmaß überragenden Endergebnis. Holmgren und Schkarine haben einiges hierüber mitgeteilt; ich habe in einer Studie über den Kropf im Kindesalter auf die engen Beziehungen zwischen Hyperplasie der Schilddrüse im Kindesalter und einer Wachstumssteigerung hingewiesen. Hierauf deutet schon die Wahrnehmung, daß erstere gerade zu Zeiten lebhafteren Wachstums und ganz besonders zur Zeit des Einsetzens dieses lebhafteren Wachstumsantriebs häufiger werden, um nach dieser Wachstumssteigerung wieder an Häufigkeit abzunehmen. Eine erste Welle diffuser parenchymatöser Hyperplasie, nicht bloß kongestiver Anschwellung, fällt in die Zeit des Neugeborenen und in die ersten Lebensmonate, eine zweite setzt bei Beginn der Präpubertät ein, bei den Knaben im 10. Jahr, bei den Mädchen etwas früher, und erreicht ihren Höhepunkt im 15. bzw. 14. Jahr, während die rein kongestive Anschwellung, der Pubertätskropf, erst viel später, in der Pubertät, im Anschluß an die sexuelle Entwicklung häufig wird. Es besteht also ein deutlicher Parallelismus zwischen der Häufigkeit der Schilddrüsenhyperplasie und den Jahren gesteigerten Wachstums.

Noch interessanter ist die zweite Beobachtung, daß durchschnittlich die Kinder mit hyperplastischer Thyreoidea, und zwar auch solche ohne Hyperthyreoidie, ihre Altersgenossen um mehrere Zentimeter, in jüngeren Gruppen bis zu 10 cm, an Länge überragen. Das Übermaß setzt sich deutlich bis zum Ende der Wachstumszeit, bis ins 20. Lebensjahr fort. Es erfolgt also das Wachstum bei den Kindern und jungen Leuten mit Hyperplasie der Schilddrüse im allgemeinen und in der großen Mehrzahl nicht nur lebhafter, rascher, es führt meist auch zu einem das Durchschnittsmaß überragenden Endergebnis. Vollends die älteren Kinder und die Jugendlichen mit Zeichen von Hyperthyreoidie, mit Herzklopfen, Tachykardie, Verstärkung und Verbreiterung des Herzstoßes, eben mit kardiovaskulären Erscheinungen, sind ausgezeichnet durch die große Regelmäßigkeit dieses Wachstumsvorsprungs und zweitens in der Mehrzahl durch die absolute Größe ihres Wuchses am Ende oder nahe am Ende der Wachstumsperiode (Tabelle 25). Die Statur dieser Knaben und Jugendlichen ist vielfach schlank, aber doch nur selten hoch aufgeschossen, etwa disproportioniert in die Länge geschossen. Andererseits besteht bei den Großwüchsigen keineswegs eine Prädisposition zu Kropf, wie dies Schiötz angenommen hat, etwa

Tabelle 25. **Die Wachstumssteigerung bei den Knaben und Jugendlichen mit Hyperplasie der Schilddrüse und mit Hyperthyreoidie.**

Alter	Durch-schnitts-länge der Gesamt-heit	Länge bei Hyperplasie der Schilddrüse		Durch-schnitts-gewicht der Gesamt-heit	Gewicht bei Hyperplasie der Schilddrüse	
		ohne	mit		ohne	mit
		kardio-vasculären Symptomen			kardio-vasculären Symptomen	
Volksschulen 1913:						
9	127	134	—	24,7	26,2	—
10	131	135	—	27,1	28,1	—
11	135	133	—	28,2	27,6	—
12	141	144	153	32,3	32,9	35.8
13	148	152	160	35,6	38,8	38,8
Höhere Schulen 1913:						
8	127	125	—	24,5	23,9	—
9	133	144	—	27,6	33,6	—
10	135	135	135	28,9	28,5	—
11	140	143	136, 147. 149	31,4	34,6	27,8, 33,4, 36,3
12	145	155	158	34,7	41,2	42,4
13	150	153	162, 172	38,8	39,9	42,7, 53,7
14	157	157	152, 157, 165, 165	42,5	44,0	40,6, 43,8, 51,0, 54,1
15	163	161	160, 164	49,0	51,7	45,6, 57,8
16	168	172	163, 167, 178, 180, 182	54,7	59,7	43,0. 52,0, 65,4, 68,6, 72,6,
17	170	170	—	59,4	60,0	—
18	172	173	169, 173, 174, 177, 179, 182, 183	61,2	59,8	54,7, 58,2, 58,9, 58,9, 60,9, 63,9, 64.4
19	172	175	173	64,7	63,2	54,6
20	172	176	175, 185	63,2	65,4	61,6, 73,8
Höhere Schulen 1918:						
7	121	125	—	22,5	23,2	—
8	126	—	—	24,2	—	—
9	131	126	—	26,9	23,4	—
10	135	136	—	29,0	29,8	—
11	139	138	—	30,8	30,3	—
12	143	144	154, 157	33,5	34,8	35,2, 44,1
13	150	149	144, 155, 158	37,9	37,3	38,4, 41,6, 47,3
14	156	156	153	43,2	41,8	40,0
15	162	165	159, 164. 164, 168, 173, 176	48,4	50,3	47,4, 47,8, 48,6, 53,5, 54,5, 56,8
16	168	166	169, 176	54,2	54,2	63,5, 64,4
17	170	171	170, 175, 177	56,7	58,5	54,7, 61,1, 61,9
Mittelschulen 1913:						
9	130	132	135	26,6	26,9	28,6
10	134	141	135	28,7	29,9	26,1
11	140	146	140	31,0	32,3	28.5
12	144	148	—	34,1	35,4	—
13	151	149	—	36,9	34,5	—
14	153	155	153	39,3	39,0	33.5

104 Eugen Schlesinger:

Alter	Durchschnittslänge der Gesamtheit	Länge bei Hyperplasie der Schilddrüse		Durchschnittsgewicht der Gesamtheit	Gewicht bei Hyperplasie der Schilddrüse	
		ohne	mit		ohne	mit
		kardio-vasculären Symptomen			kardio-vasculären Symptomen	
Fortbildungsschulen 1914, 1916, 1917:						
14	152	160	—	45,6	—	—
15	159	166	173	51,1	56,3	60,0
16	164	167	168	56,0	—	—
14	156	150	—	41,8	39,6	—
15	159	164	149, 174	44,6	46,2	34,4, 54,5
16	164	165	—	49,4	49,6	—
14	151	161	—	39,4	47,5	—
15	156	160	—	44,5	47,7	—
16	161	164	165	49,3	55,8	47,8
14	151	156	—	40,4	45,7	—
15	155	162	158, 168, 157, 168	44,0	50,3	48,2, 48,7, 51,1, 52,4
16	159	167	—	48,4	53,8	—
14	151	157	165	40,1	45,4	55,6
15	156	161	183	43,9	49,2	63,2
16	158	163	—	47,0	49,9	—
14	150	161	167	39,7	51,7	58,1
15	154	158	168	43,2	48,2	54,4
16	159	161	163	48,5	51,5	55,0
14	148	156	—	38,6	43,9	—
15	152	160	146, 151, 159, 171	41,7	48,8	36,0, 39,8, 45,0, 63,8
16	158	162	160, 160, 170	46,6	50,3	46,5, 53,2, 54,8

wie die Prädisposition zu orthotischer Albuminurie, zu Haltungsanomalien der Wirbelsäule; vielmehr liegen die Verhältnisse deutlich umgekehrt, die Hyperplasie der Schilddrüse ist im einzelnen Falle die Ursache des lebhaften, starken Wachstums, und zwar möchte ich in dem Vorsprung des Längenwachstums bei hyperplastischer Schilddrüse ein erstes Zeichen gesteigerter Schilddrüsenfunktion bei Kindern und Jugendlichen sehen. Weiter bei den mehr oder weniger ausgesprochenen Fällen von Hyperthyreoidie ist die gesteigerte Wachstumstendenz ein Grund für den milden Verlauf dieser Fälle im Kindesalter; indem die Überproduktion von Schilddrüsensekret für das Wachstum beansprucht wird, bleibt der übrige Organismus davon entlastet. Jedenfalls beweist, da bei erwachsenen Basedowkranken Hochwuchs im allgemeinen nicht angetroffen wird, die übermäßige Länge basedowoidkranker Kinder sehr deutlich die wachstumsübertreibende Wirkung der gereizten Schilddrüse. Neben der Wachstumssteigerung werden als Äußerungen der milden Hyperthyreoidie außer den wichtigsten Symptomen der kardio-vasculären Erscheinungen gesteigerte geistige Regsamkeit, eine leichte, rasche Auffassung und schließlich eine frühzeitige sexuelle Entwicklung beobachtet.

Noch ausgesprochener und noch inniger sind die Beziehungen der Hypothyreose und Athyreose zur Hemmung des Wachstums des Skeletts und damit des ganzen Körpers. Als Resultat der experimentell bzw. durch chirurgischen Eingriff hervorgerufenen thyreopriven Stoffwechselstörung kommt es, vielleicht im besonderen als Folge des Wegfalles einer spezifischen osteotropen Komponente des Schilddrüsenhormons (Wieland), beim wachsenden Individuum, bei Carnivoren, Schafen, Hühnern wie operativ beim Menschen, zu einer Hemmung bzw. zum Stillstand des Wachstums. Alle infantilen Athyreotiker und auch in gewissem Maße die Hypothyreotiker sind Zwerge infolge Verlangsamung der physiologischen Osteogenese, infolge Verzögerung der endochondralen Ossifikation, verspäteter bzw. fehlender Knochenkernbildung. Das Skelett verharrt jahrelang auf einer verschieden weit zurückliegenden, jugendlichen Wachstumsstufe mit entsprechend erhaltenen Knorpelfugen an den Epiphysen und Synchondrosen. Es resultieren kurze, dicke, oft deforme Knochen.

Die Hypothyreose verläuft naturgemäß leichter als die Athyreose; die erst in späterer Jugend erworbenen infantilen Hypothyreosen gehen mit einfachen Wachstumshemmungen einher, mit einem Offenbleiben der Epiphysenfugen bis ins dritte Jahrzehnt, während die angeborenen und frühzeitig erworbenen Fälle weit schwerere Erscheinungen zeigen; die namentlich beim endemischen Kretinismus zu beobachtende Form des Zwergwuchses ist die infantile: die kindlichen Körperproportionen, großer Schädel (mit stark eingezogener Nasenwurzel), langer Oberkörper, tiefstehender Nabel, kurze Beine, bleiben über die physiologische Zeit hinaus erhalten. Birscher wie Schiötz gehen bei Beurteilung der Proportionen beim endemischen Kretinismus und kretinistischen Zwergwuchs noch weiter, im Gegensatz zu Wieland, und halten diese Wuchsform für exquisit unproportioniert; speziell die obere Extremität bleibe im Verhältnis zur Körperlänge allmählich besonders stark zurück, während der Stamm und die untere Extremität eine Zunahme erfahren. Überhaupt ist die kretinistische Wachstumshemmung bei verschiedenen Individuen in den verschiedenen Altersstufen eine ganz ungleichmäßige. Im ersten Lebensjahrzehnt kann die Wachstumshemmung noch gering sein, mit geringer Verzögerung der Ossifikation und geringer Abweichung vom normalen Verhalten; dann aber, im zweiten Jahrzehnt, nimmt die Wachstumshemmung rasch zu, gelegentlich bis zu einem Wachstumsrückstand von 6—8 Jahren. Im dritten Jahrzehnt ist auch die kretinistische Wachstumshemmung abgeschlossen, die Epiphysen sind verknöchert.

Schließlich werfen die glänzenden Erfolge der Schilddrüsentherapie bei der Hypo- und Athyreose ein helles Licht auf die engen Beziehungen zwischen der Wachstumshemmung und den Störungen der inneren Sekretion. Namentlich bei der erworbenen, weniger bei der angeborenen Athyreose kann man schon wenige Monate nach Beginn der Schilddrüsentherapie eine meßbare Zunahme der bis dahin nahezu stationären Körperlänge nachweisen, und der Wiedereintritt des vorher danieder gelegenen Wachstums ist mit das wichtigste Zeichen der medikamentösen Schilddrüsenwirkung bei den Hypothyreotikern und Myxödematösen. Zunahmen von 10—15 cm innerhalb eines Jahres gehören nicht zu den Seltenheiten. Immerhin kann ich nicht sagen, je einen einigermaßen vollkommenen Ausgleich gesehen zu haben.

Aber — und dies ist für die ärztliche Praxis wichtig zu wissen, — nur bei den a- und hypothyreotischen Organismen wirkt Schilddrüsenfütterung wachstumsfördernd; bei normaler Schilddrüsenfunktion und besonders bei schilddrüsenempfindlichen Tieren, wo das Optimum der Schilddrüsenwirkung leicht überschritten wird, wirkt sie nach kurzer Zeit wachstumshemmend neben eventueller Förderung der Metamorphose und Differenzierung. Im jugendlichen Organismus hat die Schilddrüse vor allem die Aufgabe, diejenige Lebhaftigkeit des Stoffwechsels zu unterhalten, welche Vorbedingung für das normale Wachstum ist; Schilddrüsenzuführung steigert zunächst den Stoffwechsel; leicht ist aber das Optimum überschritten, es kommt zu Abmagerung, und statt der erwünschten Wachstumsförderung kann eine wenn auch nur vorübergehende Hemmung das Endergebnis der Therapie sein.

Die experimentelle Seite der Frage der Beziehungen der **Hypophysis** zum Wachstum wurde in den letzten Jahren von Adler und von Aschner gefördert; ersterer beobachtete nach Exstirpation der Hypophyse bei jungen Kaulquappen gleichzeitig mit Atrophie der Keimanlage und mit hochgradiger Atrophie der Schilddrüse stark vermehrtes Wachstum der Larven, aber Ausbleiben der Metamorphose, während Aschner nach Exstirpation der Hypophyse an höheren Tieren eine intensive Hemmung des Gesamtwachstums, insbesondere der Ossification und der Dentition feststellte. Bei hypopituitären Wachstumshemmungen ist es gelungen, durch Verabreichung von Hypophysensubstanz wieder ein vermehrtes Längenwachstum zu erzielen. Das klinische Bild des hypophysären Zwergwuchses, bedingt durch mangelhafte Funktion des Vorderlappens der Drüse, ein Zurückbleiben des Körperwachstums bis zu völligem Stillstand desselben, unter Verweilen bei den kindlichen Proportionen, kann als sichergestellt betrachtet werden, ebenso auch auf der anderen Seite Fälle von Wachstumsübertreibung durch Adenome des Vorderlappens, der Riesenwuchs und die Akromegalie, letztere mit vorwiegender Beteiligung der Extremitäten, insbesondere der Hände, Füße und der Kiefer. Diese an sich schon seltenen Fälle spielen in der Kinderpraxis eine um so geringere Rolle, als sie nur höchst selten bis in diese Altersperiode zurückreichen; Fein beschrieb wohl einen Fall von kindlichem Riesenwuchs mit vorzeitiger Geschlechtsreife bei einem 6jährigen Mädchen. Gewöhnlich sind in die Fälle sekundär genitale oder thyreogene oder auch cerebrale Einflüsse eingemengt.

Bezüglich des Einflusses der Nebennieren auf das Wachstum seien Experimente von Ferreira de Mira angeführt, der bei jungen Hunden und Katzen nach einseitiger Exstirpation der Nebenniere einen langsameren Gewichtsanstieg beobachtete; die Knochen wurden länger, blieben aber sehr grazil. Die bei Hypernephromen beobachtete Wachstumsbeschleunigung beschränkte sich im wesentlichen auf die Genitalzone.

Schließlich ist bei Besprechung des Einflusses der inneren Sekretion auf das Wachstum die Rolle der **Keimdrüsen** zu skizzieren. Es liegt nahe, die außerordentliche Wachstumssteigerung vor und zur Zeit der Pubertät, deren Intensität an jene des frühen Kindesalter heranreicht, und die mit auffallenden Verschiebungen in den Proportionen einhergeht, mit den Keimdrüsen in engen Zusammenhang zu bringen; fällt doch dieser Wachstumsantrieb zeitlich eng mit der Entwicklung der Keimdrüsen zusammen. Es muß freilich betont werden, daß es sich hier um nichts weniger als eine reine Wachstumssteigerung handelt; denn noch bedeutsamer sind die gleichzeitig damit einhergehenden Fortschritte in der gesamten Entwicklung und Differenzierung, die mit dem Auftreten der sekundären Geschlechtsmerkmale anfangen und mit der Umgestaltung des gesamten Individuums, nicht nur in körperlicher, sondern selbst in geistiger, seelischer Hinsicht schließen. Vielleicht kann man die Wachstumssteigerung zur Zeit der Pubertät mit der Entwicklung der Keimdrüsen richtig nur auf dem Umweg über den Vorgang der Gesamtentwicklung in Beziehung bringen. Es liegt da fraglos ein Zusammenhang vor, der noch nicht geklärt ist: denn den Keimdrüsen wird ganz allgemein eine das Wachstum hemmende Einwirkung zugeschrieben, und zwar vor allem aus dem Grunde, weil weit engere, direkte Beziehungen zwischen dem Abschluß des Wachstums und der Vollendung der Reife der Keimdrüsen bestehen.

Der Ausspruch Geoffroy St. Hilaires (1852): ,,Sobald die Geschlechtsreife vollendet ist, hört der Körper zu wachsen auf, auch wenn er noch hinter der mittleren Größe zurücksteht", besteht auch noch heute zu Recht, sowohl für die Norm wie für die Abnormitäten. Der Wachstumsabschluß findet sich so regelmäßig verzögert bei verzögerter geschlechtlicher Reife, so regelmäßig verfrüht bei frühzeitiger Vollendung der geschlechtlichen Entwicklung, daß er vollkommen von den Geschlechtsdrüsen abhängig zu sein scheint. Die Keimdrüsen sperren, wie oben gesagt, die Osteogenese ab.

Mit den abnormen Verhältnissen auf diesem Gebiet, mit dem Hyper- und Hypogenitalismus, der vorzeitigen und verspäteten Geschlechtsentwicklung, hat sich besonders Neurath beschäftigt. Die Frühreife, die vorzeitige Geschlechtsentwicklung, die in ausgesprochenen Fällen bereits in den beiden ersten Lebensjahren beobachtet wird, geht auch mit präcipitierter Körperentwicklung, mit übermäßig beschleunigtem Körperwachstum einher. Man kann in dieser Hinsicht zwei Gruppen unterscheiden: Frühreife Kinder, die schon bei der Geburt durch abnorme Länge und ebensolches Gewicht ausgezeichnet sind, so daß man annehmen kann, daß die präcipitierte Entwicklung schon intrauterin ihren Anfang genommen hat, primärer Hypergenitalismus, und andererseits Fälle, in welchen erst kürzere oder längere Zeit nach der Geburt die Pubertät und Körperreife sich ausbildet, sekundärer Hypergenitalismus: hier liegen gewöhnlich Neoplasmen der Keimdrüsen vor. Die Proportionen dieser Kinder entsprechen denen reifer Erwachsener, deren Miniaturausgabe sie darstellen. Vom Riesenwuchs ist bei geschlechtlicher Frühreife keine Rede. Wie in der Norm ist mit vollendeter Pubertät der Verschluß der Epiphysenfugen beendet; die Kinder wachsen frühzeitig bis zur natürlichen Größe, aber abnorm groß werden sie nicht; im Gegenteil, sie bleiben vielfach kleiner als normal, untersetzt, kurzbeinig.

Beim Gegenstück zu diesen Beobachtungen, beim Hypogenitalismus oder dysgenitalen Infantilismus, kommt es wie bei den Frühkastraten bald zum eunuchoiden Fettwuchs, bald zum eunuchoiden Hochwuchs, zu Fällen, die durch hohen Wuchs ihres verhältnismäßig grazilen Skeletts, durch besonders lange Extremitäten an dem kleinen, schmalen Rumpf, durch Überragen der Unterlänge über die Oberlänge charakterisiert sind. Die Epiphysenfugen persistieren lange. Leichtere, insbesondere passagere eunuchoide Formen, eine passagere dysgenitale Wachstumsalteration mit der eben skizzierten Dysproportioniertheit beobachtet man bei genaueren Messungen nicht so selten. Manche Fälle enden schließlich doch mit einem mehr oder weniger ausgesprochen über die Norm hinausgehenden Höhenwachstum, mit mehr oder minder deutlichem Gigantismus; dann liegen pluriglanduläre Störungen vor, z. B. eine Hyperfunktion der Hypophyse und eine Hypofunktion des Genitale; das Primäre aber ist der durch die funktionelle Störung der Keimdrüsen zustande gekommene Wegfall der normalen Wachstumshemmung.

Den Typus einer pluriglandulären Störung der inneren Sekretion dürfte die Chondrodystrophie darstellen; die verschiedensten endokrinen Drüsen sind von den verschiedenen Autoren als für ihre Entstehung besonders bedeutungsvoll in den Vordergrund gerückt worden; Bauer wie Abels bringen sie mit dem Hypergenitalismus in ätiologischen Zusammenhang auf Grund frühzeitigen Auftretens verschiedener sekundärer Geschlechtsmerkmale. Daneben sieht Abels in einem Hyperthryreoidismus der Mutter einen genetischen Faktor. Von den hypothyreoiden Skelettveränderungen, wie beim Myxödem oder Kretinismus, ist aber die Chondrodystrophie scharf zu trennen. Frangenheim weist auf die Möglichkeit thymogenen Ursprungs hin. Die Krankheit, als deren Wesen Kaufmann, Sumita u. a. eine primäre Störung der enchondralen Ossifikation, eine in die Fötalperiode zurückreichende Hemmungsbildung erkannt haben, ist außer durch die schwere Beeinträchtigung des Längenwachstums ausgezeichnet und charakterisiert durch den hohen, vielleicht den höchsten Grad von Dysproportioniertheit. Die Extremitäten sind kurz, dick, plump, die Oberarme und Oberschenkel ganz besonders kurz; ihnen gegenüber erscheint der Rumpf groß; der Schädel ist hydrocephal. Das Verhältnis der unteren Körperhälfte bis zum Schambein zur oberen Hälfte wird übereinstimmend statt 1:1 als 1:0,4—0,6 angegeben. Demgegenüber ist, wie gesagt, der primordiale Zwerg normal proportioniert, altersproportioniert; er ist von Geburt auf zu klein, entwickelt sich aber normal bei normaler Ossifikation. Letzteres unterscheidet ihn von dem infantilen Zwerg Paltaufs, der die an sich normalen Proportionen des Kindes aufweist, und bei dem die Epiphysenkerne verspätet auftreten, die Epiphysenfugen lange offen bleiben.

Literatur.

Nr. 1, 2, 10, 22, 29, 34, 43, 75, 78, 104, 115, 125, 154, 185, 239, 241, 245, 246, 249, 258, 272, 277, 292, 307.

XIV. Zusammenfassung.

Systematische Messungen und Wägungen von Kindern gehen auf Quételet (1835) zurück. Die zahlreichen Massenuntersuchungen von Schulkindern in fast allen Kulturstaaten in den letzten Jahrzehnten des vergangenen Jahrhunderts haben bei der Uneinheitlichkeit in der Anrechnung des Alters, in dem Grad der Entkleidung der Kinder bei der Untersuchung und aus anderen Gründen heute nur mehr einen beschränkten Wert. Die generalisierende Sammelforschung läßt sich hinsichtlich der Zuverlässigkeit ihrer Ergebnisse der Individualstatistik nahebringen durch über eine Reihe von Jahren fortgesetzte Ermittlungen an ein und demselben Beobachtungsmaterial, durch Bildung möglichst homogener Gruppen unter Bezugnahme auf die durch das soziale Milieu, den allgemeinen Entwicklungszustand und anderes bedingten Verschiedenheiten. Die Verarbeitung des durch die Untersuchungen gewonnenen

Materials wird wesentlich vertieft durch Berücksichtigung der Varianten, der Variationen der Körpermaße, an der Hand von Häufigkeitsreihen nach den Grundsätzen der Kollektivmaßlehre, durch Errechnung der Parameter neben dem arithmetischen Mittel u. a. Besonders bedeutsam ist die mittlere oder stetige Abweichung, weil aus ihr ersichtlich wird, ob die Einzelwerte dicht gedrängt oder weit zerstreut um das arithmetische Mittel gelagert sind, und weil σ als Maßstab für eine natürliche Gruppenbildung in den einzelnen Altersklassen benutzt wird. Übrigens ist auch hinsichtlich der Streuung und der Größe und Häufigkeit der Variationen eine weitgehende Gesetzmäßigkeit und Regelmäßigkeit unverkennbar. Aus einer größeren Reihe deutscher Städte liegen bereits nach den angeführten Grundsätzen einheitlich durchgeführte Untersuchungen vor.

Hinsichtlich der **Untersuchungsmethode** verdient folgendes Berücksichtigung: Die Zuverlässigkeit der Untersuchungen sinkt mit der Zunahme der Anzahl der Beobachter. Die periodischen Tagesschwankungen des Gewichts machen beim Säugling 150—500 g, beim Jugendlichen bis zu 700 g und darüber aus, die Abnahme der Körperlänge im Laufe des Tages beim Kinde etwa 1 cm. Das Gewicht der Kleider ohne Schuhe und Jacke wird je nach dem Nettogewicht auf 2—4 $^0/_0$ des letzteren ermittelt. Gleichzeitig mit den Messungen und Wägungen ist das Alter des Kindes nach Jahren und Monaten festzustellen und auf der Individualkarte oder dem Gesundheitsschein einzutragen. Die Altersberechnung erfolgt besser nach der anthropologischen Methode mit Orientierung nach dem nächstgelegenen Geburtstag (n Jahre $+$ 3 Monate $=$ n Jahre) als nach der medizinalstatistischen Methode nach Altersjahren (n Jahre $+$ 6 Monate $=$ n Jahre). Die Begrenzung der Altersklassen ist halbjährig zu wählen.

Länge und Gewicht werden in enge Beziehungen zueinander gebracht nach dem Pirquetschen Verfahren, indem das Istgewicht nicht auf das Sollgewicht des betreffenden Alters, sondern auf das der ermittelten Länge entsprechende Sollgewicht bezogen wird. Noch besser bringen die Körperindices Länge und Gewicht nicht nur in ein enges, sondern auch in ein konstantes Verhältnis zueinander. Quételets Zentimeter- oder Streckengewicht ist bei aller scheinbarer Zweckmäßigkeit und Regelmäßigkeit seiner Werte wegen eines arithmetisch nicht einwandfreien Aufbaues abzulehnen, ebenso die empirischen Formeln von Pignet, Bornhardt u. a. Arithmetisch einwandfrei sind der Livische Index ponderalis, der Rohrersche Index der Körperfülle, der Pirquetsche Index Pelidisi der Sitzhöhe. Macht gerade die Altersinkonstanz, das Sinken und Ansteigen im Verlauf der verschiedenen Lebensperioden, den Rohrerschen (oder Livischen) Index wertvoll zum Studium des Wachstums, als Staturindex, so hat der Pirquetsche Index bei seiner gewissen Alterskonstanz und der Ausschaltung des Einflusses der Staturverschiebungen fraglose Vorteile vor ersterem bei Verwendung zur objektiven Beurteilung des Ernährungszustandes. Nach dieser Richtung versagt der Rohrersche Index. Es überwiegen bei ihm von vornherein bei den gut situierten, mehr schlank gewachsenen Kindern die niederen Indexwerte, bei den mehr gedrungen gebauten Kindern der Minderbemittelten die höheren Werte. Auch beim Pelidisi ergeben sich bei Beurteilung des Ernährungszustandes bis zu 27 $^0/_0$ Unstimmigkeiten. Nur wenn sich im Einzelfall der Körperbau in den verschiedenen Belangen nicht von dem konstitutionellen Durchschnittstypus unterscheidet, können positive oder negative Ausschläge des Körperindex als Ausdruck des Ernährungszustandes angesehen werden. Kaups Querschnittslängenindex hat den Vorzug, in den einzelnen Altersklassen von großer Längenkonstanz zu sein.

Für das Studium der idiotypischen Wachstumsmerkmale und **Gesetzmäßigkeiten** kommen vor allem Individualbeobachtungen und Untersuchungen an ausgesuchten, gut gebauten Kindern in Betracht, während die Durchschnittszahlen dem Phänotypus der gemischten Bevölkerung gerecht werden. Es gibt nach Pfaundler keine geometrisch einwandfreie Parabel, die einigermaßen befriedigend mit der Wachstumskurve übereinstimmt. Vielmehr hat als Regel die Geradlinigkeit der Gewichtskurve zu gelten, wenn keine Veränderungen der Körperdichte oder der Körperproportionen statthaben. Das menschliche Wachstum ist charakterisiert durch ein zweimaliges, im Kurvenbild zu einer Doppelwelle führendes, impulsives Auftreten der Wachstumsenergie. Die Geburt bedeutet für das Wachstum keine Cäsur. Die außerordentliche Wachstumssteigerung in der Säuglingsperiode hält meist bis zum 3., manchmal bis ins 5. Quartal an. Die Pubertätssteigerung ist die wesentlichste Eigentümlichkeit des menschlichen Wachstums gegenüber dem aller Säugetierarten. Das Endergebnis des Wachstums ist im allgemeinen um so größer, je später der Pubertätsantrieb eintritt, und je länger er andauert.

Die Körperlänge ist im allgemeinen ein zuverlässigeres Maß zur Beurteilung des Wachstums als das Massenwachstum, die Gewichtzunahme. Es besteht eine gewisse Unabhängigkeit und Inkongruenz des Längen- und Massenwachstums voneinander. Regelmäßig setzen die Perioden rascheren Wachstums mit einer Steigerung des Längenwachstums ein. Das Massenwachstum, die Breitendimension nimmt im Verlauf des Wachstums langsamer zu als die Höhendimension; es überwiegt die ganze Kindheit hindurch das Längenwachstum über das Massenwachstums; es kommt also während des Wachstums ausgesprochen zu einer Streckung des Körpers. Die Schwankungsbreite, die Streuung der Werte, vergrößert sich mit zunehmender Länge bis zu einem gewissen Alter nach der Pubertät und mit einer jeweiligen Steigerung der Wachstumsenergie. Die Proportionen, das Verhältnis der einzelnen Körperteile zueinander, sind beim Säugling in vieler Hinsicht denen beim Erwachsenen gerade entgegengesetzt. Während der Pubertät erfolgt noch eine bemerkenswerte Dissoziation zwischen Extremitäten- und Rumpfwachstum, indem erstere, bisher vorausgeeilt, jetzt zum Wachstumsstillstand kommen, während der Rumpf noch weiterwächst. Es lassen sich folgende Wachstumperioden aufstellen: Nach einer Periode latenter Streckung im Säuglingsalter erfolgt im Spielalter eine Periode verhältnismäßig raschen Längenwachstums bei flachem Gewichtsanstieg, dann im Schulalter zuerst eine Periode mittelstarken Anstiegs des Längen- und auch des Gewichtswachstums, dann eine Periode sehr lebhafter Längen- und Gewichtszunahme, schließlich im Jünglingsalter der Wachstumsabschluß mit sehr verlangsamtem Längenwachstum bei noch ziemlich lebhafter Gewichtszunahme.

Die durch das Geschlecht bedingten Wachstumsverschiedenheiten machen sich schon im intrauterinen Leben bemerkbar; die absoluten Längen- und Gewichtszahlen der Knaben sind größer als die der gleichaltrigen Mädchen, aber die Relativzahlen, in Prozenten zur definitiven Körperlänge, sind kleiner; hierin eilen die Mädchen den Knaben stets voraus. Zur Zeit der Pubertät schneiden sich die Kurven der Knaben und Mädchen zweimal, und zwar schneiden sich beim ersten Male zuerst die Gewichtskurven, beim zweiten Male zuerst die Längenkurven. Der prozentuale Längenzuwachs sinkt stetig, nur zur Zeit der Pubertät steigt er vorübergehend bei den Knaben, nicht aber bei den Mädchen, wieder an. Die Rassenunterschiede bilden sich erst zur Zeit der Pubertät aus oder treten erst hier deutlich hervor. Ganz allgemein bedingt der Früheintritt der Reife eine Abkürzung der Streckungsperiode, ein früheres Stehenbleiben in der Längenentwicklung, während Völker mit spät einsetzender Reife es zu einer größeren Länge bringen. Bei nieder stehenden Rassen ist überdies bemerkenswert ein vorzeitiges Stehenbleiben der Proportionsverschiebungen.

Der Unterschied in den Höhenlagen der Wachstumskurven bei den gut, gut bis mittelmäßig, mittelmäßig und mangelhaft entwickelten Kindern entspricht jedesmal von einer zur anderen Gruppe bei den Kindern gleichen Alters etwa einem Jahreszuwachs, derart, daß die gut entwickelten Knaben vor ihren mangelhaft entwickelten Altersgenossen aus derselben Bevölkerungsschicht einen Vorsprung von 3 Jahren aufweisen. Der Unterschied beginnt schon bei der Geburt und wird vor und in der Pubertätszeit am größten. Nach derselben kommt es, zum mindesten hinsichtlich des Längenwachstums, viel unvollkommener hinsichtlich des Massenwachstums, bei den mittelmäßig und mangelhaft entwickelten zu einem Nachwachstum. Der Pubertätsantrieb ist bei den mittelmäßig und mangelhaft entwickelten Kindern verzögert, verspätet und verkürzt, ohne daß aber das Ausmaß der Steigerung wesentlich verringert wäre.

Eine abwegige Wachstumsbeschleunigung ist das disproportionale Längenwachstum in der zweiten Streckungsperiode, in der Präpubertät. Die Wachstumsblässe ist eine nicht seltene, das Pathologische besonders kennzeichnende Begleiterscheinung dieser Wuchsform. Vererbung spielt dabei ätiologisch die Hauptrolle; daneben kommt vielleicht noch eine Art von Überkultur in Betracht. Außergewöhnliche Wachstumssteigerungen nach schweren Krankheiten sind kaum einwandfrei festgestellt. Turnen, Sport, Training, angestrengte Muskeltätigkeit wirken im Sinne einer Förderung der Massenzunahme, der Breitenentwicklung, während das Skelett eher am Aufstreben gehemmt wird. Ähnlich ist der Einfluß der Schulferien und der Erholungskuren; der dabei erzielte, über das physiologische Maß hinausgehende Längenzuwachs ist nicht bedeutend. Die Gewichtszunahme, insbesondere das reine Massenwachstum entspricht der Größe des durch den Ferienaufenthalt gesetzten Reizes, der durch die verschiedenen Reizfaktoren kombiniert und dadurch gesteigert werden kann.

Im Verlauf des Jahres lassen sich 3 Wachstumsperioden gut auseinander halten: im ersten Drittel, schon vom Dezember ab bis zum April ergibt sich eine mittelstarke Längen- und Gewichtszunahme, im zweiten Drittel kommt es zu einer intensiven Längenzunahme ab Mai, die im Juli und August am stärksten ist, bei Gewichtsstillstand oder gar Gewichtsabnahme bis Juni,

schwacher oder mäßiger Gewichtszunahme im Juli und August; im dritten
Drittel, vom September bis Dezember, erfolgt die schwächste Längenzunahme,
die stärkste Gewichtszunahme. Die unter dem Einfluß der Sonnenwirkung
zustande kommende Gewichtsabnahme im Frühsommer, welche unter
besonderen Verhältnissen die Hälfte der Kinder befällt, steht nicht in direktem
Zusammenhang mit dem Schulbesuch; denn sie ist auch schon bei den Kleinkindern festzustellen. Aber die Größe der Gewichtszunahme in den Ferien ist
sehr abhängig von dieser periodischen Ab- und Zunahme. Auch schon bei den
Säuglingen ist die skizzierte Periodizität nachweisbar.

Die **Wachstumshemmungen**, die fast das ganze Gebiet der Wachstumspathologie ausmachen, — die Wachstumssteigerungen spielen nur eine geringe
Rolle —, lassen sich trennen in Fälle, bei denen nur der Ablauf des Wachstums
gestört ist, Fälle meist akzidenteller Natur, mit günstiger Prognose, und in Fälle,
bei denen auch das Endergebnis des Wachstums in Mitleidenschaft gezogen ist,
Fälle mit vorzeitigem Wachstumsabschluß, meist mit frühinfantilen Proportionen,
in der Regel die Folgen von primären Störungen im endokrinen Drüsensystem.
Längst bekannt sind die Wachstumsverschiedenheiten bei Kindern
aus verschiedenem sozialem Milieu. Der Vorsprung der gut entwickelten,
gut situierten Knaben vor ebensolchen minderbemittelten beträgt hinsichtlich
des Längenwachstums einen Jahreszuwachs, vor den minder gut entwickelten
2—3 Jahreszuwachse. Der Pubertätsantrieb ist bei den Minderbemittelten
verspätet und zeitlich verkürzt. Der Unterschied im Längenwachstum ist größer
und regelmäßiger als der im Massenwachstum. Die Breitenentwicklung ist
— nicht absolut — wohl aber im Verhältnis zur Länge bei den Arbeiterkindern
größer als bei den Kindern aus vermögenden Kreisen. Als das Abweichende
und Artwidrige ist die Untermassigkeit, der langsamere Wuchs der
Minderbemittelten zu betrachten; die Übermassigkeit der vermögenden,
ihr rascherer Wuchs, ihre größere Länge stellt das Artgemäße dar. Der Parallelismus im Verlauf des Wachstums zwischen den gut entwickelten und den
gut situierten Kindern läßt sich bis in Einzelheiten verfolgen. Die Hemmung
der Minderbemittelten kommt, wenigstens bis zu den Pubertätsjahren, im
Maßenwachstum, in der Breitenentwicklung nicht so stark zum Ausdruck
wie in der Längenentwicklung; dies bedeutet für sie einen Vorteil, während
für die Gutsituierten die im Verhältnis zum starken Längenwachstum geringere
Breitenentwicklung ein gewisses Manko darstellt. Bei den Minderbemittelten
indet namentlich hinsichtlich des Längenwachstums, kaum bezüglich der
Gewichtszunahme, nach der Pubertätszeit ein starkes Nachwachstum statt,
wodurch der frühere Unterschied gegenüber den Gutsituierten zu einem Teil
ausgeglichen wird. Die Streuung der Werte für Länge und Gewicht ist um so
größer, je höher der soziale Stand der Eltern ist. Die Kinder vom Lande
stehen gegenüber den gutsituierten Gymnasiasten und den minder bemittelten
Volksschülern aus der Großstadt hinsichtlich der Länge an letzter Stelle, hinsichtlich des Gewichts in der Mitte, hinsichtlich der Breitenentwicklung, gemessen
am Körperindex, an erster Stelle. All die angeführten Unterschiede finden sich
schon bei den Kleinkindern, ja bei den Neugeborenen. Ihre Ursache ist in erster
Reihe in der endogenen Vererbung zu suchen; nach ihr kommt noch als hemmend
all das in Betracht, was den Komplex der Armut ausmacht.

Ein fördernder Einfluß einer Ernährungsart auf das Wachstum ist kaum bekannt. Bei experimenteller, quantitativer oder qualitativer Unterernährung von Tieren wechselt das Endresultat bezüglich des Wachstums je nach der Dauer der Unterernährung, nach der Schwere des Hungerzustandes und vor allem nach dem Alter der Tiere, in dem die Unterernährung einsetzte. Ist dies schon nach der Geburt oder in den ersten Lebenswochen der Fall, so wird in der Regel, im Gegensatz zu später einsetzenden Hungerperioden, die normale Durchschnittsgröße nicht wieder erreicht. Die engen Beziehungen der Vitamine, insbesondere des B-Faktors, zum Wachstum sind experimentell sichergestellt. Die künstliche Ernährung der Säuglinge beeinträchtigt ihr Wachstum im allgemeinen nicht, vorausgesetzt, daß die Kinder gesund bleiben. Bei reinen Fällen von Unterernährung des Säuglings, z. B. quantitativ an der Brust oder bei der Pylorusstenose, qualitativ beim Mehlnährschaden, wird vor allem die Gewichtszunahme, das Massenwachstum gestört; erst später und in geringerem Maße und für kürzere Zeit leidet auch das Längenwachstum. Die Dissoziation des ponderalen und staturalen Wachstums ist in der Regel sehr deutlich; sie ist ein Gegenstück zu dem disproportionalen Längenwachstum in der Präpubeszenz. Der Wachstumstrieb als solcher leidet auch bei schwer unterernährten Säuglingen nicht.

Die uns durch die Hungerblockade auferzwungene, fast ein Jahrzehnt während Unterernährung während der Kriegs- und Nachkriegsjahre bewirkte bei den Kindern eine Wachstumshemmung, welche durchschnittlich 4,3% der Gesamtlänge ausmachte; der Gewichtsrückstand stieg von 3% des Gesamtkörpergewichts bei den älteren Säuglingen im letzten Kriegsjahr, auf 4—7—12% (letzteres in den Nachkriegsjahren) bei den Kleinkindern und auf 7—10—12% bei den Schulkindern und Jugendlichen. Die Variationsbreite der verschiedenen Werte wurde entsprechend kleiner. Insbesondere wurde das disproportionale Längenwachstum bei den besser situierten Schulkindern deutlich seltener. Bei der Reparation erfolgte zunächst ein manchmal geradezu sprunghafter Wiederanstieg des Längenwachstums, dem die Reparation des Gewichts nur zögernd und unregelmäßig folgte. Bei den Sektionsergebnissen verhungerter Kinder in Rußland waren die Veränderungen an den endokrinen Drüsen, meist im Sinne einer Atrophie, bemerkenswert.

Es lassen sich in engem Zusammenhang mit dem konditionellen Gesamtzustand der Kinder, besonders bei schwächer entwickelten, drei mehr oder weniger ausgesprochene Perioden verlangsamten Wachstums feststellen, die alle drei mit besonderen Perioden im Schulleben zusammenfallen, zuerst beim Schuleintritt, dann beim Übergang von der Vorschule in die höhere Schule, schließlich beim Übergang vom Schulbesuch zur Berufsarbeit, zur gewerblichen Handarbeit im ersten Lehrlingsjahr.

Bei den Wachstumshemmungen durch akzidentelle Erkrankungen beschränkt sich erstere fast immer auf den Ablauf des Wachstums. Bei den Frühgeborenen und den debilen Kindern lassen sich hinsichtlich ihres Wachstums drei nicht scharf von einander zu trennende Gruppen aufstellen; bei der ersten Gruppe kommt schon bald nach der Geburt das erhöhte Wachstumspotential, ein besonders lebhafter Wachstumstrieb der Frühgeborenen zur Geltung. Bei einer zweiten Gruppe erfolgt im ersten Lebensjahr, zum mindesten im ersten Halbjahr, der Anstieg außerordentlich langsam, aber weiterhin holen die Kinder auf und etwa im 4.—6.—8. Lebensjahr wird die normale Variationsbreite erreicht. Eine dritte Gruppe kranker und schwacher Frühgeborener gelangt nicht bis zur normalen Länge und noch weniger zu normalem Gewicht.

Bei schweren Ernährungsstörungen der Säuglinge ist die Wachstumshemmung abhängig von der Art und Schwere und Dauer der Erkrankung, noch mehr aber von dem Alter des erkrankten Säuglings. Der Wiederanstieg des Längenwachstums erfolgt meist sofort nach Hebung der Störung. Bei der Rachitis ist auseinanderzuhalten die Einbuße der Körperlänge durch mechanische Verkrümmungen und die rein rachitische Wachstumshemmung; letztere ist jedenfalls nur gering und gleicht sich weiterhin wieder vollkommen aus. Bei der Tuberkuloseinfektion wird häufig eine über das Durchschnittsmaß hinausgehende Länge der Kinder gefunden. Schwere, früh erworbene Herzfehler und Bronchiektasien bewirken gelegentlich schwere, dauernde Hemmungen, eine Ausnahme von der oben bezüglich der akzidentellen Erkrankungen aufgestellten Regel. Schließlich haben Erkrankungen des Zentralnervensystems nicht selten lokale, gelegentlich auch allgemeine Wachstumshemmungen zur Folge. Bemerkenswert ist der fast regelmäßige Wachstumsrückstand bei den schwachbegabten Kindern in der Hilfsschule.

Nach der heutigen Anschauung kommen alle Wachstumsstörungen und gerade auch die zahlreichen Hemmungen durch die mannigfachen, akzidentellen, exogenen Faktoren auf dem Umwege über die endokrinen Drüsen zustande, denen die Rolle eines Vermittlers und Regulators des endogenen, ererbten Wachstumstriebes zukommt. Vollends bei den schweren, dauernden, meist mit Proportionsstörungen verbundenen Hemmungen handelt es sich in der Regel um primäre Erkrankungen und Funktionsstörungen der endokrinen Drüsen. Hinsichtlich des Ablaufs des Wachstums stehen sich der primordiale und der infantilistische Zwergwuchs scharf gegenüber; bei ersterem allzu kleines Geburtsgewicht, normaler Wachstumstrieb, der zu ungenügendem Ergebnis führt, weil er sich an allzu kleiner Körpermasse abspielt, normale Reifung. Bei dem dysgenitalen, infantilistischen Zwergwuchs normales Verhalten bei der Geburt und in den ersten Jahren, bis durch ein Trauma oder durch einen anderen Umstand Wachstum und Entwicklung und Reifung zu frühzeitigem Stillstand kommen. Manchmal findet in späterer Zeit noch ein Nachwachstum statt. Ähnlich ist der Wachstumsablauf beim hypophysären Zwergwuchs; beim thyreogenen wird die Wachstumshemmung gewöhnlich erst nach einigen Jahren deutlich, beim chondrodystrophischen schon in den frühesten Fötalmonaten. —

Die Thymusdrüse, am stärksten entwickelt in der Periode des lebhaftesten Wachstums, atrophierend bei Zuständen, die mit einer Wachstumshemmung einhergehen, und der Involution anheimfallend beim Abschluß des Wachstums, gilt als das Zentralorgan der Wachstumsregulierung wie auch als Zentralorgan des Vitaminstoffwechsels. Bei der Hyperplasie der Schilddrüse im Kindesalter wird das Wachstum durchschnittlich nicht nur lebhafter als sonst gefunden, die Hyperplasie der Drüse führt auch durchschnittlich zu einem das Durchschnittsmaß übersteigenden Endergebnis des Wachstums; vollends bei Hyperthyreoidie mit kardio-vasculären Symptomen findet sich mit großer

Regelmäßigkeit ein Wachstumsvorsprung; letzterer ist zuweilen ein erstes und einziges Zeichen der Hyperthyreoidie. Enge Beziehungen bestehen zwischen der Hypo- und Athyreose, der infantilen Hypothyreose und dem endemischen Kretinismus einerseits und dem meist mit infantilen Proportionen einhergehenden Zwergwuchs andererseits. Hypopituitäre Wachstumsstörungen, sei es Hemmung oder Riesenwuchs, werden nur in der späteren Kindheit und auch da nur selten beobachtet. Die Keimdrüsen gelten als wachstumshemmende Organe, weil der Wachstumsabschluß, der rechtzeitige wie der verfrühte oder verspätete, in engster Beziehung steht mit dem Abschluß der Entwicklung der Keimdrüsen. Die Wachstumssteigerung zur Zeit der Pubertät ist nur auf dem Umweg über den Vorgang der Gesamtentwicklung mit den Keimdrüsen in Verbindung zu bringen. — Die Chondrodystrophie, bei der sich gewöhnlich neben dem Zwergwuchs die höchsten Grade von Dysproportioniertheit finden, ist der Typus einer pluriglandulären Störung der inneren Sekretion.

Literatur.

1. Abels, H.: Chondrodystrophie. Festschrift für M. Kassowitz. Berlin: Julius Springer 1912.

2. Adler, L.: Metamorphosestudien an Batrachierlarven. Arch. f. Entwicklungsmech. d. Organismen Bd. 39/40, S. 6. 1914.

3a. Aron, H.: Untersuchungen über die Beeinflussung des Wachstums durch die Ernährung. Monatsschr. f. Kinderheilk., Orig. Bd. 11, S. 391. 1912 und Berlin. klin. Wochenschr. Jg. 51, S. 972. 1914.

3b. — Biochemie des Wachstums der Menschen und der höheren Tiere. Handbuch der Biochemie. Jena: Fischer 1913.

4. — Aus der Pathologie des Wachstums im Kindesalter. Jahrb. f. Kinderheilk. Bd. 87, S. 273. 1918 und Klin. Wochenschr. Jg. 2, S. 333. 1923.

5. — Ansatzfördernde Wirkung der Extraktstoffe. Tagung der dtsch. Ges. f. Kinderheilk. Jena 1921.

6. — Körperbau und Wachstum von Stadt- und Landkindern. Berlin. klin. Wochenschrift. Jg. 56, S. 742. 1919.

7. Aschenheim, E.: Schädigung einer menschlichen Frucht durch Röntgenstrahlen. Arch. f. Kinderheilk. Bd. 68. 1920.

8. Ascher, L.: Körpermessungen und ihre Verwertung. Naturforscherversamml. Münster 1912. Abt. Hygiene.

9. — Eine Gruppenmethode der Konstitutionsforschung. Dtsch. med. Wochenschr. 1923. Jg. 49, S. 416.

10. Aschner, B.: Funktion der Hypophyse. Pflügers Arch. f. d. ges. Physiol. Bd. 146. 1912.

11. Bachauer: Einwirkung des Krieges auf die Gesundheit der Jugend. Zeitschr. f. Schulgesundheitspflege Bd. 30, S. 300. 1917.

12. — und Lampart: Vorschläge zur einheitlichen Organisation der Kinderwägungen und -messungen. Ebenda Bd. 32, S. 97. 1919.

13. — Kinderwägungen und -messungen in den Volksschulen Augsburgs. Münch. med. Wochenschr. 1920. Jg. 67, S. 72.

14. — und Lampart: Der Rohrersche Index als Kriterium für die Auswahl zur Amerikaspeisung. Ebenda 1920. S. 1296.

15. Bachauer: Körpermessungen von Augsburger Volksschulkindern vor und nach dem Kriege. Zeitschr. f. Schulgesundheitspflege Bd. 34, S. 113. 1921.
16. — und Lampart: Altersinterpolation bei Kindermessungen. Öff. Gesundheitspfl. Bd. 7, S. 361. 1922.
17. — Die Personenwage als schulärztliches Instrument. Schul- u. Fürsorgearzt Bd. 20, S. 289. 1922.
18. — Messungen und Wägungen. Veröff. d. Reichsgesundheitsamtes 1923. Sonderbeil. 7 und in „Deutscher Zentralausschuß" S. 51.
19. Baldwin, B. T.: Wachstum der Kinder von der Geburt bis zur Reife. Indextafeln für die Gesundheit und Ernährung. Journ. of the Americ. med. assoc. Vol. 82, p. 1. 1924. Tabelle im „Deutschen Zentralausschuß" S. 72 und Anthropolog. Anzeiger. Jg. 2, S. 164. 1925.
20. Baltz, Hermann: Beitrag zur Variation der Körpermaße gleichlanger Neugeborener. Zeitschr. f. Kinderheilk. Bd. 26, S. 327. 1920.
21. Bardeen: Höhe-Gewichts-Index des Körperbaues. 272. Veröffentlichung der Carnegie Institution Washington 1920. p. 483.
22. Bauer, K. H.: Osteogenesis imperfecta. Dtsch. Zeitschr. f. Chirurg. Bd. 134. 1920.
23. Benjamin, Karl: Pathogenese der Wachstumsblässe. Jahrb. f. Kinderheilk. Bd. 99, S. 28 u. 147. 1922.
24. Beninde: Ernährungs- und Gesundheitszustand der Bevölkerung Preußens 1917 bis 1918. Veröff. a. d. Geb. d. Medizinalverwalt. Bd. 10, S. 221. 1920.
25. Berger, J.: Das relative mittlere Gewicht der Kinder als Index ihres Ernährungszustandes. Zeitschr. f. Gesundheitsfürsorge u. Schulgesundheitspflege Bd. 36, S. 101. 1923.
26. — Gesetze der körperlichen Entwicklung des kindlichen Organismus. Ebenda S. 234.
27. Berliner, Max: Normalgewicht und Ernährungszustand. Berlin. klin. Wochenschr. 1921. Jg. 58, S. 58.
28. Bernhardt, Hans: Kritische Bemerkungen zur Tauglichkeit des Rohrerschen Index für die Auswahl der Kinder zur Quäkerspeisung. Berlin. klin. Wochenschr. 1921. Jg. 58, S. 418.
29. Biedl, A.: Innere Sekretion. Berlin-Wien: Urban u. Schwarzenberg 1916.
30. Bilski, Friedrich: Einfluß des Lebensraumes auf das Wachstum der Kaulquappen. Pflügers Arch. f. d. ges. Physiol. Bd. 188, S. 254. 1921.
31. Binz: Krieg und Geburt. Münch. med. Wochenschr. 1919. Jg. 66, S. 12.
32. Birk: Unterernährung und Längenwachstum beim neugeborenen Kinde. Berlin. klin. Wochenschr. 1911. Jg. 48, S. 1227.
33. — Einfluß des Krieges auf die Kinder. Med. Klinik Bd. 14, S. 127. 1918.
34. Birscher, H.: Gestörte Schilddrüsenfunktion als Krankheitsursache. Ergebn. d. allg. Pathol. u. pathol. Anat. Bd. 8. 1902.
35. Bleyer, A.: Einfluß der Jahreszeit auf das Wachstum der Säuglinge. Arch. of pediatr. Vol. 34, p. 366. 1917. Ref. Zentralbl. f. d. ges. Kinderheilk. Bd. 10, S. 393. 1921.
36. Bloch, Hedwig: Untersuchungen an schwer unterernährten deutschen Kindern (in der Schweiz). Münch. med. Wochenschr. 1920. Jg. 67, S. 1062.
37. Blühdorn und F. K. Lohmann: Das Schicksal schwer ernährungsgestörter Säuglinge im späteren Kindesalter. Klin. Wochenschr. 1922. Jg. 1, S. 1047.
38. Bondyreff: Materialien zur Erforschung des Wachstums der Kinder. Diss. St. Petersburg 1902. Zit. von Gundobin.
39. Bornhardt, A.: Körperwägungen der Einberufenen als Mittel zur Bestimmung der Tauglichkeit zum Militärdienst. Petersburger med. Wochenschr. 1886. Bd. 108, S. 196.
40. — Bezeichnung der Körperbeschaffenheit durch Ziffern. Ebenda 1888. Nr. 48.
41. Bokofzer: Quäkerspeisung und Rohrerscher Index. Dtsch. med. Wochenschr. 1921. Jg. 47, S. 593.
42. Bowditch: Wachstum der Kinder. 8. Jahresbericht des Gesundheitsamtes von Massachusetts. Boston 1877. p. 275. Zit. „Deutscher Zentralausschuß".

43. Brüning, Hermann: Ein Miniaturkind. Anat. Hefte v. Merkel-Bonnet Bd. 57, S. 171—173. 1919.

44a. — Wachstum der Tiere jenseits der Säuglingsperiode bei verschiedenartiger künstlicher Ernährung. Jahrb. f. Kinderheilk. Bd. 79, S. 305. 1914.

44b. — Entwicklung neugeborener Tiere bei länger dauernder Trennung von der Mutter. Ebenda Bd. 80, S. 65. 1914.

45a. Camerer, W. sen.: Gewichtszunahme von 21 Kindern im 1. Lebensjahre. Jahrb. f. Kinderheilk. Bd. 18, S. 254. 1882.

45b. — Untersuchungen über Massenwachstum und Längenwachstum der Kinder. Ebenda Bd. 36, S. 249. 1893.

46. — Das Gewichts- und Längenwachstum des Menschen, insbesondere im 1. Lebensjahr. Ebenda Bd. 53, S. 381. 1901.

47. Camerer, W. jun.: Stoffwechsel und Ernährung im 1. Lebensjahr. Handbuch der Kinderheilkunde von Pfaundler u. Schloßmann. 1. Aufl. Bd. 1, S. 335. 1906.

48. Carter, William E.: Das Pirquetsche Ernährungssystem und seine Anwendbarkeit unter amerikanischen Verhältnissen. Journ. of the Americ. med. assoc. Vol. 77, p. 1541. 1921. Ref. Zentralbl. f. d. ges. Kinderheilk. Bd. 12, S. 326. 1922.

49. Carstädt: Schulkindermessungen in Breslau. Zeitschr. f. Schulgesundheitspflege Bd. 1, S. 65. 1888.

50. Cattaneo, C.: Einfluß der Seebäderbehandlung auf die Entwicklung der Kinder. Ref. Zeitschr. f. Kinderheilk. Bd. 7, S. 498. 1914.

51. Chick, Hariette und Elsie Dalyell: Beobachtungen über Wachstumsförderung durch eine an akzessorischen Stoffen reiche Nahrung bei zurückgebliebenen Kindern. Brit. med. journ. Nr. 3182, p. 1061. 1921. Ref. Zentralbl. f. d. ges. Kinderheilk. Bd. 12, S. 457. 1922.

52. Chlumsky: Das Wachstum der Kinder und die Längenveränderungen bei Erwachsenen. Wien. klin. Rundschau 1908.

53. Chose, E.: Einfluß der Rachitis auf die Körpermaße von Schulkindern. Diss. München 1914.

54. Clark, T., E. Sydenstricker, S. Collins: Größe und Gewicht weißer Schulkinder in Virginia. Public. health. reports Washington Vol. 37, p. 1185. 1922.

55. Cohn, M.: Kenntnis der Körperlänge als Maßstab für die normale Entwicklung der Schulkinder. Zeitschr. f. Schulgesundheitspflege Bd. 25, S. 693. 1912.

56. Combe: Schülermessungen. Zeitschr. f. Schulgesundheitspflege Bd. 9, S. 569. 1896.

57. Czerny, Adalb.: Ernährung des Kindes während des Weltkrieges. Monatsschr. f. Kinderheilk., Orig. Bd. 21, S. 2. 1921.

58. — und A. Keller: Des Kindes Ernährung, Ernährungsstörungen und Ernährungstherapie. 2. Aufl. Leipzig und Wien: Deuticke 1925. S. 772 (mit zahlreichen Literaturangaben).

59. Daffner, Fr.: Wachstum des Menschen. Leipzig 1902.

60. Dannehl: Der Pignetsche Index. Dtsch. militärärztliche Zeitschr. 1912.

61. Davidsohn, H.: Die Wirkung der Aushungerung Deutschlands auf die Berliner Kinder, mit besonderer Berücksichtigung der Waisenkinder. Zeitschr. f. Kinderheilk. Bd. 21, S. 349. 1919.

62. — Wachstum gesunder und ernährungsgestörter Säuglinge. Ebenda Bd. 27, S. 1. 1920.

63. — Untersuchungen über die Reparation unterernährter Kinder. Klin. Wochenschr. 1922. Jg. 1, S. 2483.

64. Delcourt, A.: Wachstumsschmerzen, Pathologie infantile, Bd. 10, S. 65. 1913. Ref. Zeitschr. f. Kinderheilk. Bd. 5, S. 650. 1913.

65. Deutscher Zentralausschuß für die Auslandshilfe: Größe und Gewicht der Schulkinder und andere Grundlagen für die Ernährungsfürsorge, Neubearbeitung der „Praktischen Winke" für den musternden Arzt. Mit zahlreicher Literatur, vielen Tabellen, graphischen Darstellungen. Berlin, Besselstr. 21: Verlag Politik und Wirtschaft 1924.

66. Dikanski, M.: Einfluß der sozialen Lage auf die Körpermaße der Schulkinder. Diss. München 1914. Angeführt von Pfaundler.

67a. Drescher, A.: Ein vereinfachtes Verfahren, um aus Wägung und Messung die körperliche Entwicklung des Schulkindes zu bestimmen. Zeitschr. f. Schulgesundheitspflege Bd. 34, S. 79. 1921.
67b. — Nomographisches Verfahren zur·Auswertung der Messungs- und Wägungsergebnisse
     bei Schulkinderuntersuchungen. Ebenda Bd. 35, S. 332. 1922.
68. Drummond, J. und K. Coward: Ernährung und Wachstum bei einer von echtem
    Fett freien Nahrung. Lancet Vol. 201, p. 698. 1921. Ref. Zentralbl. f. d. ges.
    Kinderheilk. Bd. 12, S. 433. 1922.
69. Eckstein, A.: Einfluß natürlicher und künstlicher Lichtquellen auf das Wachstum
    junger Ratten. Arch. f. Kinderheilk. Bd. 73, S. 1. 1923 und Monatsschr. f. Kinderheilk., Orig. Bd. 24, S. 587. 1923.
70. Eeckhout, A. van den: Experimenteller Beitrag zur Frage der Wirkung des Arsenik
    auf das Wachstum. Ref. Zentralbl. f. d. ges. Kinderheilk. Bd. 14, S. 353. 1923.
71. Emerson, William: Das schlecht ernährte Kind in den öffentlichen Schulen.
    Boston med. a. surg. journ. Vol. 182, p. 655. 1920. Ref. Zentralbl. f. d. ges. Kinderheilk. Bd. 9, S. 422. 1920.
72. Ensch: Warum sind Körpermaße und Gewicht der Kinder nicht mehr die gleichen
    wie zu Zeiten Quételets? Méd. scolaire Tom. 9, p. 24. 1920. Ref. Zentralbl.
    f. d. ges. Kinderheilk. Bd. 9, S. 7. 1920.
73. Erismann: Die körperliche Entwicklung der Fabrikarbeiter in Zentralrußland.
    Arch. f. soziale Gesetzgebung u. Statistik Bd. 1, S. 98. 1888.
74. Fahr, Th.: Zur Frage der Kriegswirkung auf die Ernährungsverhältnisse, Morbidität
    und Mortalität. Virchows Arch. f. pathol. Anat. u. Physiol. Bd. 228, S. 187. 1920.
75. Fein, A.: Kindlicher Riesenwuchs. Münch. med. Wochenschr. 1923. Nr. 70, S. 77.
76. Feldman, W. M.: Anwendung der Mathematik und der physikalischen Chemie bei
    der Erforschung der Physiologie und Pathologie des Kindesalters. Brit. journ.
    of childr. dis. Vol. 17, p. 171. 1920. Ref. Zentralbl. f. d. ges. Kinderheilk. Bd. 10,
    S. 361. 1921.
77. Forschner - Böke: Katamnesen von Frühgeborenen. Arch. f. Kinderheilk. Bd. 75,
    S. 20. 1924.
78. Frangenheim: Chondrodystrophische Zwerge. Fortschr. a. d. Geb. d. Röntgenstr.
    Bd. 17.
79. Frank, Hilde: Abhängigkeit des Längenwachstums der Säuglinge von den Jahreszeiten. Arch. f. Kinderheilk. Bd. 75, S. 1. 1924.
80. Frankenstein, Curt: Der Einfluß von Krankheiten auf das Wachstum von Frühgeborenen von der Geburt bis zum 9. Lebensjahr. Zeitschr. f. Kinderheilk. Bd. 27,
    S. 44. 1920.
81. Freise, Eduard: Experimentelle Untersuchungen über die Ernährungsbedingungen
    und das Wachstum. Jahrb. f. Kinderheilk. Bd. 91, S. 79. 1920.
82. Freudenberg, E.: Wachstumspathologie im Kindesalter. Monatsschr. f. Kinderheilk. Bd. 24, S. 673. 1923 und Zentralbl. f. d. ges. Kinderheilk. Bd. 14, S. 515.
    1923.
83. Freudenberg, Karl: Zur Altersberechnung bei Messungen und Wägungen insbesondere der Schulkinder. Med. Klinik Bd. 20, S. 879. 1924. — Zusammenfassung von Messungsergebnissen aus den deutschen Städten, siehe: „Deutscher
    Zentralausschuß" S. 50.
84. Freund, W.: Pathologie des Längenwachstums bei Säuglingen und bei debilen
    Kindern. Jahrb. f. Kinderheilk. Bd. 70, S. 752. 1909.
85a. Friedenthal, Hans: Wachstum, Sonderformen des menschlichen Wachstums,
     Längenwachstum des Menschen und die Gliederung des menschlichen Körpers.
     Ergebn. d. inn. Med. u. Kinderheilk. Bd. 8, S. 254. 1912; Bd. 9, S. 505. 1912;
     Bd. 11, S. 685. 1913.
85b. — Allgemeine und spezielle Physiologie des Wachstums des Menschen. Berlin:
     Julius Springer 1914.
86. Fürst, Theobald: Die Münchener Fortbildungsschuljugend nach dem Krieg. Arch.
    f. Hyg. Bd. 93, S. 79. 1923 und Veröff. d. Reichsgesundheitsamtes 1923. Nr. 7
    und „Deutscher Zentralausschuß".

87. Fürst, Theobald, Ziffernmäßiger Unterschied bei der praktischen Verwendung von Konstitutionsindices bei Schüleruntersuchungen. Münch. med. Wochenschr. 1925. Jg. 72, S. 1073.

88. — Längengewichtstabelle nach dem Kaupschen Querschnittslängenverhältnis. München: Verlag Gesundheitswacht 1925.

89a. Funk, Casimir: Studien über das Wachstum, vitaminhaltige und vitaminfreie Nahrung. Hoppe-Seylers Zeitschr. f. d. physiol. Chem. Bd. 88, S. 352. 1913.

89b. — Einfluß der Kost auf das normale und maligne Wachstum. Lancet 1914. p. 98 und Ergebn. d. Physiol. Bd. 13, S. 124. 1913.

89c. — Vitamine. Wiesbaden: J. F. Bergmann 1913 und 1922.

90. Gärtner, G.: Gewicht und Körperlänge des Menschen. Wien. med. Wochenschr. Jg. 62, S. 317. 1912.

91. Gastpar: Gewicht und Längenwachstum von Stuttgarter Schulkindern. Veröff. d. Reichsgesundheitsamtes 1923. Nr. 7, S. 106 und „Deutscher Zentralausschuß" S. 45.

92. — Gesetzmäßiges Verhalten des Zentimetergewichtes. Zeitschr. f. Gesundheitsfürsorge u. Schulgesundheitspflege Bd. 36, S. 376. 1923.

93. Gayler: Wachstumsstörung bei Diabetes insipidus des Kindes. Monatsschr. f. Kinderheilk., Orig. Bd. 21, S. 356. 1921.

94. Geißler und Uhlitzsch: Größenverhältnisse der Schulkinder in Freiberg. Zeitschr. d. sächs. statistischen Bureaus Bd. 34, S. 28. 1888.

95. Gentzen: Schulkindermessungen in Königsberg. Veröff. d. Reichsgesundheitsamtes 1922. Nr. 37, S. 4 und „Deutscher Zentralausschuß" S. 21.

96. Gerber: Schulkindermessungen in Freiburg i. Br. Veröff. d. Reichsgesundheitsamtes 1922. Nr. 37, S. 5 und „Deutscher Zentralausschuß" S. 49 und Zeitschr. f. Gesundheitsfürsorge u. Schulgesundheitspflege Bd. 37, S. 16. 1924.

96a. Gilbert et Rathery: Nanisme mitral. Presse méd. 1900. Nr. 37, 38.

97a. Glanzmann, E.: Biologische Bedeutung der Vitamine für das Kindesalter. Schweiz. med. Wochenschr. 1922. Jg. 52, S. 57.

97b. — Die Rolle der akzessorischen Wachstumsfaktoren für die Biochemie des Wachstums. Monatsschr. f. Kinderheilk., Orig. Bd. 25, S. 178. 1923.

97c. — Wachstumsstoffe und Blutdrüsen. Jahrb. f. Kinderheilk. Bd. 101 (III, 51), S. 1. 1923.

98. Godin, Paul: Das wahre Wesen der Pubertät. Progr. méd. Tom. 41, p. 30. 1913.

99. Godlewski, H.: Der Wechsel der minimalen Substanzen in der Ernährung des Kindes. Presse méd. Tom. 30, p. 256. 1922. Ref. Zentralbl. f. d. ges. Kinderheilk. Bd. 13, S. 163. 1923.

100. Goldstein, Fritz: Klinische Beobachtung über Gewichts- und Längenwachstum unterernährter schulpflichtiger Kinder bei Wiederauffütterung. Zeitschr. f. Kinderheilk. Bd. 32, S. 178. 1922.

101. Gottstein, Ad.: Körpermessungen. Die Naturwissenschaften 1924. S. 353.

102. Gray, H.: Sitzhöhe und Stammlänge. Ref. Zentralbl. f. d. ges. Kinderheilk. Bd. 13, S. 359. 1923.

103a. Gribbon, M. und D. Paton: Ernährungsverhältnisse in Wien. Lancet Vol. 201, p. 744. 1921. Ref. Zentralbl. f. Kinderheilk. Bd. 12, S. 245. 1922.

103b. — 3000 der auffallendsten Fälle von Unterernährung von Wiener Kinder 1921. Edinburgh med. journ. Vol. 29, p. 12. 1922. Ref. Zentralbl. f. d. ges. Kinderheilk. Bd. 13, S. 456. 1923.

104. Gudernatsch, J. F.: Fütterungsversuche an Amphibienlarven. Verhandl. d. anat. Ges. Bd. 26. 1912.

105. Gundobin, N.: Besonderheiten des Kindesalters. Deutsch von Rubinstein. Berlin: Allgem. med. Verlagsanstalt 1912.

106. Guttmann, Max: Einige Beispiele individueller körperlicher Entwicklung. Zeitschr. f. Kinderheilk. Bd. 13, S. 248. 1915.

107. — Ist eine objektive Beurteilung des Ernährungszustandes des Menschen möglich? Arch. f. Kinderheilk. Bd. 72, S. 23. 1922 (Lit.).

108. Haag: Schulärztliche Erfahrungen in den Kriegsjahren 1916/1917. Zeitschr. f. Schulgesundheitspflege Bd. 30, S. 225. 1917.

109. Häberlin: Klimato-physiologische Beobachtungen an der Nordsee. Med. Klinik Bd. 9, S. 1679. 1913.

110. — Körperliche Entwicklung des Kindes im Frieden und Krieg. Arch. f. Kinderheilk. Bd. 66, S. 370. 1918.

111. — und Schwend: Methode zur zahlenmäßigen Darstellung des körperlichen Zustandes. Zeitschr. f. soz. Hyg. u. Fürsorgewesen Bd. 3. 1921. S. 269.

112. Hamburger, F. und K. Jellenigg: Gelidisimethode zur Feststellung des Ernährungszustandes. Wien. klin. Wochenschr. 1920. Jg. 33, S. 1131.

113. Hansen, Malling: Periodizität im Gewicht des Kindes. Internat. med. Kongr. Kopenhagen 1883.

114. Harms, B.: Bedeutung des Rohrerschen Index für die Beurteilung bei Massenuntersuchungen. Zeitschr. f. soz. Hyg. u. Fürsorgewesen Bd. 3, S. 76. 1921.

115a. Hart, C.: Wesen und Wirkung der endokrinen Drüsen. Berlin. klin. Wochenschr. 1920. Jg. 57, S. 101.

115b. — Thymusstudien. Virchows Arch. f. pathol. Anat. u. Physiol. Bd. 207. 1912 und Jahrb. f. Kinderheilk. Bd. 86. 1917.

116. Hasse (Leipzig-Gohlis): Statistik des Volksschulwesens. Leipzig: Duncker u. Humblot 1891.

117. Heller: Beobachtungen in der Nachkriegszeit in Salzburg 1921—1922. Kommunal-Schul- u. Fürsorgearzt Bd. 21, S. 1. 1923.

118. Hellmuth, Karl und v. Wnorowski: Einfluß der Jahreszeiten auf das Gewicht der Neugeborenen. Klin. Wochenschr. 1923. Jg. 2, S. 75.

119. Helmerisch, Egon und Karl Kassowitz: Körperbau und Ernährungszustand in ihrem Einfluß auf den Index der Körperfülle. Zeitschr. f. Kinderheilk. Bd. 35, S. 66. 1923.

120. Hepner: Ernährungszustand der Schulanfänger 1915 in Mannheim. Zeitschr. f. Schulgesundheitspflege Bd. 28, S. 545. 1915.

121. Hertel: Länge und Gewicht dänischer Schulkinder. Zeitschr. f. Schulgesundheitspflege Bd. 1, S. 167. 1888.

122. Hertzberg, N. C. E. und Carl Schiötz: Einfluß der Ferien und Jahreszeiten auf die körperliche Entwicklung der Schüler. Norwegisch. Ref. Zentralbl. f. Kinderheilk. Bd. 33, S. 311. 1923.

122a. Hertzka, Josef: Wachstumskurven von Säuglingen unter normalen und pathologischen Verhältnissen. Arch. f. Kinderheilk. Bd. 76, S. 190. 1925.

123. Heubner, Otto: Lehrbuch der Kinderheilkunde I. Wachstum S. 1. Leipzig: Barth 1911.

124. Herxheimer, Herbert: Wirkung leichtathletischen Sommertrainings auf die körperliche Entwicklung von Jünglingen. Virchows Arch. f. pathol. Anat. u. Physiol. Bd. 233, S. 484. 1921.

125. Holmgren, J. und Schkarine: Längenwachstum bei Hyperthyreose. Med. Klinik Bd. 6, S. 1047. 1910.

126. Hösch-Ernst, Lucy: Das Schulkind in seiner körperlichen und geistigen Entwicklung I. Leipzig: Memnich 1906.

127. Huth: Ernährungszustand und Körpermaße. Zeitschr. f. Kinderheilk. Bd. 30, S. 39. 1921 und Monatsschr. f. Kinderheilk., Orig. Bd. 22, S. 521. 1922.

128. Jackson, C. M. und C. A. Stewart: Wirkung der Unterernährung im frühen Lebensalter auf die endgültige Körpergröße bei Ratten. Ref. Zentralbl. f. Kinderheilk. Bd. 9, S. 101. 1920.

129. Jaenicke: Einfluß der Kriegsernährung auf die Körperbeschaffenheit der Schulkinder in Apolda und der Rohrersche Index. Öff. Gesundheitspfl. Bd. 6, S. 181. 1921.

130. Johannsen: Elemente der exakten Erblichkeitslehre. 2. Aufl. Jena 1913.

131. Johnson, J. M.: Wachstumsfördernde Eigenschaften in der Milch und Trockenmilch. Ref. Zentralbl. f. d. ges. Kinderheilk. Bd. 13, S. 136. 1923.

132. Käding, Kurt: Alter und Fettpolsterdicke als alleiniger Maßstab des Ernährungszustandes. Münch. med. Wochenschr. 1922. Jg. 69, S. 433.

133. Kassowitz, Karl: Zur Frage der Beeinflussung der Körperlänge und Körperfülle durch die Ernährung. Zeitschr. f. Kinderheilk. Bd. 30, S. 275. 1921.

133a. — und Helmerisch siehe Helmerisch.

134. **Kaup, I.**: Einwirkung der Kriegsnot auf die Wachstumsverhältnisse der männlichen Jugendlichen. Münch. med. Wochenschr. 1921. Nr. 68, S. 693.

135. — Ein Körperproportionsgesetz zur Beurteilung der Längen-, Gewichts- und Indexabweichungen einer Populationsaltersgruppe. Münch. med. Wochenschr. 1921. Jg. 68, S. 976.

136. — Untersuchungen über die Norm. Ebenda 1922. Jg. 69, S. 189.

137. — Neue Grundregeln der Norm- und Konstitutionsforschung. Klin. Wochenschr. 1924, S. 97 u. 1249.

137a. **Keller, A.** siehe **Czerny** und **Keller.**

138. **Kettner**: Das 1. Kriegsjahr und die großstädtischen Volksschulkinder. Dtsch. med. Wochenschr. 1915. Jg. 41, S. 1428.

139. **Key, Axel**: Schulhygienische Untersuchungen. In deutscher Bearbeitung von **Burgerstein**. Hamburg und Leipzig: Voß 1889. S. 241.

140. — Pubertätsentwicklung und das Verhältnis derselben zu den Krankheitserscheinungen der Schuljugend. 10. Internat. med. Kongr. Berlin 1890. Berlin: August Hirschwald 1891. I, 66, S. 111.

141. **Kistler, Helene**: Individualmessungen in der Zeit des Pubertätwachstums. Zeitschr. f. Kinderheilk. Bd. 36, S. 157. 1923.

142. **Kjerrulf, Harald**: Die körperliche Entwicklung der Schuljugend in der Kriegszeit 1914—1919. Schwedisch. Ref. Zentralbl. f. Kinderheilk. Bd. 12. S. 327. 1922.

143. **Kleinsamer**: Die Schuljugend Tirols. Zeitschr. f. soz. Hyg. u. Fürsorgewesen Bd. 3, S. 396. 1921.

144. **Kosmowski**: Gewicht und Wuchs der Kinder der Armen in Warschau. Jahrb. f. Kinderheilk. Bd. 39, S. 70. 1895.

145. **Kotelmann**: Körperverhältnisse der Gelehrtenschüler des Johanneums in Hamburg. Zeitschr. d. kgl. preußischen statistischen Bureaus Bd. 19, S. 1. 1879

146. **Krieser**: Rechnerische Unterschiede des Rohrerschen Index. Zeitschr. f. d. ges. Anat., Abt. 2: Zeitschr. f. Konstitutionslehre Bd. 8, S. 250. 1921.

147. **Külbs**: Einfluß der Bewegung auf den wachsenden und erwachsenen Organismus. Dtsch. med. Wochenschr. 1911. Jg. 38, S. 1912.

148. **Kulka, Wilhelm**: Militärische Körpererziehung und ihre Einwirkung im Alter der schulentlassenen Jugend. Arch. f. soz. Hyg. Bd. 8, S. 1. 1913.

149. — Der Pignetsche Index. Wien. med. Wochenschr. 1913.

150. **Kütting**: Geburtsgewichte und Entwicklung der Kinder in den ersten Lebenstagen während des Krieges. Zentralbl. f. Gynäkol. Bd. 45, S. 166. 1921.

150a. **Kwint, L. A.**: Dysglandulärer Zwergwuchs. Zeitschr. f. Kinderheilk. Bd. 39, S. 575. 1925.

150b. **Lampart** siehe **Bachauer.**

151. **Lance**: Passagere Spondylitis des Lendensegments. Ref. Zentralbl. f. d. ges. Kinderheilk. Bd. 14, S. 302. 1923.

152. **Landsberger**: Wachstum im Alter der Schulpflicht. Arch. f. Anthropologie Bd. 17, S. 229. 1888.

153. **Lang, F. I.**: Beeinflussung des Längenwachstums durch Erkrankungen der Knochen und Gelenke. Klin. Wochenschr. 1923. Jg. 2, S. 240.

154. **Lange, Corn. de**: Nanosomia vera. Jahrb. f. Kinderheilk. Bd. 89 S. 264. 1919.

155a. **Lange, E. von**: Gesetzmäßigkeit im Längenwachstum des Menschen. Jahrb. f. Kinderheilk. Bd. 57, S. 261. 1903.

155b. — Die normale Körpergröße des Menschen von der Geburt bis zum 25. Lebensjahr. München: Lehmann 1896.

156. **Langstein, H.**: Ernährung und Wachstum der Frühgeborenen. Berlin. klin. Wochenschrift 1915. Jg. 52, S. 631.

157. **Langstein, L. und J. Edelstein**: Rolle der Ernährungsstoffe in der Ernährung wachsender Tiere. Zeitschr. f. Kinderheilk. Bd. 15, S. 49. 1917; Bd. 16, S. 305. 1917; Bd. 17, S. 255. 1918.

158. **Lebzelter, Viktor**: Größe und Gewicht der Wiener gewerblichen Jugend 1923. Zeitschr. f. Kinderheilk. Bd. 39, S. 233. 1925.

159a. Leichtentritt, Bruno: Akzessorische Nährstoffe und Bakterienwachstum. Tagung der deutschen Ges. f. Kinderheilk. Jena 1921.

159b. — und Zielaskowski, Marg.: Wachstumsfördernder Faktor des Citronensaftes. Biochem. Zeitschr. Bd. 131, S. 513. 1922.

160. Liharzik: Gesetz des menschlichen Wachstums. Wien 1858. Angeführt bei E. v. Lange.

161. Livi, R.: L' indice ponderale o rapporto tra la statua et il peso. Mailand 1886 und Arch. militare Roma Vol. 2, p. 21. 1905.

162. Lommel: Einfluß der kriegsmäßig veränderten Ernährung. Dtsch. med. Wochenschr. 1916. Jg. 42, S. 351.

163. Lubinski, Herbert: Das körperliche Wachstum von Stadt- und Landkindern. Monatsschr. f. Kinderheilk. Bd. 15, S. 264. 1919.

164. Ludwig: Messungen und Wägungen der Leipziger Volksschulkinder 1921, zugleich ein Beitrag zur Methodenfrage anthropometrischer Untersuchungen. Veröff. d. Reichsgesundheitsamtes 1922. Nr. 37, S. 2 und „Deutscher Zentralausschuß" S. 25.

165. Mc Collum, E. V., N. Simmonds, H. T. Parsons: Gesteigerte biologische Wertigkeit durch Eiweißgemische u. a. Baltimore 1921. Ref. Zentralbl. f. d. ges. Kinderheilk. Bd. 3, S. 161. 1923.

166. Mac Donald: Experimental study of children. Washington 1899.

167. Mayet, H.: Schmerzen und Krankheiten der Wachsenden. Journ. des praticiens Tom. 35, p. 865. 1921. Ref. Zentralbl. f. d. ges. Kinderheilk. Bd. 13, S. 55. 1923.

168. Maignon, F.: Einfluß periodischer kosmischer Vorgänge auf die Ernährung. Ref. Zentralbl. f. d. ges. Kinderheilk. Bd. 9, S. 51. 1920.

169. Makower, A.: Untersuchungen über das Wachstum. Zeitschr. f. Schulgesundheitspflege Bd. 27, S. 97. 1914.

170. Martin, Rudolf: Körperentwicklung Münchner Volksschulkinder 1921—1923. Anthropol. Anz. 1924. S. 76.

171. — Messungen und Wägungen München 1921. Veröff. d. Reichsgesundheitsamtes 1922. Nr. 37 und 1924. Nr. 11 und „Deutscher Zentralausschuß" S. 40.

172. — Richtlinien für Körpermessungen und deren statistische Verarbeitung, mit besonderer Berücksichtigung von Schülermessungen. München: Lehmann 1924.

173. Matthias, E.: Einfluß der Leibesübungen auf das Körperwachstum. Schweiz. Blätter f. Schulgesundheitspflege u. Kinderschutz Bd. 13. 1915.

174. — Jährliche Schwankungen im Körperwachstum. Ebenda Bd. 13. 1915.

175. Matusiewicz, Jacob: Körperlängen- und Körpergewichtsindex bei Münchner Schulkindern. Diss. München 1914. Angeführt von Pfaundler.

176. Meinshausen: Zunahme der Körpergröße des deutschen Volkes vor dem Kriege. Arch. f. soz. Hyg. u. Demographie Bd. 14, S. 1. 1920.

177. Mellanby, Ed.: Rachitisproblem und Vitamin. Ref. Zentralbl. f. d. ges. Kinderheilk. Bd. 15. 1924.

177a. — Experimental Rickets. London 1921.

178. Mendel, Lafayette und Thomas Osborne: Vitaminentziehung. Yale Universit. New-Haven. Ref. Zentralbl. f. d. ges. Kinderheilk. Bd. 11, S. 35. 1921; Bd. 13, S. 449. 1923; Bd. 14, S. 482. 1923 und Ergebn. d. Physiol. Bd. 15. 1916.

179. Meyer, Felix: Einfluß gesteigerter Marschleistungen auf die Körperentwicklung in den Pubertätsjahren. Med. Klinik Bd. 8, S. 946. 1912.

180. Miller, Harry: Bedeutung des Kaliums für das Wachstum junger Ratten (Wisconsin). Ref. Zentralbl. f. d. ges. Kinderheilk. Bd. 15, S. 66. 1924.

181. Monti, Alois: Wachstum des Kindes von der Geburt bis zur Pubertät. Kinderheilkunde in Einzeldarstellungen 1898. H. 6.

182. Mouriquand, G., P. Michel und Barré: Wachstum und antiskorbutische Substanz 1921. Ref. Zentralbl. f. d. ges. Kinderheilk. Bd. 13, S. 450. 1923.

183. Müller, Franz: Einfluß des Aufenthalts in Walderholungsstätten. Zeitschr. f. physikal. u. diätet. Therapie Bd. 24, S. 420. 1920.

184. Neubauer, Karl: Einfluß der Ernährung auf das Wachstum und die Entwicklung der Frühgeburten. Monatsschr. f. Kinderheilk., Orig. Bd. 21, S. 21. 1921.

185. Neurath, Rudolf: Geschlechtsreife und Körperwachstum. Zeitschr. f. Kinderheilk. Bd. 19, S. 209. 1919.

186. Newman, Samuel: Die Bestimmung des Pelidisi bei normalen Säuglingen und Kleinkindern. Zeitschr. f. Kinderheilk. Bd. 35, S. 102. 1923.
187. Nobécourt: Hypotrophien im Kleinkind- und Schulkindesalter. Journ. des praticiens Tom. 36, p. 705. 1922.
188. Nobel, Edmund: Amerikanische Kinderausspeisung in Wien und Niederösterreich. Wien. klin. Wochenschr. 1921. Nr. 34, S. 325.
189. — Anthropometrische Untersuchungen bei Jugendlichen in Wien. Zeitschr. f. Kinderheilk. Bd. 36, S. 13. 1923.
190. — Vergleich des Ernährungszustandes der Schulkinder und Anstaltskinder in Wien 1920—1923. Wien. med. Wochenschr. Jg. 73. S. 963. 1923.
191. Oebbecke: Wägungen und Messungen in den Volksschulen zu Breslau 1906. Zeitschr. f. Schulgesundheitspflege 1907.
192a. Oeder, G.: Körpergewicht und Körpergröße. Dtsch. med. Wochenschr. 1914. Jg. 40, S. 917.
192b. — Ein neuer Index ponderis für den zentralnormalen Ernährungszustand Erwachsener. Ebenda 1916. Jg. 42, S. 1073.
192c. — Der Rohrersche Index als Kriterium für die Auswahl zur Amerikaspeisung. Münch. med. Wochenschr. 1920. Jg. 67, S. 1368.
192d. — Der Index ponderis des menschlichen Ernährungszustandes und die Quäkerspeisung. Dtsch. med. Wochenschr. 1922. Jg. 48, S. 126.
193. Oettinger, W.: Anthropometrische Untersuchungen an Breslauer und Charlottenburger Schülern. Zeitschr. f. Hyg. u. Infektionskrankh. Bd. 98, S. 338. 1922 und „Deutscher Zentralausschuß" S. 17.
194. Opitz, H.: Wachstum untergewichtiger ausgetragener Neugeborener. Monatsschr. f. Kinderheilk. Bd. 13. 1914.
195. Oppenheimer, Karl: Ein Versuch zur objektiven Darstellung des Ernährungszustandes. Dtsch. med. Wochenschr. 1909. Jg. 35, S. 1835.
196. — und W. Landauer: Über den Ernährungszustand von Münchner Volksschülern. Münch. med. Wochenschr. 1911. Jg. 58, S. 2218.
197. Osborne, Th. und L. Mendel: Fütterungsversuche mit fettfreien Mischungen. Journ. of biochem. Vol. 12, p. 81. 1912. Ref. Zeitschr. f. Kinderheilk. Bd. 4. S. 195. 1913.
197a. — siehe Mendel.
198. Oschmann: Einfluß der Kriegskost auf die Schulkinder. Zeitschr. f. Schulgesundheitspflege Bd. 30, S. 32. 1917.
199. Pagliani: Messungen in Turin. Giornale della societa italiana d'igiene 1879.
200. Paull, H.: Messungen in Volksschulen und Hilfsschulen in Karlsruhe 1922/1923. Statistische Mitteilungen über Baden Bd. 12, S. 121. 1923 und „Deutscher Zentralausschuß" S. 48.
201. — Parallelismus von körperlicher und geistiger Entwicklung von Volksschulkindern. Münch. med. Wochenschr. 1924. Jg. 71, S. 526, 1393.
202. Peiper, A.: Längenwachstum und Ernährung bei Säuglingen. Jahrb. f. Kinderheilk. Bd. 90, S. 341. 1919.
203. Peiser, Julius: Zur Kenntnis der kindlichen Körperkonstitution. Tuberkul.-Fürs.-Blatt Bd. 8, S. 145. 1921.
204. — Objektive Beurteilung des kindlichen Ernährungszustandes. Jahrb. f. Kinderheilk. Bd. 95, S. 195. 1921.
205. — Einfluß der Tuberkuloseinfektion auf die körperliche Entwicklung des Kindes. Monatsschr. f. Kinderheilk., Orig. Bd. 25, S. 517. 1923 und Bd. 28, S. 140. 1924.
206. Peller, Sigismund: Einfluß sozialer Momente auf den körperlichen Entwicklungszustand der Neugeborenen. Österreichisches Sanitätswesen 1913. Beiheft 1.
207. — Maße der Neugeborenen und Kriegsernährung der Schwangeren. Dtsch. med. Wochenschr. 1917. Jg. 43, S. 178 und Wien. klin. Wochenschr. 1919. Jg. 32, S. 758.
208. Pfaundler, Meinhard von: Hungernde Kinder? Münch. med. Wochenschr. 1912. Jg. 59, S. 256 u. 1047.
209. — Körpermaßstudien an Kindern. Zeitschr. f. Kinderheilk. Bd. 14, S. 1. 1916.
210. — Indices der Körperfülle und Unterernährung. Ebenda Bd. 29, S. 217. 1921.

211. Pfaundler, Meinhard von: Biologisches und Allgemein-Pathologisches über die frühen Entwicklungsstufen. Handbuch der Kinderheilkunde von Pfaundler und Schloßmann Bd. 1, S. 12. 3. Aufl. Leipzig: Vogel 1923.
212. — Körpermaße von Münchner Schulkindern während des Krieges. Münch. med. Wochenschr. 1919. Jg. 66, S. 859.
213. Pfitzner, W.: Sozial-anthropologische Studien. III. Zeitschr. f. Morphol. u. Anthropologie Bd. 4, S. 31. 1902.
214. Pignet: Un coéfficient de la robusticité. Bull. méd. 1901. Nr. 33.
215. Pirquet, C. v.: Tafel zur Bestimmung des Pelidisi. System der Ernährung II. Zeitschrift f. Kinderheilk. Bd. 6, S. 253. 1913.
216. — Sitzhöhe und Körpergewicht. Ebenda Bd. 14, S. 211. 1916.
217. — Bestimmung des Ernährungszustandes. Ebenda Bd. 18, S. 220. 1918.
218a. — Tafel zur Ernährung des Menschen. Ebenda Bd. 15, S. 117. 1917.
218b. — System der Ernährung. Berlin: Julius Springer 1917—1919.
219. — Länge und Gewicht der Lehrlinge Wiens 1920. Ref. Zentralbl. f. d. ges. Kinderheilk. Bd. 11, S. 229. 1921.
220. — Anthropometrische Untersuchungen an Schulkindern in Österreich. Zeitschr. f. Kinderheilk. Bd. 39, S. 63. 1923.
221. — Einfache Tafel zur Bestimmung von Wachstum und Ernährungszustand bei Kindern. Berlin: Julius Springer 1913.
222. Plaut, Alfred: Avitaminoseversuch. Zeitschr. f. d. ges. exp. Med. Bd. 32, S. 300. 1923.
223. Podbradsky: Wachstum bei absolutem Hunger. Arch. f. Entwicklungsmech. d. Organismen Bd. 52/97, S. 532. 1923.
224. Porter, W. T.: Jahreszeitliche Schwankungen im Wachstum der Bostoner Schulkinder. Americ. journ. of physiol. Vol. 52, p. 121. 1920.
225. Prinzing: Körpermessungen und Wägungen deutscher Schulkinder und ein Vorschlag, diese vergleichbar zu machen. Dtsch. med. Wochenschr. 1924. Nr. 50, S. 1026.
226. Pryor, I. W.: Unterschiede in der Entwicklung der Knochenkerne bei männlichen und weiblichen Individuen. Anat. record Vol. 25, p. 257. 1923. Ref. Zentralbl. f. d. ges. Kinderheilk. Bd. 15, S. 354. 1924.
227a. Pütter, August: Studien über physiologische Ähnlichkeit. VI. Wachstumsähnlichkeiten. Pflügers Arch. f. d. ges. Physiol. Bd. 180, S. 298. 1920.
227b. — Vergleichende Physiologie. Jena: Fischer 1911.
228. Putzig und Vollmer: Physiologische Tagesschwankungen des Gewichts im Säuglingsalter. Zeitschr. f. Kinderheilk. Bd. 36, S. 259. 1923.
229a. Quételet, L. A. J.: Sur l'homme et le développement de ses facultés. Paris 1835. Übersetzt von Riecke. Stuttgart 1838.
229b. — Anthropométrie ou mesure des différentes facultés de l'homme. Brüssel 1870, Paris 1871.
230. Ranke: Anthropometrische Untersuchungen an gesunden und kranken Kindern mit besonderer Berücksichtigung des schulpflichtigen Alters. Zeitschr. f. Schulgesundheitspflege Bd. 18, S. 719/816. 1905.
231. Redeker: Eignung des Rohrerschen Index zur Bestimmung der Unterernährung der Schulkinder. Ebenda Bd. 34, S. 4. 1921.
232. Reiche, A.: Wachstum der Frühgeburten in den ersten Lebensmonaten. Zeitschr. f. Kinderheilk. Bd. 12, S. 369. 1915.
233. — Wachstum der Zwillingskinder. Ebenda Bd. 13, S. 346/332. 1916.
234. Reichsgesundheitsamt Veröffentlichungen 1922. S. 37; 1923. S. 7; 1924. S. 11. Die einzelnen Autoren im Register. Schülermessungen. I. Leipzig, München, Königsberg, Freiburg, Mülhausen i. Thür. II. Stuttgart, Mannheim, Augsburg, Spandau. III. München, Alt-Berlin.
235. Riedel, Ed.: Körperlänge Münchner Schulkinder. Diss. München 1913. Angeführt von Pfaundler.
236. Rietz, E.: Wachstum Berliner Schulkinder während der Schuljahre. Arch. f. Anthropologie Bd. 1, S. 30. 1903.
237. Roberts: Manuel of Anthropometry. London 1878.
238. Roeder, H.: Einfluß der Bewegung auf den Gewichtsansatz unterernährter Kinder. Internationales Arch. f. Schulhyg. Bd. 9, S. 113. 1913.

239a. Rößle, Rob.: Pathologie des Wachstums im Kindesalter. Monatsschr. f. Kinderheilk. Orig. Bd. 24, S. 641. 1923.

239b. — Wachstum und Altern. Zur Physiologie und Pathologie der postfötalen Entwicklung. München: J. F. Bergmann 1923 und Ergebn. d. allg. Pathol. u. pathol. Anat. Physiol. Teil 18. II. 1917. S. 677. Pathol. Teil 20. II. 1923. S. 369. (Literaturverzeichnis).

239c. — Pathologie des Körperwachstums. Jahreskurse f. ärztl. Fortbild. Bd. 14, S. 15. 1923.

239d. — und H. Böning: Wachstum der Schulkinder. Jena 1924 bei Fischer.

240a. Rohrer, Fritz: Eine neue Formel zur Bestimmung der Körperfülle. Korresp.-Blatt d. dtsch. Ges. f. Anthropologie Bd. 39, S. 5. 1908.

240b. — Tafel zur Bestimmung des Ernährungszustandes der Schulkinder, herausgegeben vom ärztlichen Beirat der Kinderhilfskommission der religiösen Gesellschaft der Freunde. Berlin: Julius Springer.

240c. — Der Index der Körperfülle als Maß des Ernährungszustandes. Kennzeichnung des allgemeinen Bauverhältnisses des Körpers durch Indexzahlen. Münch. med. Wochenschr. 1921. Jg. 68, S. 580 u. 850.

241. Rosenstern, J.: Temporärer Zwergwuchs. Zeitschr. f. Kinderheilk. Bd. 34, S. 310. 1922.

241a. Rosenthal, Hugo: Echter Zwergwuchs. Arch. f. Kinderheilk. Bd. 76, S. 81. 1925.

242. Rost, E.: Bestimmung von Länge und Gewicht der Schulkinder. Zeitschr. f. Schulgesundheitspflege Bd. 35, S. 400. 1922.

243. Rubner, M. und Friedr. Müller: Einfluß der Kriegsverhältnisse auf den Gesundheitszustand im Deutschen Reich 1917. Münch. med. Wochenschr. 1920. Jg. 67, S. 229.

244. Salomon, Fritz: Einfluß der Kriegsernährung auf die Geraer Schulkinder. Öff. Gesundheitspfl. Bd. 6, S. 186. 1921.

245. Schäfer, C. A.: Einfluß kleiner Dosen von Schilddrüsensubstanz auf das Wachstum weißer Ratten. Edinburg. Ref. Zeitschr. f. Kinderheilk. Bd. 4, S. 372. 1913.

246. Scheer, Kurt: Wirkungsweise der Thymusdrüse auf das Wachstum. Jahrb. f. Kinderheilk. Bd. 58, S. 79. 1925.

247. Scheidt, Walter: Somatoskopische und somatometrische Untersuchungen an Knaben im Pubescenzalter. Zeitschr. f. Kinderforsch. Bd. 28, S. 71. 1923.

248. — Massenproportionen des menschlichen Körpers. Zeitschr. f. Konstitutionslehre Bd. 8. 1921.

249. Schiötz, Carl: Wachstum und Krankheit. Zeitschr. f. Kinderheilk. Bd. 13, S. 393. 1916.

250. — Entwicklung der 2—6jährigen Kinder. Norwegisch. Ref. Zentralbl. f. d. ges. Kinderheilk. Bd. 9, S. 268. 1920.

251. — und Louis Bentzen: Entwicklung der Schulkinder und Jugendlichen in Christiania 1923. Ref. Zeitschr. f. Schulgesundheitspflege Bd. 36, S. 219. 1923 und „Deutscher Zentralausschuß" S. 69.

251a. — und Hertzberg siehe Hertzberg.

252. Schlesinger, Eugen: Das Wachstum der Knaben und Jünglinge vom 6. bis 20. Lebensjahr. Zeitschr. f. Kinderheilk. Bd. 16, S. 265. 1917.

253. — Wachstum, Gewicht und Konstitution der Kinder und der herangewachsenen Jugend während des Krieges. Ebenda Bd. 22, S. 79. 1919 und Münch. med. Wochenschr. 1917. Jg. 64, S. 76 u. 1505.

254. — Wachstum, Ernährungszustand und Entwicklungsstörungen der Kinder nach dem Kriege bis 1923. Zeitschr. f. Kinderheilk. Bd. 37, S. 311. 1924 und Münch. med. Wochenschr. 1922. Jg. 69, S. 153.

255. — Die Indexmethode, insbesondere der Rohrersche Index als Maß zur Beurteilung der Entwicklung der Kinder. Zeitschr. f. Schulgesundheitspflege Bd. 34, S. 33. 1921.

256. — Einfluß der Ferien und Ferienkolonien auf Gewicht und Kraft der Schulkinder. Klin. Wochenschr. 1925. Jg. 4, S. 319.

257. — Einwirkung der Sommerhitze auf Säuglinge und ältere Kinder. Dtsch. med. Wochenschr. 1912. Jg. 38, S. 558.

258. — Hyperplasie und Hypersekretion der Schilddrüse bei Kindern. Zeitschr. f. Kinderheilk. Bd. 27, S. 207. 1920.

259. Schloß, Ernst: Pathologie des Wachstums im Säuglingsalter. Jahrb. f. Kinderheilk. Bd. 72, S. 575. 1910.

260. Schloßmann, A.: Kinderkrankheiten und Krieg. 31. Versamml. d. Ges. f. Kinderheilkunde 1917.

261. Schmidt, E.: Messungen in Saalfeld. Arch. u. Korresp.-Blatt f. Anthropologie Bd. 23, S. 29. 1892.

262. Schmidt, F. A.: Querschnitts-Längenindex und das Körperproportionsgesetz nach Kaup. Zeitschr. f. Gesundheitsfürsorge u. Schulgesundheitspflege Bd. 36, S. 97. 1923.

263. — Maße und Gewichtsverhältnisse der 6—14jährigen in Bonn. Ebenda Bd. 36. 1923 und „Deutscher Zentralausschuß" S. 39.

264. Schmidt, Philipp: Einfluß der Kriegsernährung auf das Körpergewicht der Neugeborenen. Monatsschr. f. Geburtsh. u. Gynäkol. Bd. 47. 1918.

265. Schmid-Monnard: Einfluß der Jahreszeit und der Schule auf das Wachstum. Jahrb. f. Kinderheilk. Bd. 40, S. 84. 1895.

266. Schouten, D. E.: Kritische Beobachtung der Methode van der Loos über das Auffinden der schwachen Kinder. Ref. Zentralbl. f. d. ges. Kinderheilk. Bd. 15, S. 23. 1924.

267. Schwalbe, E.: Wachstum. Brüning u. Schwalbes Handbuch der allgemeinen Pathologie im Kindesalter Bd. 1. 1912.

268. Schwéers: Messungen der Kinder von Alt-Berlin. Veröff. d. Reichsgesundheitsamtes Bd. 11, S. 10. 1924 und „Deutscher Zentralausschuß" S. 12.

269. Schwiening: Körperbeschaffenheit der zum einjährig-freiwilligen Dienst berechtigten Wehrpflichtigen. Veröff. a. d. Geb. d. Militär-Sanitätswesens 1909. H. 40.

270. Seggel: Verhältnis von Schädel- und Gehirnentwicklung zum Längenwachstum des Körpers. Arch. f. Anthropolog. Bd. 29, S. 1. 1904.

271. Sherman, H. und J. Crocker: Einfluß der Milchmenge in der Kost auf das Wachstum bei Ratten. Journ. of biol. chem. Vol. 53, p. 50. 1922. Ref. Zentralbl. f. d. ges. Kinderheilk. Bd. 14, S. 162. 1923.

272. Siegert: Chondrodystrophischer Zwergwuchs. Ergebn. d. inn. Med. u. Kinderheilk. Bd. 8, S. 64. 1912.

273. Simon: Untersuchungen an wehrpflichtigen jungen Badenern nach dem Pignetschen Verfahren. Arch. f. soz. Hyg. Bd. 7, S. 138. 1912.

274. Skibinski, A.: Körpergewicht der Münchner Schulkinder. Diss. München 1914. Angeführt von Pfaundler.

275. Slonaker und Card: Wirkung der Nahrungsbeschränkung auf das Wachstum. Americ. journ. of physiol. Vol. 63, p. 503. 1923. Ref. Zentralbl. f. d. ges. Kinderheilk. Bd. 15, S. 162. 1924.

276. Sommerfeld, Hans: Einfluß der Chlorose auf das Wachstum. Zeitschr. f. angew. Anat. u. Konstitutionslehre Bd. 7, S. 402. 1921.

277. Stefko, W.: Veränderungen des Wachstums bei den Kindern der Gegenwart. Monatsschr. f. Kinderheilk., Orig. Bd. 30, S. 149. 1925.

278. Stépanoff: Schülermessungen. Thèse de Lausanne 1903.

279. Stephan: Bestimmung der körperlichen Entwicklung der Schulkinder Mannheims. Zeitschr. f. Schulgesundheitspflege Bd. 34, S. 121. 1921.

280. — und Linke: Bedeutung der Erholungsfürsorge für entwicklungsgestörte Schulkinder. Zeitschr. f. Gesundheitsfürsorge u. Schulgesundheitspflege Bd. 36, S. 133. 1923.

281. Stephani, P.: Messungen in der Vorkriegszeit, Kriegszeit und Nachkriegszeit. Veröff. d. Reichsgesundheitsamtes Bd. 7, S. 112. 1923.

281a. — siehe auch Czerny-Keller.

282. Stettner, Ernst: Bedeutung exogener Wachstumseinflüsse. Monatsschr. f. Kinderheilk, Orig. Bd. 22, S. 442. 1921 und Dtsch. Ges. f. Kinderheilk. 1921.

283. — Ossification und soziale Lage. Münch. med. Wochenschr. 1920. Nr. 67, S. 1091.

284. — Beziehungen der Ossification des Handskeletts zu Alter und Längenwachstum. Arch. f. Kinderheilk. Bd. 68, S. 342; Bd. 69, S. 27. 1921.

285a. Stöltzner, W.: Rachitis. Handbuch der Kinderheilkunde von Pfaundler u. Schloßmann. I, 2, 539. 1. Aufl. Leipzig: Vogel 1906.

285b. — Pathologie und Therapie der Rachitis. Berlin 1904.

286. Stolte: Störungen des Längenwachstums der Säuglinge. Jahrb. f. Kinderheilk. Bd. 78, S. 399. 1913.
287. Stratz, C. H.: Der Körper des Kindes und seine Pflege. S. 73. 3. Aufl. Stuttgart: Enke 1909.
288. Stuhl, K.: Messungen und Beobachtungen beim ärztlichen Dienst auf einem Schulschiff. Jahrb. f. Kinderheilk. Bd. 87, S. 159. 1918.
289. Thiele: Einfluß von Krankheiten, insbesondere der Tuberkulose auf das Wachstum und den Ernährungszustand der Schulkinder. Berlin. klin. Wochenschr. 1915. Jg. 52, S. 949.
290. — Einfluß der kriegsmäßig veränderten Ernährung auf unsere heranwachsende Jugend. Ebenda 1916. Jg. 53, S. 780 und Zeitschr. f. Schulgesundheitspflege Bd. 30, S. 281. 1917.
291. Thoma: Größe und Gewicht der anatomischen Bestandteile des menschlichen Körpers. Leipzig 1882.
292. Thomas, E.: Riesenwuchsähnliche Zustände im Kindesalter. Zeitschr. f. Kinderheilk. Bd. 5, S. 401. 1912.
293. Tobler, L. und Bessau: Allgemeine pathologische Physiologie der Ernährung und des Stoffwechsels im Kindesalter. Wiesbaden 1914.
294. Tuxford und Glegg: Durchschnittslänge und -gewicht englischer Schulkinder. Brit. med. journ. 1911. p. 1423.
295. Vagedes, von: Messungen in Spandau. Veröff. d. Reichsgesundheitsamtes 1923. Nr. 7, S. 116 und „Deutscher Zentralausschuß" S. 19.
296. Variot: Dissoziation des Wachstums bei den Debilen. Bull. de la soc. de pédiatr. de Paris 1908.
297. Vierordt, Hermann: Anatomische, physiologische und physikalische Daten und Tabellen. Jena: Fischer 1888.
298. Vonessen: Ernährungszustand der Kölner Schulkinder. Wert des Rohrerschen Index für die Beurteilung des Ernährungs- und Entwicklungszustandes. Öff. Gesundheitspfl. Bd. 6, S. 196. 1921.
299. Wagner, R.: Zahlenmäßige Beurteilung des Ernährungszustandes nach Indices. Zeitschr. f. Kinderheilk. Bd. 28, S. 38. 1920.
300. Walter, Richard: Wachstumsschädigungen durch Röntgenstrahlen. Fortschr. a. d. Geb. d. Röntgenstr. Bd. 19, S. 123. 1912.
301. Waser, Bruno: Beobachtungen über das Längenwachstum gesunder und ernährungsgestörter Säuglinge. Zeitschr. f. Kinderheilk. Bd. 27, S. 1. 1920.
302. Weber, O.: Wachstum und Ernährungserfolge bei Kindern mit angeborenen Herzfehlern. Monatsschr. f. Kinderheilk., Orig. Bd. 18, S. 205. 1920.
303. Weißenberg, G.: Wachstum des Menschen nach Alter, Geschlecht und Rasse. Stuttgart: Strecker u. Schröder 1911.
304. Wengraf, Fritz: Rachitis und Wachstum. Klin. Wochenschr. 1922. Nr. 1, S. 2095.
305. — und Ambozic: Zeitschr. f. Kinderheilk. Bd. 34, S. 1. 1922.
306. West, G. M.: Messungen in Worcester. Arch. f. Anthropologie 1893.
307. Wieland, E.: Pathologie der Schilddrüse. Handbuch der Kinderheilkunde von Pfaundler u. Schloßmann. 3. Aufl. Bd. 1, S. 827. 1923.
308. Wimberger, H.: Röntgenometrische Wachstumsstudien an gesunden und rachitischen Säuglingen. Monatsschr. f. Kinderheilk., Orig. Bd. 24, S. 568. 1923.
309. Wörner, Hans: Körpermaße und soziale Schichtung. Dtsch. med. Wochenschr. 1923. Jg. 49, S. 617 und Zeitschr. f. Gesundheitsfürsorge u. Schulgesundheitspflege Bd. 36, S. 109. 1923.
310. Wollmann, E. und M. Vagliano: Wirkung der parenteral beigebrachten, das Wachstum fördernden Vitamine A und B auf das Wachstum. Ref. Zentralbl. f. Kinderheilk. Bd. 15, S. 67. 1924.
311. Ylppö, A.: Wachstum der Frühgeburten von der Geburt bis zum Schulalter. Zeitschr. f. Kinderheilk. Bd. 24, S. 111. 1919.
312. Zappert: Säuglinge während und nach dem Krieg. Wien. med. Wochenschr. 1920. Jg. 70, S. 1916.
312a. Zentralausschuß, siehe Deutscher Zentralausschuß für die Auslandshilfe.

Sachverzeichnis.

Druck der Universitätsdruckerei H. Stürtz A. G., Würzburg.